John Diamond – Die heilende Kraft der Emotionen

John Diamond

Die heilende Kraft der Emotionen

Verlag für Angewandte Kinesiologie
Freiburg im Breisgau

CIP-Kurztitelaufnahme der Deutschen Bibliothek

Diamond John:
Die heilende Kraft der Emotionen / John Diamond.
Aus d. Amerik. von Michaela Schmidt.
2. Aufl. – Freiburg im Breisgau: Verlag für Angewandte Kinesiologie, 1987
    Einheitssacht.: Life energy [dt.]
    ISBN 3-924077-02-9

1987

Übertragung aus dem Amerikanischen von Golf Dornseif und Michaela Schmidt
Bearbeitet von Michaela Schmidt
Umschlag: Hugo Waschkowski
Lektorat: Susanne Degendorfer und Helga Petres-Lesch
Gesamtherstellung im Rombach: Druckhaus KG, Freiburg i. Br.
ISBN 3-924077-02-9

Inhalt

Dank

Ich danke meinen Schülern und Patienten, von denen ich im Lauf der Jahre so viel gelernt habe und hoffe, daß ich meine Schuld ihnen gegenüber bis zu einem gewissen Grad abtragen konnte. Sie haben mir zu einem großen Teil der Information in diesem Buch verholfen, und ich bin ihnen dafür sehr dankbar.

Ich danke Virginia Rohan Mann für ihre Hilfe mit der ersten Manuskriptvorlage; Dr. Gloria Schwartz für ihre Hilfe in den frühen Stadien der Forschungen über die Beziehung zwischen Meridianen und Emotionen; Victoria S. Galban, meiner Forschungsassistentin; Harvey Klinger für seinen fortwährenden Rat und Unterstützung.

Mein Dank gilt auch J. Frederick Smith für seine hervorragende fotografische Arbeit und seine Freundlichkeit und besonders auch Dr. George Goodheart, dem Schöpfer der Kinesiologie und des Muskeltestens.

Schließlich möchte ich meinen besonderen Dank und meine Liebe meiner Frau Betty gegenüber ausdrücken. Dieses Buch ist wie beinahe alle meine Schriften in gemeinsamer Anstrengung entstanden. Die Forschungsarbeit und der Urtext sind mein Beitrag. Für mich ist das der leichtere Teil. Die Zusammenstellung zu einem sinnvollen Ganzen ist ihre schwere Aufgabe. Nur ihre Bescheidenheit hält mich davon ab, sie als Mitautorin zu bezeichnen.

Juni 1983

Dr. John Diamond
Valley Cottage

Bevor Sie dieses Buch lesen . . .

Führen sie mit einem Partner, Freund, Familienangehörigen folgenden einfachen Test aus:
1. Bitten Sie den Partner sich hinzustellen, den rechten Arm lokker hängen zu lassen und den linken Arm mit durchgedrücktem Ellenbogen waagrecht und seitlich vom Körper hinauszuhalten.
2. Stellen Sie sich Ihrem Partner gegenüber, legen Sie Ihre linke Hand zum Stabilisieren auf seine rechte Schulter und ergreifen Sie mit Ihrer rechten Hand den ausgestreckten Arm des Partners hinter dem Handgelenk.
3. Sagen Sie Ihrem Testpartner, daß Sie seinen Arm gleich nach unten drücken werden, während er dem Druck standhalten und den Arm in der ausgestreckten Stellung halten soll.
4. Jetzt drücken sie kräftig und bestimmt, aber nicht ruckartig auf den Arm des Partners mit so viel Druck, daß Sie die Spannkraft im Muskel spüren. Der Muskel wird sich fast immer als stark erweisen.

Nun wiederholen Sie den Test und bitten die Versuchsperson um etwas von Folgendem:
- An etwas Unangenehmes denken.
- An die Arbeit denken.
- Daran denken, daß sie wegen einer Autoreparatur Geld braucht.
- Auf eine Leuchtstoffröhre schauen.
- Ein wenig raffinierten Zucker essen.

Das Ergebnis ist eindrucksvoll. Ihr Testpartner wird in fast keinem dieser Fälle dem Testdruck standhalten können, und sein Arm wird nach unten gehen. Obwohl Sie den gleichen Druck ausüben, wird der Arm schwach.

Was ist geschehen? Irgendwie haben die Gedanken und Außenreize die Lebensenergie Ihres Partners verringert und den Muskel geschwächt. Das gleiche würde sich übrigens auch bei jedem anderen Körpermuskel zeigen; wir nehmen den Deltamuskel nur deshalb, weil er besonders einfach zu testen ist. Wie Sie beim Lesen dieses Buches lernen werden, läßt sich durch das Testen dieses Muskels in kaum mehr als einer Minute genau feststellen, welche negativen Haltungen uns zu einer gegebenen Zeit beeinflussen, und diese können anschließend sofort korrigiert werden. Im Grunde genommen handelt es sich um einen Test zur Bestimmung der Lebensenergie.

Das Buch zeigt Ihnen außerdem bestimmte Körperpunkte, die Sie in Verbindung mit diesem Muskel (wir nehmen immer den Deltamuskel) austesten können. Jeder dieser Körperpunkte, es handelt sich um Akupunkturpunkte, bezieht sich auf eine spezielle Gefühlslage. Auf diese Weise können Sie in einer Minute feststellen, welche Ihrer Organe belastet sind. Was aber noch wichtiger ist: Sie finden heraus, welche emotionalen Einstellungen Sie zur Zeit beeinflussen. Sie können dann mit Hilfe der Tabellen im Buch die entsprechenden positiven Affirmationen sagen und wie beschrieben vertiefen und damit augenblicklich Ihre negativen inneren Einstellungen überwinden.

Testen Sie z. B. die Thymusdrüse Ihres Partners (siehe S. 40). Dazu nehmen Sie wieder den Deltamuskel des linken Armes als Indikator und bitten den Partner, seine rechte Hand auf den Thymustestpunkt zu legen. Testet die Thymusdrüse stark, so lassen Sie ihn an eine ihm unangenehme Person oder angstbesetzte Situation denken. Bei der anschließenden Wiederholung des Tests wird der Arm nach unten gehen. Wenn Ihr Partner bei den gleichen Gedanken andere Körperpunkte berührt, wird der Muskel nicht schwach werden. Das zeigt, wie genau die Körperpunkte und die entsprechenden Emotionen aufeinander bezogen sind.

Testen Sie jetzt Ihren Partner noch einmal, während er in das Licht einer Leuchtstoffröhre schaut. Sehr wahrscheinlich kommt es zu einer schwachen Reaktion. Und dann führen Sie den Test noch einmal durch, wobei Sie ihn diesmal bitten, währenddessen an einen geliebten Menschen zu denken. Höchstwahrscheinlich werden Sie dieses Mal eine starke Testreaktion erhalten!

Mit diesem Buch lernen Sie, wie sich negative Gefühlslagen umwandeln lassen. Testet beispielsweise Ihre Thymusdrüse schwach, so halten sie ein und denken an eine geliebte Person. Wahrscheinlich testen Sie daraufhin stark. Es gibt positive Gedanken und Affirmationen für jeden Körperpunkt und jeden Gefühlszustand.

Regelmäßiges Ausführen des hier vorgestellten Programms: Das Ausgleichen emotionaler Zustände und Integrieren Ihrer Gehirnhälften verhilft Ihnen sowohl zur Erhaltung Ihres seelischen Gleichgewichts und gesteigerter Kreativität als auch zu besserer Gesundheit, weil die Meridiane auch den körperlichen Zustand beeinflussen. Mit diesen einfachen Techniken, die nicht mehr als ein paar Minuten am Tag erfordern, sind Sie deshalb bereits auf dem Weg zu vollkommener Gesundheit und optimaler Lebensenergie.

Einleitung

Ich schreibe dieses Buch nach 25jähriger Erfahrung in der Psychiatrie und Vorsorgemedizin. Nachdem es jetzt nach langer Talfahrt endlich aufwärts mit mir geht und ich ein wesentliches Teilziel meiner beruflichen Laufbahn erreicht habe, sehe ich mein Fernziel zum ersten Mal klar: die Vermittlung vollkommener Gesundheit an meine Schüler. Viele Jahre meiner Arbeit als Arzt waren enttäuschend und unglücklich, und ich schaue voller Bedauern auf sie zurück. Später werden Sie die genaue Bedeutung dieser Gefühlszustände kennenlernen, denn sie betreffen uns alle, und auch erfahren, wie sie mein geistiges und körperliches Wohlbefinden beeinflußten.

Ich erlebte diese negativen Gefühle, weil ich erkannte, daß das, was meine Kollegen und ich taten, niemanden wirklich heilte. Wenn ich heute meine Berufsgenossen teste – und inzwischen habe ich Tausende von ihnen getestet –, zeigt sich, daß auch sie oft negative Gefühle hegen, wenn sie an ihre Berufserfahrungen denken und an die Arbeit, der sie sich eigentlich widmen wollten, nämlich das Leiden der Menschheit zu verringern und ihr Glück zu vermehren. Diese negativen Gefühle sind nicht unbedingt mit dem identisch, was ich empfand, aber doch ähnlich gelagert. Ärzte widmen sich der Medizin aus tief empfundener Anteilnahme, Liebe zur Menschheit und dem Wunsch, Menschen bei der Bewältigung ihrer Leiden zu helfen auf die gleiche Weise, wie Yehudi Menuhin aus großer Liebe zur Musik und dem Wunsch, dies der Welt nahezubringen, zur Geige greift. Beim Testen von Ärzten stellen wir jedoch fest, daß ihre Arbeit ihnen ihre Kraft raubt und sie schwächt. Stellen Sie sich einmal vor, dies würde auf Yehudi Menuhin zutreffen, und er würde bei jedem Gedanken ans Geigenspiel und die Verwirklichung seiner Lebensaufgabe Lebenskraft einbüßen!

In genau dieser Lage befand ich mich. Meine Lebensenergie schmolz dahin, ich rutschte immer tiefer in einen Abgrund und wurde immer enttäuschter, weil ich erkannte, daß ich das Ziel nicht erreichte, um dessentwillen ich die Medizin erwählt hatte. Ich war „erfolgreich" bei meinen Patienten, doch waren diese Erfolge meist von kurzer Dauer. Allzuviel hing von meiner Person und den Besuchen in meiner Praxis ab und zu wenig von den Leuten, die ich behandelte. Es fehlte etwas in der Beziehung Arzt/Patient.

Der Wendepunkt kam, als ich mich eines Tages im Ärztezimmer unserer Klinik mit einem Kollegen aus der Psychiatrie unterhielt. Er erzählte mir, daß eine seiner Patientinnen nur noch auf Grund dessen, was er ihr sagte, am Leben sei. Er glaubte gewissermaßen, daß er sie am Leben hielt. Plötzlich erreichten meine Enttäuschung, Unzufriedenheit und Frustration ihren Höhepunkt, und ich erkannte, daß wir *alle* das taten. Wir alle lebten in der Vorstellung, daß unser Tun die Patienten am Leben hielt oder heilte. Und doch erlebten wir immer wieder, daß Patienten nach dem ersten Mal immer von neuem ins Krankenhaus eingeliefert werden mußten und sich einmal angenommene Muster immer wiederholten. Der Krankenhausaufenthalt sorgte für eine Besserung des Gesundheitszustandes, Entspannung und weniger Streß, doch konnten wir die Lebensenergie in den wenigsten Fällen so erhöhen, daß der Patient nach der Entlassung mit seiner Lebens- und Arbeitssituation zurechtkam und darin zentriert und stark blieb. Die Enttäuschung über die große Zahl der Rückfälle war einer der Faktoren, die mich zu meinen Forschungen und zum Schreiben dieses Buches anregten.

Ganze Wände psychiatrischer und medizinischer Fachliteratur erinnerten mich an mein über viele Jahre hinweg erworbenes Wissen. Wollte ich aber diese Erkenntnisse auf die Patienten übertragen, mußte ich zuallererst deren Willen zum Gesundwerden wecken und ihre Lebensenergie aktivieren. Wie ich später feststellte, ist dies eine Eigenschaft der Thymusdrüse, und wir werden an anderer Stelle noch ausführlich darüber sprechen.

Ich arbeitete weiter und beobachtete dabei die Falten, die sich in meinem Gesicht entwickelten: Falten des Unglücklichseins, des Selbstzweifels und der beruflichen Schuldgefühle. Falten, die sich eingruben, weil ich mich unablässig fragte, was ich denn falsch machte. Warum meine Patienten nicht ganz reif, erwachsen und lebenstüchtig waren, weshalb ihnen Streß so zusetzte und sie Körper und Geist nicht vor den Angriffen aus der Umwelt schützen konnten. Dabei Hilfe zu leisten, das war mein Anliegen, dafür arbeitete ich und setzte mich ein. Und weil ich in dieser Beziehung nicht weiterkam, entstanden Gefühle des Unglücklichseins, der beruflichen Unzulänglichkeit und Schuld. Dies war der Abgrund von Unzufriedenheit und Enttäuschung über meinen Beruf, in dem ich mich befand. Und von den Tausenden von Kollegen, die ich getestet habe, teilen viele diese Erfahrung. Sie werden die genaue Bedeutung dieser emotionalen Zustände bald verstehen und lernen, wie Sie diese überwinden können, wo auch immer die Ursachen dafür bei Ihnen liegen mögen.

Vor einigen Jahren hat sich mein Leben gewandelt, und dafür bin ich unendlich dankbar. Wenn Sie wissen, wie das Gefühl der Dankbarkeit die Lebensenergie aktiviert, verstehen Sie auch die ganze Bedeutung dieser Aussage. Zum ersten Mal entdeckte ich, daß es möglich war, Gefühlszustände bei mir und meinen Patienten augenblicklich und ganz präzise festzustellen und dies jedem, auch meinen Kollegen, zu zeigen. Durch ein paar Minuten einfachen Testens konnte jeder die ihn oder sie blockierenden Gefühle herausfinden. So entdeckte auch ich die negativen Emotionen, die mich sowohl privat als auch beruflich am Weiterkommen hinderten. Das war sehr bemerkenswert. Zum ersten Mal war es möglich, bewußte und unbewußte innere Haltungen augenblicklich, genau und auf einfache Weise kennenzulernen.

Nach meinen langjährigen Erfahrungen in der Psychotherapie und Psychoanalyse konnte ich endlich die eigenen negativen Gefühlslagen durch Testen identifizieren und herausfinden, welche Aspekte meines privaten und beruflichen Lebens sie verursachten. Außerdem lernte ich, wie rasch – fast augenblicklich – diese Hindernisse beseitigt werden konnten. Meine Einstellung zum Arztberuf änderte sich sofort und umfassend. Die Talsohle war überwunden. Ich entdeckte, wie Lebensenergie erweckt und gesteigert werden kann.

Bald ging ich dazu über, diese Tests mit meinen Patienten durchzuführen. Zu meiner großen Freude – und Sie werden auch die Bedeutung dieses Gefühls noch näher kennenlernen – zeigte sich, daß meine Patienten, selbst diejenigen, die ich schon jahrelang behandelt hatte, drastische Verbesserungen und Heilungen erfuhren. Dies kam in erster Linie dadurch zustande, daß ich jetzt in der Lage war, ihnen beim Entdecken der Wurzeln ihrer Probleme zu helfen. Der Ursprung aller körperlichen und seelischen Probleme ist die emotionale Haltung. Solange sie positiv bleibt und uns keine die Lebensenergie aufzehrenden negativen Einstellungen hemmen, sind und bleiben wir gesund und vital. Wir sind mittlerweile dazu imstande, den Patienten ihre negativen Gefühlsmuster genau aufzuzeigen. Ich habe gelernt und gezeigt, daß sich *kraft des Wortes* negative Gefühle augenblicklich in positive verwandeln lassen und die Lebensenergie vom Negativen zum Positiven fließt; und auch Sie werden das erfahren, wenn Sie selber mit dem Testen beginnen.

Es kommt nicht darauf an, psychiatrische Probleme durchzuarbeiten und zu ergründen, warum die Patienten ihre Mütter hassen,

Probleme mit ihren Vätern hatten, impotent wurden oder was auch immer. Es geht vielmehr darum, die genauen negativen Gefühlslagen zu entdecken und durch die Macht des Wortes und durch die Kraft der zugrundeliegenden Gedanken – die positiven Affirmationen – den negativen Zustand in einen positiven zu verwandeln. Die Tests zeigten, daß das möglich ist und Veränderungen bewirkt. Und die Patienten erhielten sich dann mit einem einfachen täglichen Programm weiter gesund. Die Ergebnisse bei psychischen und anderen Erkrankungen waren bemerkenswert. Der große Durchbruch hatte stattgefunden. Ich brauchte nicht länger die Arbeit *für* die Patienten zu tun. Statt dessen zeigte ich ihnen nun durch Testen ihre negativen Haltungen und die Streßprobleme in ihrem Leben. Genauer gesagt: *Die Körper der Patienten zeigten es uns.* Dadurch erkannten sie ihre wahren Wünsche und Sehnsüchte und sahen, wie sie jedes Hindernis überwinden konnten. Dann mußten sie ihre Willenskraft einsetzen, um ihre Ausgeglichenheit beizubehalten und damit ihrem Dasein eine neue Wende zu geben. Es handelte sich im wesentlichen darum, Verantwortung für sich selbst zu übernehmen und sich zu sagen: „Soweit bin ich nun in meinem Leben gekommen. Ich habe den Arzt aufgesucht, weil ich einsehe, daß etwas nicht in Ordnung ist. Durch seine Hilfe und diese Tests hat mir mein Körper die Einstellungen und Belastungen gezeigt, die mich hemmen. Jetzt entscheide ich mich dafür, gesund zu werden, weil ich inzwischen gelernt habe, wie und daß das möglich ist." Dann krempelt der Patient sich sozusagen die Ärmel hoch und sagt sich: „Also dann mal los! Ich sehe, was nicht in Ordnung ist, ich weiß, was *ich* tun muß, und ich bitte den Arzt um seine Hilfe und Unterstützung dabei."

Nun hatte ich nicht mehr wie früher das Gefühl, daß ich es war, der den Patienten am Leben erhielt. Und wenn es jemandem nicht besser ging, sah ich es nicht mehr als meinen Fehler an. Die Ursachen meiner beruflichen Enttäuschungen und die Schuldgefühle waren verschwunden. Statt dessen erlebte ich meine Arbeit als sinnvoll, fühlte mich glücklich, erfüllt und voller Selbstwertgefühl. Meine Hauptaufgabe bestand jetzt darin, dem Körper des Patienten dabei zu helfen, dem Patienten zu zeigen, wie er ständig zur Erhaltung des jeweiligen Krankheitszustandes beitrug, und ihn dann bei der Aktivierung seiner Willenskräfte und seines Wunsches nach Gesundheit zu unterstützen.

Eines der größten Probleme der modernen Psychiatrie ist die Tatsache, daß der Patient bei jedem Gespräch dazu aufgefordert wird, sich mit dem Negativen zu befassen und dem Psychiater in aller Ausführlichkeit zu erzählen, was im einzelnen alles schlecht und falsch gelaufen war. Diese Art Psychotherapie und Psychoanalyse kann sich über Jahre hinziehen. Die meisten Patienten wissen dann ziemlich genau Bescheid über das, was bei ihnen alles nicht in Ordnung ist, aber ihre Lebensenergie bleibt geschwächt und die des behandelnden Psychiaters ebenso. Ich habe die ungesunden Auswirkungen solcher Methoden in meinem Buch „Der Körper lügt nicht" ausführlich dargestellt. Es ist nicht notwendig, sich dauernd am Negativen aufzuhalten, obwohl es natürlich von Vorteil ist, wenn wir es kennen und verstehen. Aber dann müssen wir es loslassen und zum Positiven umwandeln. Nur so ist rasche und wirksame Selbstheilung möglich – nicht aber durch ständiges Verweilen beim Negativen. Eine der wichtigsten Kräfte, die mich aus meinem eigenen Tief herausbrachten, war die Umstellung vom Klammern ans Negative zum Annehmen des Positiven. Wenn dies geschah, stieg die Lebensenergie bei Patienten und mir, und es ging für beide aufwärts.

Inzwischen haben Tausende von Patienten, Schülern und zahlreiche Fachleute der Naturheilkunde die erwähnten Testmethoden gelernt, und Sie werden beim Lesen dieses Buches einige der wunderbaren und lohnenden Ergebnisse davon kennenlernen. Was Sie hier lernen, kann Ihr ganzes Leben verändern, ob Sie nun Laie oder Therapeut, krank oder gesund sind. Zum ersten Mal werden Sie die Belastungen kennenlernen, die bestimmte hemmende Gefühlshaltungen erzeugen, und zwar sowohl die bewußten als auch die unbewußten. Sie erfahren dabei sowohl diese inneren Haltungen als auch die Antwort, die in Ihnen liegt. Diese Erkenntnis allein könnte Jahre psychotherapeutischer Arbeit erfordern – jetzt steht sie sofort zur Verfügung. Zum ersten Mal ist es möglich, Ihre unbewußten Motivationen, Ihre wahren Wünsche in jeder beliebigen Situation zu erkennen.

Mir schwebt als Fernziel, zu dem dieses Buch beitragen soll, das Freiwerden der Menschheit von der Unmündigkeit in der Beziehung Arzt/Patient, wie wir sie heute kennen, vor. Ich hoffe, daß es außer in traumatischen und akuten schweren Krankheitsfällen eines Tages keine „Patienten" mehr, sondern nur noch „Lernende" geben wird. Dann kann der Arzt seiner Berufung als Lehrer folgen (lat. doceo = ich lehre), und der Patient (lat. patior = leiden) wird zum Schüler, der mehr über sich erfahren und körperlich, geistig und seelisch so gesund wie möglich werden möchte. Dieses Ziel wird immer greifbarer und realistischer. Ich schrieb dieses Buch, um die Ergebnisse meiner langjährigen Erfahrung in der

Medizin und Psychiatrie sowie diese neueren Erkenntnisse mit Ihnen zu teilen, damit auch Sie Schüler werden können.

Beim Lesen dieses Buches lernen Sie vieles über sich selbst und das erstaunliche Wirken Ihres Körpers und Geistes. Sie können lernen, Ihr eigener Herr zu sein und genau herausfinden, auf welcher Ebene Sie emotional funktionieren und was sich verbessern läßt. Es ist nicht notwendig, in der Talsohle steckenzubleiben. Sie können herausfinden, was Sie und andere Menschen wirklich denken und wünschen, und Sie werden Ihre wahren Wünsche entdecken, nicht nur den kleinen Teil, den wir Bewußtsein nennen, sondern auch jene aus dem unendlich größeren Bereich des Unbewußtseins. Sobald Sie dies alles erkannt haben, können Sie bei großen und kleinen Entscheidungen in Ihrem Leben zum ersten Mal kreativ sein, in Übereinstimmung mit Ihren wahren Wünschen Ihr wahres Selbst finden und Ihre ganz persönlichen Ziele auf dieser Erde erreichen. Und Sie können diese Ziele einfach, leicht und genau bestimmen.

Erst wenn Sie Ihre negativen Gefühle kennen, lassen sich diese in positive umwandeln. Und dann erst können Sie die vorher durch Gedanken blockierte, jetzt freiwerdende Energie tatkräftig einsetzen. Dieses Freiwerden erlaubt es dem wahren Selbst zutage zu kommen. Durch das bessere Verständnis des erstaunlichen Funktionierens Ihres Körpers und Geistes erkennen Sie auch die heilende oder schwächende Kraft von Gedanken. Das Wissen um Körper und Geist bringt eine neue Freiheit. Sie erfahren, wie man sich auf dem Weg zu schöpferischem Tun und Gesundheit fühlt, wenn das Gehirn integriert arbeitet.

Der Alltagsstreß, das meiste von dem, was uns unsere Energien raubt, beeinflußt uns unbewußt. Und es ist schwierig, sich etwas zu stellen und mit etwas fertigzuwerden, dessen man sich nicht bewußt ist. Durch einfache Testverfahren können sie nun Ihre eigenen unbewußten Streßfaktoren identifizieren und in den Griff bekommen. So ist allein das Denken in vielen Fällen bereits ein Streßfaktor. Haben wir ein Problem, so suchen wir denkend nach der Lösung. Doch allein dieses Denken löst bei vielen Menschen noch zusätzlich weiteren Streß aus. So wird das Denken an das Problem oft zum zusätzlichen Problem. Dem kann abgeholfen werden. Sie werden lernen, beim Denken kreativ zu sein, Probleme zu lösen, statt sie noch zu vermehren. Darüber hinaus wird Ihr Streben nach Kreativität, Gesundheit und Erfülltsein neu entfacht, und Sie werden die Entscheidungen treffen *wollen,* die für Sie am besten sind.

Sie werden lernen, in allen Bereichen des Lebens schöpferisch zu sein. Sie werden, statt überwiegend nur eine Gehirnhälfte einzusetzen, wie es 95 % von uns die meiste Zeit tun, in der Lage sein, alle Ihre geistigen Energien auf die täglichen Aufgaben zu lenken, und Ihr Tagesablauf und Ihre Verhaltensweisen werden harmonisch, fließend und aufbauend nicht nur für Sie selbst, sondern auch für alle anderen.

Am wichtigsten ist jedoch, daß Sie die Kraft der Liebe erfahren werden und wie Liebe wie keine andere Kraft Ihre Lebensenergie aktiviert, alle Disharmonien und Unausgewogenheiten in Geist und Körper beseitigt, Sie aufbaut und gesund macht. All das und mehr meine ich, wenn ich von *psychobiologischer Harmonie* spreche. „Wenn alle Elemente sich zum Wohl des Ganzen zusammenfügen", herrscht Harmonie. Ich stelle den Begriff *„psycho"* deshalb voran, weil er sich auf geistige Aktivität bezieht und im älteren Sprachgebrauch der Antike als Psyche auch Seele bezeichnet. Mit *„biologisch"* verweise ich auf sämtliche körperlichen Eigenschaften und Funktionieren des Lebens. Damit umfaßt *„psychobiologische Harmonie"* nicht nur die Gesamtheit von Körper, Geist und Seele, dieser drei ineinandergreifenden Teile, wenn man sie überhaupt trennen kann, sondern auch das harmonische Zusammenwirken aller Bestandteile ineinander. Wenn alle Elemente unseres psychologischen Seins zusammenarbeiten und in sich heil sind, wird auch der Energiefluß durch unseren Körper ausgeglichen und koordiniert sein.[1] In diesem Zustand erleben wir vollkommene Gesundheit, Glück und Liebe.

Ich habe aus meinen Erfahrungen in der Psychiatrie gelernt, daß Krankheit im Grunde das Problem des Liebens und/oder Geliebtwerdens ist. Der griechische Philosoph Empedokles hat dies vor 2500 Jahren wahrscheinlich zum ersten Mal mit einfachen Worten zu Papier gebracht.[2] Was er sagt ist grundlegend, und doch tun wir nicht mehr als bestenfalls darüber reden. Zwei Kräfte kontrollieren nach Empedokles das ganze Universum – sei es nun das Mikrouniversum des einzelnen Menschen mit Körper, Geist und Seele oder das Makrouniversum des Weltalls. Diese zwei Kräfte sind Liebe und Haß, positive und negative Gefühle, wenn Sie so wollen.[3] Wenn Haß vorherrscht, arbeiten die Elemente, die das Weltall ausmachen, nicht zusammen. Zerfall, Aufsplitterung, Chaos, Disharmonie und Krankheit breiten sich aus. Unter der Vorherrschaft der Liebe jedoch kommen Integration, Gesundheit und Harmonie zum Tragen. Das ist auch meine Philosophie, und das will ich mit diesem Buch lehren: wie man die Bereiche von

Streß, Chaos und Negativdenken bestimmt, die uns hemmen und nicht ganz gesund werden lassen, weil sie uns am Lieben hindern, und wie wir diese in Harmonie umwandeln können.

In dieser knappen Einleitung wurden viele Gebiete nur im allgemeinen berührt, jedoch werden eventuell aufgetauchte Fragen durch später folgende Einzelheiten noch geklärt. Die zuvor beschriebenen Ziele lassen sich sofort erreichen. Und was mir an dieser Arbeit besonders gefällt, ist die Tatsache, daß Sie sich nicht auf das zu verlassen brauchen, was ich behaupte, sondern alles Gelernte durch eigenes Testen überprüfen können. Nehmen Sie mir, was ich sage, nicht einfach ab. Prüfen und testen Sie selbst. Das ist schließlich der endgültige wissenschaftliche Beweis, daß sie zuhause mit sich selbst und Freunden als Versuchspersonen zu den gleichen Schlußfolgerungen kommen und die gleichen Ergebnisse erzielen können wie ich und meine Kollegen mit unseren Patienten es nun seit einigen Jahren tun. Ihr Körper wird als Schiedsrichter das letzte Wort haben.

Besonders spannend bei diesem Vorgehen ist die Erkenntnis, daß wir jetzt die besonderen Beziehungen zwischen Geist und Körper demonstrieren können und daß ganz bestimmte Gefühle auch ganz bestimmte Körperorgane beeinflussen.[4] Alle Mediziner, vor allem die Experten im Bereich der Psychosomatik, sind seit vielen Jahren an diesen Fragen interessiert. Nun lassen sich diese Zusammenhänge aufzeigen.

Das Bindeglied ist das Akupunktursystem. Mir ist durchaus bewußt, daß die moderne westliche Medizin die Lehren der Akupunktur bislang noch nicht „zufriedenstellend wissenschaftlich untermauern" konnte. Man bedenke jedoch, daß sie in China und anderen fernöstlichen Ländern seit vielen tausend Jahren erfolgreich angewendet wird. Und wer jemals einen größeren chirurgischen Eingriff allein unter Akupunktur-Anästhesie erlebt hat, für den ist die Frage, ob Akupunktur vom Westen anerkannt wird, bedeutungslos geworden. Die Tatsachen sprechen für sich allein. Durch unsere Forschungen konnten wir zeigen, daß jede Akupunkturbahn, jeder Meridian, mit einer speziellen Gefühlslage korrespondiert. Durch einfaches Testen läßt sich der eigene Gefühlszustand bestimmen. Das ist ein entscheidender Durchbruch.[5] Sobald Sie die einfachen Testverfahren und Ausgleichsmethoden gelernt haben, steht Ihnen ein neues Werkzeug zum Erlangen positiver Gesundheit zur Verfügung. Ich werde jede Gefühlslage und ihre Beziehung zum jeweiligen Meridian sorgfältig und gewissenhaft erläutern. Sie erfahren die genaue Bedeutung aller Begriffe, mit denen diese Gefühle umschrieben werden, weil ich gelernt habe, daß wir uns ganz klar über sie sein müssen, um richtig zwischen ihnen unterscheiden zu können. Wenn wir zum Beispiel den Unterschied zwischen Unglücklichsein und Depression verstehen und wir durch Testen herausfinden, daß einer dieser Zustände auf uns zutrifft, läßt sich das Gleichgewicht leichter wiederherstellen. Unser Spracherbe enthält die emotionalen Wahrheiten unserer Kultur. Wer die Begriffe genau kennt, der kennt auch sich selber und kann – wie nie zuvor – Selbsthilfe praktizieren.

Ich hoffe, daß Sie sich beim Lesen dieses Buches zum ersten Mal des feinen Gleichgewichts aller Ihrer Gefühlszustände bewußt werden, das fast so einzigartig wie ein Fingerabdruck ist. Wenn Sie Ihr wahres Selbst entdecken und Ihr Wissen über den eigenen Geist und Körper anwenden, sind Sie imstande, sich zu heilen. In diesem Sinne wünsche ich mir, daß sich mein Berufsstand – Ärzte und vor allem Psychiater – auflöst. Meine Kollegen und ich wollen Ihre *Lehrer* sein, Ihnen die Wunder des eigenen Körpers und Geistes und deren Zusammenspiel nahebringen, Ihnen zeigen, wie Sie selber jene Faktoren entdecken können, die Ihre Entwicklung bremsen und Ihre Selbstverwirklichung verhindern. Wenn Sie sich von der Richtigkeit dieser Erkenntnisse selbst überzeugt haben, werden Sie auch die Willenskraft zum Loslassen negativer und Annehmen positiver Gefühle aufbringen. Dann erst sind Sie wirklich kreativ und auf dem Weg zu positiver Gesundheit und optimaler Energie.

Obwohl dieses Buch „leicht" erscheinen mag, enthält es wichtige psychiatrische Implikationen. Viele meiner Darlegungen bekräftigen die grundlegendsten, tiefsten Theorien der Psychoanalyse und Psychotherapie. Das Buch ist, obwohl leicht zu lesen, wissenschaftlich-theoretisch und akademisch aufgebaut. Nach meiner Auffassung können Psychologen, Psychoanalytiker und Kommunikationstheoretiker sowie alle Angehörigen der Heilberufe eine Menge aus den vorliegenden Erkenntnissen profitieren. Geschrieben wurde das Buch aber für *Sie*. Es soll Ihnen helfen, Ihr Potential auszuschöpfen, Ihre Energie freizusetzen, kreativ und ausgeglichen zu werden und sich und Ihren Mitmenschen beizustehen.

Alle Aspekte werden harmonisch integriert, damit Körper, Seele (Bewußtes und Unbewußtes) und Geist ins Gleichgewicht kommen – in den Zustand psychobiologischer Harmonie. Empedokles drückte es vor langer Zeit schon so wunderbar aus:

In den sicheren Räumen der Harmonie
weilt festgefügt die runde Kugel,
erfreut sich umgebender Einsamkeit.
Ich hoffe, daß Sie das zu erreichen lernen, indem Sie ihre Negativa
umwandeln und Ihre Lebensenergie aktivieren.

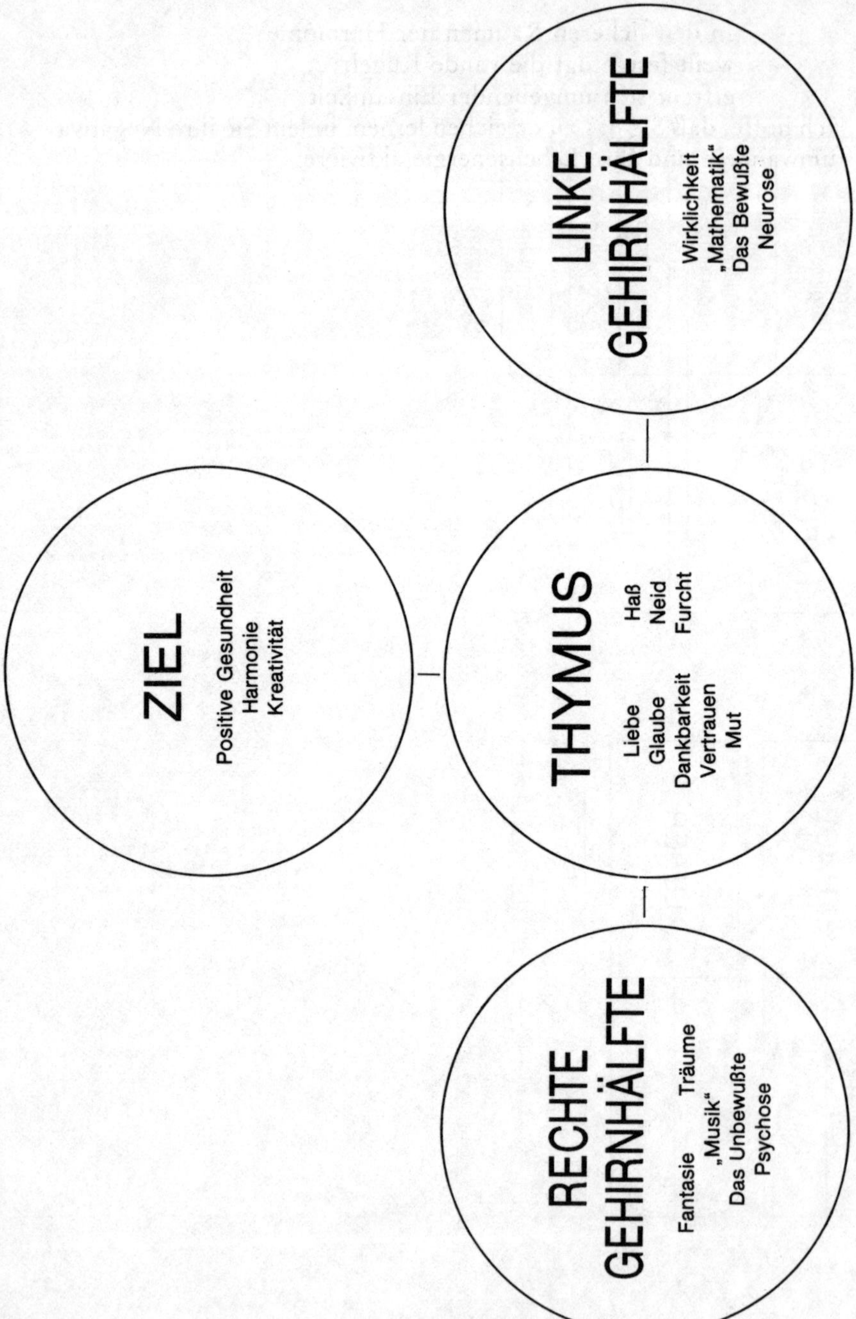

LINKE GEHIRNHÄLFTE

Wirklichkeit
„Mathematik"
Das Bewußte
Neurose

ZIEL

Positive Gesundheit
Harmonie
Kreativität

THYMUS

Liebe   Haß
Glaube   Neid
Dankbarkeit   Furcht
Vertrauen
Mut

RECHTE GEHIRNHÄLFTE

Fantasie   Träume
„Musik"
Das Unbewußte
Psychose

Organ	Positiv	Negativ
KREISLAUF-SEXUS	Loslassen der Vergangenheit, Großzügigkeit, Entspannung	Eifersucht, sexuelle Spannung, Bedauern, Reue
HERZ	Liebe, Vergebung	Zorn, Ärger
MAGEN	Zufriedenheit	Enttäuschung, Ekel, Gier
SCHILDDRÜSE	Leichtigkeit, Beschwingtheit	Schwere Depression
DÜNNDARM	Freude	Kummer, Leid, Traurigkeit
BLASE	Frieden, Harmonie	Ruhelosigkeit, Ungeduld
LUNGE	Toleranz	Intoleranz
LEBER	Glücklichsein	Unglücklichsein
GALLENBLASE	Liebe	Wut, Jähzorn
MILZ – PANKREAS	Vertrauen in die Zukunft	Angst vor der Zukunft
NIERE	Sexuelle Sicherheit	Sexuelle Unschlüssigkeit
DICKDARM	Selbstwert	Schuld

Teil I
Das Ziel

DAS ZIEL

Lebensenergie
Positive Gesundheit
Harmonie
Kreativität
Wirksame Kommunikation
Einsicht

Das Ziel

Es ist das Geburtsrecht jedes Menschen, sein wahres Potential zu entwickeln und sich voll zu entfalten. Auf dieses Ziel richtet sich unser Lebensweg aus, streben wir zu, wenn wir nur positive emotionale Einstellungen und positive körperliche, seelische und geistige Gesundheit pflegen.

Wir kommen ihm näher, wenn wir Streß verringern, die Lebenskraft erhöhen, die Gehirnhälften integrieren, echte Kreativität gewinnen, die Thymusdrüse aktivieren und die Akupunkturmeridiane ausgleichen. Kurz gesagt, trägt die Beseitigung von Negativem und Förderung von Positivem zum Erreichen des Ziels bei.

Die Verminderung von Streß gehört zu den wichtigsten Maßnahmen zur Erreichung unseres Ziels. Sie ist lebenswichtig. Je nach der Art des Auslösers wirkt sich Streß auf dreierlei Weise im menschlichen Organismus aus: Verringerung der Thymusdrüsenfunktion und gesamten Lebensenergie, unausgeglichene Gehirntätigkeit sowie gestörtes Gleichgewicht der Meridiane. Auf die Dauer führt Streß dazu, daß sich negative Gefühlsmuster bilden und festsetzen. Dies ist die Wurzel aller Krankheit, der Abnahme der Lebensenergie.

Wir jedoch streben nach Gesundheit und wollen unsere Lebensenergie erhöhen und nicht dahinschwinden lassen. Deshalb untersuchen und beschreiben wir unterschiedliche Gefühlslagen, Streß und andere Faktoren, die die Lebensenergie schwächen. Aus diesen Studien können wir Methoden zur Bewältigung dieser Faktoren entwickeln und die Lebensenergie erhöhen.

Wie definieren wir Lebens-energie?

Lebensenergie ist es, die uns wachsen läßt. Sie ermöglicht uns das Heilen. Hippokrates nannte sie „vis medicatrix naturae" – die Heilkraft der Natur. Paracelsus sprach von ihr als „Archaeus". Lebensenergie ist Prana, Chi und Geist. Aus ihr entsteht die wahre und einzige Art des Heilens: die von innen heraus. Medikamente können Krankheitssymptome lindern, aber nicht heilen. Echte Heilung setzt immer eine tiefgehende Veränderung der Einstellung eines Menschen zu sich selbst und zum Leben voraus.

Wir nehmen die Lebensenergie durch den Atem in unserem Körper auf. Sie ist es, die durch die Akupunkturmeridiane fließt und die Organe und Gewebe des Körpers belebt. Ein gestörtes Gleichgewicht im Fluß der Lebensenergie führt auf die Dauer zu Krankheit. Wie Sie bald erfahren werden, wird das Gleichgewicht durch körperliche und psychologische Faktoren gestört. Durch Ihre geistig-seelischen Kräfte können Sie den Fluß der Lebensenergie durch den Körper wieder ausgleichen, so gegen Krankheit angehen und sich gesund erhalten. Lebensenergie ist Atem[1]. Lebensenergie ist Geist[2].

Geist – lat. spiritus – ist nach dem Oxford English Dictionary das belebende oder vitale Prinzip bei Mensch und Tier. Ist das, was den physischen Organen Leben gibt, ist der Hauch des Lebens. So spricht Milton in seinem „Verlorenen Paradies" vom „reinen Atem des Lebens, dem Geist des Menschen". Diese lebenspendende Essenz, dieser Faktor, der unser Wachsen, unsere Tatkraft, unser ganzes Sein anregt, wird auch in der Schöpfungsgeschichte erwähnt: „Dann schuf Gott einen Menschen aus dem Staub der Erde und hauchte ihm seinen Atem, den Atem des Lebens ein. So erwachte der Mensch zum Leben." Was uns am Leben erhält, ist Lebensenergie, ist Geist.

In der Bibel finden wir an zahlreichen Stellen interessante Hinweise auf die Beziehung zwischen Geist und Atem. Und bereits die Herkunft des Wortes vom altindischen „atman" = Hauch, Seele verweist darauf[3]. In Hesekiel 37:5 heißt es: „Ich werde dir Atem einhauchen und du sollst leben" und in den Korinthern 6:10: „Weißt du nicht, daß dein Körper der Tempel des heiligen Geistes ist und der Geist Gottes Gabe an dich?"

Wenn wir gesund sind, sind wir voll Lebensenergie, göttlichen

Geistes und Liebe. Wie Shakespeare schreibt: „Oh Geist der Liebe, Geist der heilt ..." Dieser Seele und Körper durchströmende Geist ist das heilende Element in uns. Wenn wir krank sind, ist das Gleichgewicht des Chi, der Lebensenergie, des Geistes gestört, und einer der Akupunkturmeridiane wird beeinträchtigt. Daraus entstehen bestimmte körperliche und seelische Probleme und letztendlich Krankheit. In diesem Buch werden Sie lernen, wie man solche Situationen eines gestörten Gleichgewichts der Energie bewältigt und die Lebensenergie wieder aktiviert.

Geist ist das Lebensprinzip an sich. Wir leben, wachsen und lieben, weil uns Geist eingehaucht wurde.

Das Testverfahren prüft genau die Stärke eines Indikatormuskels und die Auswirkungen fast aller physischer, psychischer, innerer und äußerer Reize auf den menschlichen Organismus. Im Grunde genommen ist es ein Test der Lebensenergie, und auch die Funktionen der Akupunkturmeridiane lassen sich damit messen. Jeder Meridian steht mit speziellen Muskeln für Mimik, Gestik und Tonfall in Beziehung[4]. Außerdem, und das ist für unsere Arbeit das wichtigste, korrespondiert jeder Meridian mit einem bestimmten negativen und positiven emotionalen Zustand. So läßt sich durch dieses Testverfahren bestimmen, welche Gefühlszustände uns jeweils am meisten körperlich und seelisch beeinflussen. Wir haben festgestellt, daß mögliche Veränderungen sofort eintreten und sichtbar werden, wenn wir die Menschen darauf aufmerksam machen und Visualisationstechniken anwenden.

Fünf der wichtigsten Lehrsätze, auf denen unsere Betrachtungsweise der positiven Gesundheit beruht, zeigen, worum es geht. Nämlich um:

1. *Die wesentliche Bedeutung der Verminderung von Streß* und den zugehörigen Gefühlslagen. Krankheit wird als Auswuchs von Streß betrachtet, der eine allgemeine Verringerung der Lebensenergie sowie bestimmte Störungen des Energiegleichgewichts im Körper verursacht.

2. *Die grundlegende Rolle der Vorbeugung,* so daß krankhafte körperliche oder geistig-seelische Veränderungen gar nicht erst auftreten. Im Frühstadium ist das gestörte Energiegleichgewicht fließend oder dynamisch und eine Korrektur noch leicht möglich. Wenn Streß verhindert und die geistigen Einstellungen geändert werden, beugen wir damit Krankheiten vor.

3. *Die Verantwortlichkeit des einzelnen für die eigene Gesundheit* und den eigenen Lebensweg. In diesem Zusammenhang übernimmt der sogenannte Arzt die Rolle des Lehrers. Er erklärt

und hilft dem einzelnen Menschen zu begreifen, wodurch er seine Energien schwächt und seine Heilung verhindert. Der einzelne hat sich schlecht angepaßte Verhaltensmuster auferlegt, die ihn aus seinem natürlichen „normalen" Zustand geraten ließen, und er muß diese erkennen und ändern.

4. *Das Anerkennen der großen Heilkräfte in uns* und in der Natur, die die Wiederherstellung ermöglichen, sobald der Streß verringert ist und die negativen Haltungen geändert sind. Wir sind uns darüber klar, daß natürliche Wege lebenswichtig sind, weil die künstlichen Methoden häufig die Lebensenergie schmälern. Zwar bieten diese eine gewisse Beschwerdefreiheit, doch letzten Endes reduzieren sie die Lebensenergie, verzögern den wahren Heilungsprozeß und tragen nichts zum Abbau des Stresses oder der den Krankheitsmustern zugrundeliegenden Gefühlszustände bei.

5. *Die Einsicht, daß die meisten Probleme auf der Energieebene anfangen.* Gestörtes Gleichgewicht im Organismus zeigt sich zuerst auf der Energieebene und kann hier behoben werden. Hinzu kommen Probleme des Stoffwechsels, des Körperbaus, der Körperhaltung und der Ernährung, denen ebenfalls Aufmerksamkeit geschenkt werden muß.

Von diesen fünf Grundsätzen können wir ableiten, wie sich eine Krankheit entwickelt. Die jeweiligen negativen Gefühlslagen in uns erzeugen Streß. Dieser vermindert die Lebensenergie, stört das Energiegleichgewicht und läßt so schließlich eine Krankheit entstehen. Krankheiten fliegen uns nicht von irgendwoher zu. Sie beginnen auf der Ebene der Energie und wachsen sich dann allmählich aus.

Nehmen wir einmal an, daß jemand ausgesprochen unglücklich ist. (Was das genau bedeutet, werde ich später erläutern.) Sobald dieser Mensch irgendwie belastet ist, reagiert er, indem er unglücklich wird. Hält dieser Zustand an, kommt es zu einem Zusammenbruch des harmonischen Zusammenwirkens der beiden Gehirnhälften, und der Körper ist dadurch noch mehr belastet. Das heißt, die betreffende Person ist körperlich und seelisch noch weniger imstande, den vorliegenden Streß zu bewältigen. Schließlich führt diese Überlastung zu einer Beeinträchtigung des Energieflusses in dem Akupunkturmeridian, der mit der Emotion „Unglücklichsein" korrespondiert. Dieser Meridian ist, wie Sie bald selber austesten können, der Lebermeridian.

Ich unterstelle keineswegs, daß sämtliche Erkrankungen der Leber durch Unglücklichsein verursacht werden, aber ich möchte darauf hinweisen, daß wir bei den meisten Leberleiden sowohl eine Beeinträchtigung des Lebermeridians als auch unglückliche Patienten vorfinden. Was jedoch noch wichtiger ist: Ich bin der Ansicht, daß wir, wenn wir das Gefühl des Unglücklichseins sofort überwinden – und das können wir durchaus –, in allen Lebenslagen besser zurechtkommen, streßfrei werden und der Energiefluß im Lebermeridian in Ordnung bleibt. Wenn wir Streß vermeiden, verhindern wir auch eine Beeinträchtigung des Energieflusses zur Leber und damit die sonst möglicherweise daraus entstehende Erkrankung dieses Organs.

Durch die Anwendung des in diesem Buch Gelernten läßt sich genau herausfinden, wie die Wirkung der Schwachstellen in Ihrem Leben, d. h. jener Faktoren, die Ihre Lebensenergie Tag für Tag beeinträchtigen, vermieden oder zumindest eingeschränkt werden kann.

Bitte bedenken Sie dabei: Es ist keineswegs normal, krank zu sein, aber leider durchaus üblich. Die Menschen erwarten tatsächlich Gesundheitsprobleme und versichern sich dagegen. Herzinfarkt, Arthritis, Diabetes, Krebs usw. werden für unvermeidbar gehalten.

Ein sehr bemerkenswertes Beispiel dafür, wie wir *„normal"* und *„üblich"* verwechseln, sind die Cholesterinwerte im Blut. Vor erst wenigen Jahren galt ein Cholesterinspiegel von 150 bis 220 mg-% als annehmbar; dann wurden es 150 bis 250 und heute sind es 150 bis 300 mg-%. Stellen Sie sich meine Bestürzung vor, als ich einen Kollegen zu einem Patienten sagen hörte: „Na ja, Ihre Blutfettwerte liegen bei 290, aber das ist kein Grund zur Beunruhigung, so etwas gilt heute als normal." Vor einigen Jahren noch hätte ein Arzt solche Laborwerte nicht als normal angesehen. Da aber der Cholesterinspiegel der Gesamtbevölkerung ständig steigt, hat man die tolerierbare Obergrenze der Laborwerte ebenfalls höher angesetzt. Das bedeutet aber nicht, daß ein Cholesterinspiegel von beispielsweise 285 jetzt plötzlich *normal* ist. Es heißt nur, daß es langsam *üblich* wird. Was sagt das über unsere gesundheitliche Verfassung im allgemeinen aus?

Viele Menschen betrachten heute Krankheit als eine feindliche Macht, die uns überraschend und eigentlich grundlos angreift. Wir reden von einer „Herzattacke" oder davon, von einer Lungenentzündung oder Krebs „befallen" zu werden. Wir finden es schwer, einzusehen, daß wir unsere Krankheiten selber hervorrufen, daß Krankheiten die Folge unserer gesamten Lebensweise sind.

Alles, was wir im Lauf der Jahre eingeatmet, gegessen, getan oder unterlassen, gedacht oder verdrängt haben, gipfelt schließlich in der Krankheit. Wir müssen erkennen, daß sie die Folge unseres Tuns ist und uns keineswegs rein zufällig wie ein Dachziegel beim Spaziergehen auf den Kopf fällt. Gewiß gibt es heute schwerwiegende Umwelteinflüsse, denen wir uns nicht entziehen können. Aber auch da können wir die schlimmsten Gefahren bis zu einem gewissen Grad noch abwenden, wenn wir unsere Lebensenergie steigern und positive Gesundheitsmaßnahmen treffen. Der erste Schritt zur Vorsorge heißt Verantwortung für uns selbst übernehmen und unseren Anteil an dem, was uns zustößt, erkennen. Trifft uns ein Unfall, so müssen wir uns überlegen, auf welcher Ebene wir ihn vielleicht mitverursacht haben. (In der australischen Armee ist es üblich, daß einem Kraftfahrer, auch wenn er nach einem Verkehrsunfall von einem zivilen Gericht für schuldlos befunden wurde, von den Militärbehörden mangelnde Sorgfalt vorgeworfen wird. Mangelnde Sorgfalt deswegen, weil er nicht defensiver, nicht „präventiver" gefahren ist.)

Wenn also ich oder meine Patienten oder Schüler krank werden, heißt die Frage: „Was habe ich getan, daß es dazu kommen konnte? Wodurch habe ich das Gleichgewicht in meinem Energiehaushalt gestört, das diese Krankheit zur Folge hatte?" Natürlich kann es viele Jahre dauern, ehe sich eine organische Krankheit offenbart. Vorher jedoch werden die Grundmuster dafür angelegt, so ähnlich wie wir die Anlagen für eine berufliche Laufbahn in unseren ersten Schuljahren anlegen. (Wer wird später die Universität besuchen, wer eine Technikerschule? usw.) Und genauso, wie wir durch den Beruf in bestimmte Lebensbahnen geleitet werden, lenken uns auch Krankheiten, die wir wahrscheinlich entwickeln, in ganz bestimmte Richtungen. Diese Veranlagungen zu Krankheiten sind das Ergebnis von Störungen des Energiegleichgewichts bestimmter Akupunkturmeridiane im Körper.

Der Faktor, der die ursprüngliche Störung des Energiegleichgewichts verursacht, ist stets körperlicher oder seelischer Streß. Als Folge davon verringert sich die Lebensenergie. Gleichzeitig entsteht eine spezielle negative Gefühlshaltung, sei es Unglücklichsein, Depression, Zorn oder eine von den später noch genauer erläuterten. Jede dieser Gefühlslagen entspricht einem Akupunkturmeridian und führt leicht zu einer Störung des Gleichgewichts der Lebensenergie in jenen Organen, die von den einzelnen Meridianen versorgt werden. (Sie erinnern sich gewiß, daß jeder Meridian mit einem oder mehreren Organen in Verbindung steht und danach benannt wird. So gibt es zum Beispiel einen Blasenmeridian, Nierenmeridian usw.)

Halten diese negativen Gefühlslagen an, so bestehen auch die energetischen Störungen im zugehörigen Meridian weiter und führen irgendwann zur Erkrankung. Dazu ein Beispiel: Während meiner Berufsjahre in der Psychiatrie und Psychosomatik stellte ich wie viele meiner Kollegen fest, daß zahlreiche Herzpatienten nur schwer mit Zorn umgehen können. Diese „Zorn-Probleme" existieren schon vor dem Infarkt und werden danach sogar noch ausgeprägter, da die Herzpatienten weitere Anfälle fürchten, wenn sie sich über etwas aufregen. Ich denke da an einen Patienten, der anfangs 40 zum ersten Mal heiratete, und zwar die Witwe eines seiner besten Freunde. Er hatte seinem alten Kumpel versprochen, sich um seine Witwe zu kümmern, als dieser im Sterben lag. Er wußte wohl, daß diese Frau für seinen Freund immer schon eine problematische Lebensgefährtin gewesen war. Das änderte sich auch in seiner Ehe nicht. Sie schrie ihn ständig an, schimpfte, machte ihn lächerlich, verglich ihn nachteilig mit ihrem ersten Ehemann, bemäkelte seine untergeordnete berufliche Stellung, zog über seine sexuelle Potenz her usw. Wenn er den Begriff gekannt hätte, hätte er sie eine „regelrechte Xanthippe"[5] genannt.

Ich sah ihn vor seinem Herzinfarkt nur ein paarmal. Jedesmal, wenn ich ihm einsichtig machen wollte, daß er unter seiner ruhigen und gefaßten Oberfläche bei der Erwähnung der Ehefrau zu kochen begann, wehrte er dies entschieden ab. Er *spürte* den ganz offensichtlich vorhandenen Zorn über seine Lebensgefährtin nicht. Dabei machten sein kalkweißes Gesicht und die verkrampften Finger alles so offenkundig. Vor allem dann, wenn er berichtete, wie die Frau über seine sexuelle Potenz spottete und seine – wie sie sagte – „ehelichen Pflichten" herabsetzte. Der Herzinfarkt meines Patienten ereignete sich kurze Zeit nach einer solchen Auseinandersetzung zum Thema Sex. Ich sah ihn einige Monate später zum nächsten Mal, und jetzt bestritt er irgendwelchen Ärger gegenüber seiner Frau noch lebhafter. Sobald ich das Gespräch darauf brachte, drehte der Patient den Kopf zur Seite und nickte zugleich unsicher, wobei er halb ja und halb nein signalisierte. Er kam mit seinem heimlichen Zorn nicht klar. Wenn ich ihm vor Augen hielt, wie tief ihn seine Frau verletzt hatte, sagte er mit dieser Kopfbewegung unweigerlich: „Wissen Sie, Herr Doktor, sie hat es im Leben schwer gehabt. Wie kann ich da über sie zu Gericht sitzen?" oder ähnliches.

Es bedurfte geraume Zeit in der Therapie, bis der Patient den Zorn seiner Frau gegenüber annehmen konnte. Zum Teil lag es daran, daß er die Erinnerungen an den Herzinfarkt und eine Wiederholung fürchtete. Die Erinnerung daran, wie er die schmerzende Brust umklammernd auf dem Boden eines Eisenbahnwagens gelegen hatte und die Gesichter der anderen Fahrgäste offenbar aus großer Höhe auf ihn herunterstarrten, war so stark, daß er seinen Zorn einfach nicht zulassen konnte. Er befürchtete, dadurch einen weiteren Anfall zu beschleunigen und den Alptraum noch einmal durchleben zu müssen.

Jeder andere Psychiater, der sich jemals mit Herzpatienten beschäftigte, könnte ähnliche Geschichten erzählen.

Die zugrunde liegende emotionale Haltung ist meistens, wenn nicht sogar immer, Zorn – chronischer, anhaltender und zersetzender Zorn. Dieser Zorn ist häufig bewußt, sehr häufig aber auch unbewußt. Das heißt, der Patient weiß oft nicht, was in ihm vorgeht, und ist so wenig imstande, damit umzugehen, daß er ihn völlig unterdrückt und aus dem Bewußtsein verdrängt.

Bei den meisten Herzpatienten ist festzustellen, daß einer der Meridiane, die gewöhnlich schwach testen, der Herzmeridian ist. Das ist nicht überraschend. Auffallend ist aber, daß, sobald der Patient „Ich bin nicht zornig, ich verzeihe" sagt, der vorher schwache Meridian sofort stark testet. Wird diese Bekräftigung oft genug und mit Gefühl wiederholt, wird der Herzmeridian nach einer Zeit nicht mehr schwach reagieren, was uns anzeigt, daß die Energie wieder ins Gleichgewicht gebracht wurde und der Körper jetzt nach besten Kräften die entstandenen Schäden wieder in Ordnung bringen kann.

Bei Personen ohne erkennbare Herzprobleme können wir feststellen, daß ihr vorher starker Herzmeridian schwach testet, wenn sie „ich bin zornig" sagen. Das Energiegleichgewicht im Herzmeridian wird bei uns allein leicht gestört, wenn wir zornig sind.

Aus diesem Beispiel folgt eine wichtige Erkenntnis: Schon allein dadurch, daß wir sagen, wir seien zornig oder wir vergäben, entsteht in uns eine negative oder positive Gefühlslage, die den entsprechenden Akupunkturmeridian beeinflußt. Zorn stört das Energiegleichgewicht im Herzmeridian. Dazu reicht es schon „Ich bin zornig" zu sagen. Wir sollten die Kraft des Wortes im Guten oder Bösen nicht unterschätzen. Wer sagt „Ich vergebe" bringt die Energie des Herzmeridians wieder ins rechte Gleichgewicht.

Ich möchte nicht behaupten, daß jedesmal eine Erkrankung des Herzens vorliegt oder ein Infarkt ansteht, wenn der Herzmeridian eines Patienten schwach testet. Worauf ich hinweisen will, ist, daß in diesen Fällen stets das Gefühl des Zorns vorliegt und die Lebensenergie negativ beeinflußt, was wiederum den Herzmeridian und bis zu einem gewissen Grad auch das Herz beeinträchtigt. Es kann durch eine passende Affirmation korrigiert werden. Sollte die Störung des Energiegleichgewichts als der unbewußte Zorn längere Zeit anhalten, kann dies zu einer Herzerkrankung führen, was häufig auch tatsächlich der Fall ist. Dies ist die Grundlage der psychosomatischen Medizin.

Jetzt können wir mit Hilfe des Akupunktursystems auch erkennen, *auf welche Weise* eine Emotion zu einer Herzkrankheit werden kann. Wir können aber auch sehen, wie sich das verhindern läßt. Wenn wir lernen, unseren Zorn zu überwinden. Das läßt sich, wie wir noch sehen werden, relativ einfach erreichen. Dann werden die Energieprobleme niemals lange im Meridian gehalten und das Risiko eines Herzinfarkts schwindet.

Das ist es, was ich unter Vorsorge verstehe. *Durch ständiges Überwachen des Zustandes unserer Meridiane und dadurch, daß wir sie sofort durch die entsprechende positive Affirmation korrigieren, bleibt unsere Lebensenergie ausgeglichen und auf hohem Niveau und verhindert so das Auftreten von Krankheit.* In diesem Zusammenhang möchte ich wieder darauf hinweisen, daß die psychosomatische Medizin schon in der Antike bekannt war. Die alten Griechen wußten, daß die Lebensenergie (thymos) mit der Thymusdrüse zusammenhängt und daß zornige Menschen zu Herzerkrankungen neigen.

Sprachgeschichtlich gibt es eine gemeinsame Wurzel für Ärger und *„angina".* Das gilt nicht nur für das Wort in den meisten indogermanischen Sprachen, sondern auch für die Geschichte der Krankheit.

Negative Gefühle zu überwinden heißt echte Vorsorge praktizieren. Sie werden feststellen, daß danach die Thymusdrüse stark reagiert, daß die Lebensenergie gestärkt wurde und die Gehirnhälften im Gleichgewicht sind. Sie sind auf dem Weg zu positiver Gesundheit, d. h. Sie vermeiden nicht nur das Krankwerden, sondern fangen bereits an, sich ausgezeichnet zu fühlen, wodurch Kreativität auf allen Ebenen möglich wird.

Für die meisten unter uns ist dies das erste Mal, daß sie wirklich Energie in ihrem Körper fühlen. Wir werden wach und kreativ sogar bei kleinen alltäglichen Verrichtungen – eine wunderbare Veränderung, die ich oft bei Patienten und Schülern erlebt habe. Es ist eine erstaunliche und aufbauende Erfahrung, wenn ein Patient, der bisher unter einer Störung des Gleichgewichts der Gehirnhälften litt, Schwierigkeiten mit der Ausbildung oder am Arbeitsplatz hatte oder das Leben selbst schlechthin als Kampf erlebte, plötzlich wirklich kreativ wird und leicht durchs Leben geht, wo er früher stolperte und das Leben für ihn spannend, erfüllt, reich und leicht zu meistern ist.

Genau das wollen wir erreichen. Zuerst erkennen wir die jeweiligen Gefühlszustände, die unsere Lebensenergie erschöpfen, unsere Thymusdrüsen beeinträchtigen und das funktionale Gleichgewicht der Gehirnhälften stören. Wir erkennen, daß dies die Lösung unserer Probleme erschwert, Störungen des emotionalen Gleichgewichts und in der Folge Störungen des Energiegleichgewichtes der Akupunkturmeridiane, die alle Organe und Muskeln unseres Körpers mit Energie versorgen, hervorruft. Wenn wir die Störungen auf der Gefühlsebene frühzeitig beheben, bleiben wir gesund. Korrigieren wir sie nicht, geraten wir in eine Situation, die heute zwar als „normal" angesehen wird, aber in Wirklichkeit nichts weniger als das ist. Wir taumeln von Krankheit zu Krankheit, von Operation zu Operation und führen ein kurzes, unproduktives, einfallsloses Leben voller Leiden. Nichts davon ist normal. Nichts von dem soll so sein.

Unsere Bestimmung ist vielmehr ein langes, gesundes, glückliches, produktives und kreatives Leben. Wir müssen uns von der gewohnten Vorstellung von Krankheit hier und Gesundheit dort abwenden und ein neuartiges Gesundheitsmodell schaffen, in dem Krankheit in der heute üblichen Form keinen Platz mehr hat. Das läßt sich realisieren, wenn unsere Lebensenergie hoch ist und wenn das Energiesystem unseres Körpers ausgeglichen ist. Am leichtesten erreichen wir dies dadurch, daß wir unsere emotionalen Haltungen korrigieren, die aus Streß entstehen und das Energiegleichgewicht im gesamten Körper stören. Was wir jetzt lernen müssen, ist, wie sich solche Gefühlslagen frühzeitig erkennen und umwandeln lassen. Aber zuvor müssen wir unsere Aufmerksamkeit noch der Thymusdrüse zuwenden, die die Körperenergie regelt.

Teil 2
Die Thymusdrüse

THYMUS

Liebe	Haß
Glaube	Mißgunst, Neid
Vertrauen	Angst
Mut	

Die Thymusdrüse

Die medizinische Wissenschaft erkennt jetzt auch bei uns an, was den Griechen schon vor Tausenden von Jahren vertraut war, daß nämlich die Thymusdrüse die Lebensenergie des Körpers kontrolliert. Tatsächlich heißt das griechische Wort *„thymos"* nichts anderes als Lebensenergie. Nach fernöstlichen Lehren „gibt es eine feinstoffliche Energie, die Muskeln und Organe durchfließt und alle lebenden Zellen und Gewebe durchdringt. Übersetzt heißt sie auf dieser bestimmten Ebene Lebenskraft."[1]

Die Thymusdrüse liegt in der Mitte der Brust unter dem oberen Teil des Brustbeins. Bis ungefähr 1950 wußte man wenig über ihre Funktionen, obwohl es seit vielen Jahren Hinweise darauf gab. Nach Auffassung der Schulmedizin hatte die Thymusdrüse für den Erwachsenen keinerlei Bedeutung, ein Trugschluß, der dadurch zustande kam, daß sie bei Autopsien sehr klein und stark atrophiert war. Das kommt daher, daß die Thymusdrüse als Reaktion auf akuten Streß, etwa bei Infektionen, innerhalb von 24 Stunden um die Hälfte schrumpfen kann. Schließlich erkannte man, daß die Thymusdrüse eine lebenswichtige Rolle innerhalb des Immunsystems unseres Organismus spielt, aber bei schweren Krankheiten und starkem körperlichem Streß schnell schrumpft.

Die Thymusdrüse überwacht und reguliert den Energiestrom im gesamten Energiehaushalt des Körpers und korrigiert eventuell Störungen unmittelbar, so daß das Gleichgewicht und die Harmonie der Lebensenergie sofort wieder hergestellt werden. Außerdem ist sie als Bindeglied zwischen Geist und Körper das erste Organ, das durch seelische Haltungen und Belastungen beeinflußt wird. Eine gesunde und aktive Thymusdrüse sorgt für strahlende Gesundheit.

Ich möchte mich in diesem Buch nur auf die geistig-seelischen Aspekte der Thymusdrüse konzentrieren, da wir bereits erfahren haben, daß die meisten Krankheiten auf der geistigen Ebene beginnen, bevor sie sich im Körper niederschlagen.

Während ich dies schreibe, erfahre ich von dem plötzlichen und tragischen Unfalltod der Adoptivtochter eines lieben Freundes. Als ich sie kennenlernte, reagierte sie beim Thymustest immer schwach, wenn ihr Vater oder ich sie testete. (Sie werden gleich erfahren, was dies bedeutet und wie Sie den Test selber durchführen können.) In Betsys Fall rührte diese Einschränkung der Lebensenergie – wie sie freimütig einräumte – vom extremen Zorn, ja Haß auf ihre älteren Schwestern. Dieser Haß äußerte sich in ihrem Verhalten und war der Anlaß zu großer Sorge für ihre Eltern. Als ich Betsy erstmals testete, gab ich ihr zu verstehen, daß ihre schwache Thymusreaktion darauf hinwies, daß sie auf jemanden zornig sei (ich vermied das Wort „Haß"). Betsy erwiderte ohne Zögern: „Ja, auf meine Schwestern." Danach bat ich sie, einmal liebevoll an die Geschwister zu denken, und die Thymusdrüse testete sofort stark. Betsy wandte mir ihren klaren, forschenden Blick zu und fragte: „Was hat das zu bedeuten?" Ich erklärte ihr: „Sieh mal, Betsy, sobald du solche Gefühle gegenüber deinen Schwestern hegst, leidest du selber darunter viel mehr als diese. Wenn du gesund und stark werden und ein glücklicheres Leben führen willst, solltest du, wie es dein Körper anzeigt, auf liebevolle Weise an sie denken. Du hast selbst gesehen, welchen Unterschied es für deinen Energiefluß ausmacht." Da Betsy noch jung war und im Vergleich zu vielen Erwachsenen noch nicht sehr festgefahren, sagte sie: „In Ordnung, ich will es versuchen. Wenn es mich stärkt, dann tue ich es." Als ich sie später am Tag nochmals testete, reagierte ihre Thymusdrüse stark.

Im folgenden Jahr war Betsys Thymusdrüse jedesmal stark, wenn ihr Vater oder ich sie testete. Die Veränderung in ihrem Verhalten und allen ihren Lebensbereichen zu Hause und in der Schule war schlicht eindrucksvoll. Sie hatte Haß in Liebe verwandelt, war von Thymusunterfunktion zu einer aktiven Thymusdrüse gelangt, baute auf, statt abzubauen, und lebte ein erfülltes Leben. Und jetzt war sie plötzlich tot. Ihre Familie und ich schöpfen einigen Trost aus der Tatsache, daß Betsy bei ihrem Tod in einem wesentlich besseren seelischen Zustand war als noch vor einem Jahr. Sie starb als ein besserer Mensch und – trotz ihrer Jugend – nach einem in vieler Hinsicht doch schon erfüllten Leben. Sie hatte die größte Schwierigkeit in ihrem Leben gemeistert, die Tatsache, daß sie ein Adoptivkind war und sich von ihren Schwestern abgelehnt fühlte. Sie war großartig daran gewachsen.

Was soll ich den Eltern sagen? Wie ihnen raten? Was kann man tun in so einem Fall? In meiner langjährigen Praxis als Arzt habe ich in schweren Zeiten immer nach einem positiven Ansatzpunkt gesucht, nach dem, was wir aus dieser Erfahrung lernen können. Wir können Betsy nicht wieder zum Leben erwecken, und wir müssen warten, bis die Zeit und die Lebensenergie die Wunden der anderen Familienmitglieder heilen. Was wir in der Zwischenzeit tun können, ist, an ihren emotionalen Haltungen und geistigen Kräften arbeiten.

Die meisten Menschen reagieren auf Schicksalsschläge, sei es Krankheit oder der Tod eines nahen Angehörigen, mit verminderter Aktivität der Thymusdrüse, also mit Verringerung der Lebensenergie. Dadurch wird der krankhafte Zustand gefördert, der überwunden werden muß. Es ist in solchen Fällen besonders wichtig, die Thymusdrüsen zu aktivieren und die Lebensenergie auf hohem Niveau zu halten. In Betsys Fall geschieht dies bis zu einem gewissen Ausmaß dadurch, daß ihre Angehörigen erkannten, wie Betsy selber in ihrem kurzen Leben ihre Probleme bewältigte. Ihr Beispiel kann den Verlust überwinden helfen. Das soll nicht heißen, daß sie die Tragödie und den Ernst der Situation nicht annehmen sollten. Das ist unumgänglich. Es gibt jedoch auch bei einer derartigen Tragödie positive Gesichtspunkte.

Sie können stolz und zufrieden darüber sein, wie sie Betsy erzogen haben, und daran denken, mit welcher Liebe und Achtung Familie und Freunde ihr begegneten. Die Zuneigung zu ihr wird die Familie stützen und die Thymusdrüse auch in dieser Krisenzeit stark bleiben lassen. Wenn dies der Fall ist, werden sich die Angehörigen leichter von dem Schicksalsschlag erholen. Wenn nicht, werden sich die Nachwirkungen dahinschleppen und sich in emotionalen Mustern, Meridianstörungen und später vielleicht sogar – wie so oft – in physischen Krankheiten niederschlagen.

Die erste Reaktion des Körpers auf Streß besteht im Schrumpfen der Thymusdrüse, wie bereits Hans Selye in seinem Buch „The Stress of Life"[2] betonte. Vor jeder körperlichen Reaktion verringert sich bereits die Lebensenergie. Die Thymusdrüse testet schwach und wird erst wieder stark, wenn der Streß beseitigt ist. Wo immer wir eine Störung des emotionalen Gleichgewichts, eine Störung des Energiehaushalts oder irgendwelche krankhaften Prozesse finden, werden wir ebenfalls fast immer einen schwachen Thymustest beobachten können. Wird aber die Thymusdrüse aktiviert, erfolgt eine Steigerung der Lebensenergie. Nur die inneren Heilkräfte, die wahre Heilkraft der Natur, können zur echten Genesung führen.

Lassen Sie mich jetzt erläutern, wie man die Thymusdrüse testet. Ich beginne mit einem Rückblick auf das Testverfahren, das am Anfang dieses Buches erklärt wurde. Sie werden sich erinnern, daß für den Test des Deltamuskels zwei Personen erforderlich sind.[3] Bitten Sie einen Freund oder ein Mitglied Ihrer Familie um Mithilfe:

1. Bitten Sie Ihre Versuchsperson, sich aufrecht hinzustellen. Der rechte Arm hängt locker seitlich herunter, der linke Arm soll mit durchgedrücktem Ellenbogen parallel zum Boden (etwa im rechten Winkel) und seitlich ausgestreckt werden.

2. Stellen Sie sich der Versuchsperson gegenüber und legen Ihre linke Hand zum Ausgleich auf ihre rechte Schulter. Nun legen Sie Ihre rechte Hand auf den ausgestreckten linken Arm der Versuchsperson, und zwar etwas oberhalb des Handgelenks.

3. Sie erklären der Person, daß Sie gleich ihren Arm nach unten drücken werden, während sie dem Druck nach besten Kräften widerstehen soll.

4. Sie drücken ziemlich fest und gleichmäßig auf den Arm der Versuchsperson. Der von Ihnen ausgeübte Druck soll fest genug sein, um die Spannkraft im Arm zu testen, ohne den Muskel zu ermüden. Es soll keine Kraftprobe sein. Vielmehr soll herausgefunden werden, ob der Deltamuskel das Schultergelenk gegen den Druck „verschließen" kann. Anmerkung: Bitte lächeln Sie bei der Ausführung des Tests als Tester oder Versuchsperson nicht, weil sonst die Thymusdrüse stark reagiert. Falls der Muskel gesund und funktionstüchtig ist, wird er beim Test stark bleiben. Theoretisch könnte man jeden beliebigen Muskel testen, doch hat sich der mittlere Teil des Deltamuskels als leicht und bequem zugänglich für das Bestimmen des Energieflusses in verschiedenen Bereichen des Körpers erwiesen. (Ein Muskel, der als Testmuskel dient, wird Indikatormuskel genannt.)

5. Jetzt bitten Sie die Versuchsperson, mit den Fingerspitzen der freien Hand die Mitte des Brustbeins zu berühren, und zwar dort, wo die zweite Rippe sich mit dem Brustbein verbindet. Dieser Punkt (siehe unser Foto) liegt genau über der Thymusdrüse. Während die Versuchsperson den Thymuspunkt berührt, testen Sie den Indikatormuskel noch einmal. Ist er noch stark oder ist er schwach geworden? Angenommen, er ist jetzt schwach geworden – was hat das zu bedeuten?

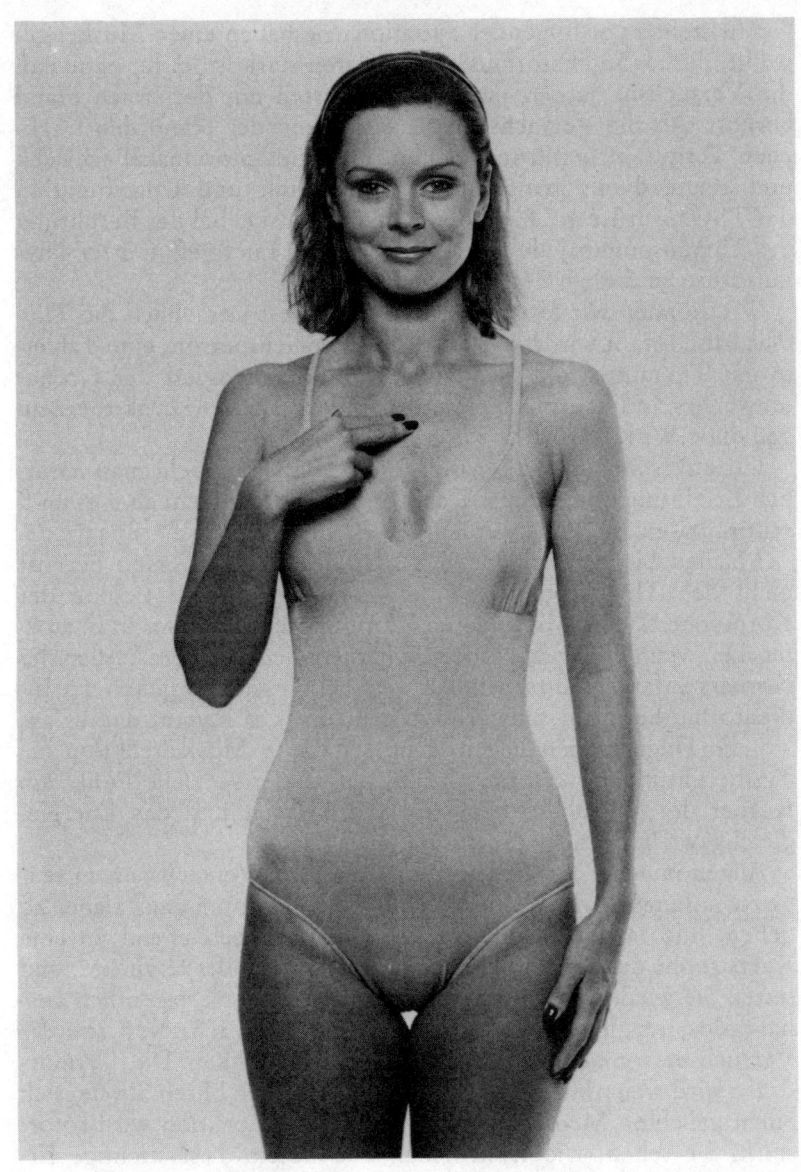

Dies ist der Testpunkt für die Thymusdrüse

Wir stehen vor folgender Situation: Sie haben einen Muskel gewählt, der als Indikatormuskel im Klaren stark ist, d. h., ohne daß die Versuchsperson irgendeinen Körperteil mit der freien Hand berührt. Als die Versuchsperson jedoch mit der Hand den fraglichen Testpunkt berührte, reagierte der Indikatormuskel schwach und zeigte damit mangelnde Energiezufuhr und Unterfunktion der Thymusdrüse an. Blieb der Indikatormuskel bei der Berührung des Thymuspunkts jedoch stark, so war der Energiefluß ihrer Thymusdrüse zu diesem Zeitpunkt in Ordnung.

Wie können wir feststellen, daß beim Test tatsächlich die Thymusdrüse erfaßt wird? Wir bitten die Versuchsperson, eine Tablette mit Thymusextrakt zu kauen. Daraufhin reagiert der (vorher schwache) Indikatormuskel stark. Andere Drüsenextrakte erzeugen diese Wirkung nicht.

Für zuverlässige und genaue Testergebnisse braucht man natürlich Erfahrung und Übung. Das Verfahren ist einfach, aber es muß sehr präzise ausgeführt werden.

Machen Sie den folgenden Test: Die Versuchsperson berührt nicht den Thymuspunkt, sondern beliebige andere Punkte der Körperoberfläche. Mit anderen Worten: Sie testen den Indikatormuskel, wenn die Versuchsperson immer wieder andere Stellen des Körpers anfaßt. Wahrscheinlich wird bei diesem Vorgehen der Indikatormuskel nicht schwach werden, denn es kommt darauf an, wo die Fingerspitzen liegen. Eine schwache Muskelreaktion bei Testberührungen weist darauf hin, daß dieser spezielle Punkt am Körper der Versuchsperson zur Zeit belastet und das Energiegleichgewicht dort gestört ist.

Angenommen, der Thymustestpunkt Ihrer Versuchsperson reagierte anfangs stark. Wiederholen Sie den Test, um ganz sicher zu gehen, und lassen Sie die Versuchsperson anschließend an eine Katastrophe denken, z. B. an einen Autounfall oder ähnliches, und testen Sie wieder. Was ist geschehen? Gewöhnlich, eigentlich ausnahmslos, reagiert die Thymusdrüse nun schwach. Nun soll die Versuchsperson an eine ihr verhaßte Person denken. Die Thymusdrüse wird weiterhin schwach testen. Schließlich bitten Sie sie, sich einen geliebten Menschen vorzustellen. Die Reaktion wird sofort stark. Sie sehen, wie schnell man mit diesem Test wichtige Erkenntnisse über Körper, Geist und Seele gewinnen kann.

Woher wissen wir, daß die Thymusdrüse den Energiefluß durch die Akupunkturmeridiane im menschlichen Organismus steuert? Während Sie lernen, wie man die Energie in den einzelnen Meridianen testet, werden Sie entdecken, daß jeder Meridian, dessen

Energiefluß eine Störung aufweist, automatisch korrigiert und ausbalanciert wird, sobald die Thymusdrüse aktiviert wird. Das kann durch Verfahren aus meinem Buch „Der Körper lügt nicht", z. B. rhythmisches Klopfen auf den Thymuspunkt, das Lesen von Gedichten zur Integration der Gehirnhälften oder durch das Aussprechen und Denken der positiven Affirmation, für die Thymusdrüse geschehen. Als Ergebnis dieser Aktivierung gleichen sich alle Störungen des Energiehaushalts im Organismus automatisch aus. Deshalb nennen wir die Thymusdrüse den „Hauptschalter" und die Kontrollstelle des Akupunktur-Energie-Systems im Körper.

Die Thymusdrüse reflektiert auch unseren Genesungswillen. Sobald die Thymusdrüse schwach testet, ist daraus zu schließen, daß wir nicht genügend Willen zum Gesundsein haben. Unsere Lebensenergie ist nicht stark genug, um den Heilungsprozeß zu ermöglichen. Diese Erkenntnis hat sich in der klinischen Praxis als sehr wertvoll erwiesen. Der Arzt muß in erster Linie darum bemüht sein, den Genesungswillen des Patienten zu aktivieren. Wenn das versäumt wird, können wir nur eine „Gesellschaft von wandelnden Toten" produzieren. Und das ist es, was die moderne Medizin im Moment zu erreichen scheint. Zugegeben, die wunderbaren Fortschritte der modernen Medizin sind eindrucksvoll und verlängern das Dasein vieler Menschen. Aber es ist kein richtiges Leben in ihnen. Sie besitzen keine Vitalität. Sie bewegen sich noch, sie atmen noch, aber sie sind nicht wirklich lebendig, weil wir vergessen haben, daß wahre Heilung von innen kommt. Medikamente sind nützlich, wenn gleichzeitig für eine Aktivierung der Lebensenergie des Patienten gesorgt wird. Deshalb rate ich in jedem Fall, zuerst den Genesungswillen des Patienten über seine Thymusdrüse zu aktivieren. Dann erst sollte die Spezialbehandlung einsetzen. Wenn der Wille zum Gesundwerden angekurbelt wurde, stellen sich dramatische Veränderungen ein. Wir wollen keine schlaffen, halblebigen „Zombies" erschaffen, die sich von Krankheit zu Krankheit, von Wunderarznei zu Wunderarznei schleppen. Die wahre Wunderdroge liegt in uns, ist unsere eigene Kraft und Vitalität, unser Wille, gesund zu sein.

Ich habe immer wieder erlebt, welch großen Unterschied dies in der klinischen Praxis ausmachen kann. Ich erinnere mich an die ersten beiden Patienten, die ich als junger Stationsarzt damals behandelte. Ihre Betten standen nebeneinander. Sie waren beide durch Autounfälle querschnittsgelähmt und hatten außerdem gleichartige Infektionen. Beide bekamen dieselben Antibiotika verabreicht. Nach einer Woche war einer geheilt, der andere tot. Ich fragte unseren Chefarzt: „Wie ist das zu erklären?" Der zuckte mit den Schultern und sagte: „So ist das halt mit den Patienten. Manche haben es, andere nicht ..." Weder er noch ich wußten zu jener Zeit, daß das, was er mit „es" bezeichnete, die Lebensenergie, der Wille zum Gesundsein war.

Ich brauchte nicht lange darüber nachdenken, welcher der beiden Patienten „es" hatte und welcher nicht. Der Überlebende hielt an seinen Zukunftsplänen fest, heiratete seine Verlobte und nahm an einem Fernlehrgang teil. Er war stets fröhlich und zuversichtlich, machte seine Krankengymnastik, nahm an der Therapie teil und schmiedete Pläne.

Der andere, welcher „es" nicht hatte hingegen, drehte sich mit dem Gesicht zur Wand und wollte von der Welt nichts mehr wissen. Sein einziges Interesse war seine Korrespondenz mit seinem Rechtsanwalt. Er wollte mehr Schmerzensgeld für den Unfall herausschlagen und war wie besessen von dieser Idee. Er löste die Beziehung zu seiner Freundin, lehnte die Therapie ab und zeigte auch kein Interesse an Fernkursen. Er hatte den Willen zum Gesundwerden verloren. Und unter derselben Belastung, derselben Infektion unterlag er, und der andere überstand. Diese beiden Patienten sind gute Beispiele für Leute mit hohem und niedrigem Niveau an „Thymus-Energie". Einer zeigt den Willen zur Gesundung, der andere nicht. Einer überlebt Streß-Situationen, die den anderen überwältigen.

Ich kannte ein liebevolles Paar, das 55 Jahre miteinander verheiratet war. Einige Monate nach dem plötzlichen Tod seiner Frau besuchte ich den Witwer. Er war so vital wie immer, vielleicht noch mehr. Neben der Bestellung seines ausgedehnten Gemüsegartens, der Pflege von Haus und Auto, übernahm er alle „Hausfrauenpflichten" und entwickelte sich zum perfekten Hausmann. Er lernte kochen, und im Supermarkt entging ihm kein Sonderangebot. Natürlich war er manchmal ein bißchen traurig und hatte Tränen in den Augen. Aber er war für seine Umgebung ein bewundernswertes Beispiel dafür, wie man an einer solchen Tragödie wachsen kann. In meiner Praxis habe ich oft Fälle erlebt, in denen nach langjähriger Ehe der überlebende Partner nur wenige Wochen oder Monate nach dem Dahinscheiden des anderen ebenso verstarb. Hier hatten wir genau das Gegenteil. Als ich ihn testete, war seine Thymusdrüse stark. So fragte ich nach seinem Geheimnis. Als tief religiöser Mann antwortete er mir: „Nun, Gott hat mir als neue Aufgabe übertragen, allein mit allem fertig zu werden. Es liegt an mir, es zu tun!" Dann krempelte er seine Ärmel hoch und machte sich wieder an die Arbeit. Er war ein beispielhafter Mensch mit hoher Thymusenergie.

Mir kommt jetzt ein lieber Patient in den Sinn, der eine Reihe tragischer Krankheiten durchzustehen hatte. Vor allem wollte sein gebrochener Arm nicht heilen, so daß er drei Jahre durch eine Trageschlinge und ein Gipsgestell erheblich behindert war. Die Ärzte hatten vergeblich auf alle erdenklichen Weisen versucht, das Knochenwachstum anzuregen. Und im Grunde seines Herzens wußte der Patient, daß er den Arm für den Rest seines Lebens nicht mehr würde gebrauchen können. Zu allem Unglück hin entwickelte sich auch noch eine Leukämie, von der er wußte, daß sie wahrscheinlich tödlich verlaufen würde.

Als ich ihn kennenlernte, war er außerordentlich bedrückt. Er sah keinen Sinn mehr im Weiterleben und war nahe daran, sich umzubringen. Der Patient wirkte zornig, schwer ansprechbar und haderte mit dem Schicksal, das ihm so übel mitspielte. Natürlich testete seine Thymusdrüse schwach. Nachdem ich ihn mit dem Testverfahren vertraut gemacht hatte, änderte er sich sehr rasch. Danach reagierte seine Thymusdrüse stark.

Eines Tages sagte er zu mir: „Ich weiß nicht, ob ich bald sterben werde oder weiterlebe und meine Lebensenergie aktivieren kann, um dieses schwere Leiden zu besiegen. Aber ich weiß, daß ich zu einer neuen Einstellung gegenüber Tod und Leben gefunden habe. Mir ist klar geworden, daß ich mit der täglichen Arbeit ohne Zorn und Groll über das Geschehene weiterleben und nach besten Kräften weiterkommen sollte. Daß ich daran wachsen werde und es als Teil meiner Entwicklung sehen will." Am gleichen Tag sagte jemand zu mir: „Ich weiß nicht, wie lange dieser Patient überleben wird, aber er wird gewiß als Heiliger sterben."

Es ist nun schon einige Jahre her, daß er starb, aber alle, die ihn kannten, denken mit Liebe und Achtung an ihn. Kurz vor seinem Tod konnte ich am Krankenbett noch mit ihm reden. Er war in guter seelischer Verfassung und versicherte mir, er hätte neues Zutrauen und neue Glaubensstärke entwickelt. Er starb tapfer und mutig wie ein Heiliger, und so erinnern wir uns an ihn.

Ich habe noch nie eine starke Thymusreaktion bei einem Raucher gefunden. Jedesmal, wenn ein Raucher sich seine Zigarette ansteckt, weiß er genau, daß er seine Gesundheit gefährdet, wie ja auf jeder Packung nachzulesen ist. Trotzdem raucht er. Der Wunsch nach sofortiger Befriedigung hat den Willen zum Gesundsein überlagert. Nach meiner Erfahrung kann man Menschen nicht durch Schreckensbilder drohender Gefahren vom Rauchen abbringen. Das erhöht nur die tiefe und unbewußte Angst, welche die Thymusaktivität sowieso schon beeinträchtigt, den Willen zur Gesundheit zermürbt und sie erst recht zum Griff nach der Zigarette veranlaßt. Angst verstärkt das Negative. Statt dessen stelle ich die positiven Seiten heraus und bespreche die Konzepte von Lebensenergie und optimaler Gesundheit mit den Rauchern.

Ich erinnere mich an einen Patienten, der mich wegen seiner unheilbaren Krankheit konsultierte. Es handelte sich um ein Leiden, das fast immer tödlich endet. Ich machte ihm klar, daß er trotzdem seine Lebensenergie steigern und sich besser fühlen könne, wenn er zum Beispiel seine Ernährung umstelle, Alkohol meide und das Rauchen aufgäbe. Daraufhin meinte der Patient: „Warum soll ich nicht wenigstens genießen, was mir Spaß macht, wenn ich sowieso sterben muß?" Das ist in Fällen von tödlichen Erkrankungen häufig zu hören. Der fehlende Wille zur Gesundheit, die Resignation, die aus solchen Worten klingt, haben meiner Auffassung nach die Lebensenergie von Beginn an vermindert und zumindest die Veranlagung zur Krankheit geschaffen.

Es gibt keine Wunderpillen. Wir müssen an uns arbeiten, um all die Dinge zu tun, die die Lebensenergie anheben, damit der Körper sich heilen kann. Solange wir nur auf Genuß aus sind und nach dem Motto „Warum auf Vergnügen verzichten, wenn ich doch sowieso sterben muß" leben, ändert sich wenig. Der Patient aus unserem Beispiel ahnt nicht, daß wahres Vergnügen von Dingen herrührt, die gut *sind,* und nicht von solchen, die sich lediglich gut *anfühlen.* So sagte Sir Walter Scott auf dem Sterbebett zu seinem Biografen: „Führe ein gutes Leben, Lockey. Wenn du erst da bist, wo ich mich jetzt befinde, ist das alles, worauf es ankommt."

In meiner Praxis hatte ich selten einen Patienten, der nicht nach wenigen Wochen der Thymusaktivierung zu rauchen aufhörte. Sobald der Wille zum Gesundsein aktiviert ist, wollen wir die Dinge, die unsere Lebensenergie reduzieren, gar nicht mehr tun.

Seit vielen Jahren ist es das Hauptziel meiner medizinischen Tätigkeit, diesen Willen zum Gesundsein, diese Lebensenergie, diesen *Thymus* zu aktiveren, um die Leute dazu zu bringen, aus eigenem Antrieb gesund werden zu wollen. Es ist leicht, gesund sein zu wollen, solange es uns gut geht. Sobald aber unsere Lebensenergie sinkt, sieht es mit der Motivation ebenfalls schlecht aus. Man könnte tatsächlich sagen, daß das erste Zeichen einer Erkrankung der Verlust des Willens zur Gesundheit ist. Beispielsweise sagte ein Patient zu mir: „Herr Doktor, ich weiß, daß Vitamin C mir bei Erkältungen hilft, aber wenn ich mich krank fühle, ist mir schon der Griff nach der Vitamin-C-Packung zuviel!" Und wie viele Ärzte haben schon zu hören bekommen: „Ich war so krank, daß ich nicht zur Behandlung kommen konnte."

Menschen mit hohem Thymus, mit hoher Lebensenergie wurzeln im Positiven. Sie suchen auch bei Schicksalsschlägen zu retten, was noch zu retten ist und was sich zum Guten wenden läßt. Kürzlich erfuhr eine meiner Bekannten, die seit vielen Jahren chronisch krank ist, daß ihre Mutter plötzlich an einem Herzinfarkt gestorben war. Ich begegnete ihr wenige Minuten danach auf dem Weg zur Wohnung ihrer Familie. Ich erklärte ihr, daß sie mit so niedriger Lebensenergie ihren Angehörigen kaum eine Hilfe sein könne. Und daß vor allem ihr betagter Vater jetzt ihre Stärke und Beistand brauche. Und so fand sie in dieser tragischen Situation ein neues Ziel. Sie erinnerte sich auch an die wunderbaren Eigenschaften der geliebten Mutter und sah ihre neue Aufgabe als älteste Frau im großen Kreis der Familie: nicht mehr Tochter zu sein, sondern eine neue Mutter für alle. Sofort setzte sich ihr Lebenswille, der Wunsch, diese Tragödie zu überstehen, durch, und ihre Thymusdrüse testete stark. Leise lächelnd, ruhig und bestimmt übernahm sie ihre neue Rolle und kümmerte sich um die Bestattungsformalitäten. Ihr Vater erzählte mir voller Erstaunen, welche Gefaßtheit und wieviel Kraft die Tochter seit dem Tod der Mutter gewonnen habe, wie sie die Tragödie überwunden und ein ganz neuer Mensch geworden sei. Das schaffen nur Menschen mit hoher Thymusenergie.

Umgekehrt kennen wir alle Personen mit niedriger Thymusaktivität. Sie wählen den Weg des geringsten Widerstands und akzeptieren Umstände, die weit unter dem liegen, was sie eigentlich leisten könnten, nur um keine Kraft aufwenden zu müssen. Noch Jahre nach einer Familientragödie, wie oben beschrieben, sind sie depressiv und haben sich nicht erholt. Ich kenne zum Beispiel eine Frau, deren Mann vor 25 Jahren starb. Seither lebt sie wie eine Einsiedlerin. Jeden Abend schlägt sie die Bettdecke des zweiten Ehebettes zurück, als komme ihr Mann bald nach Hause. Sie redet nur von der Vergangenheit, als er lebte. Sein Tod hat sie umgebracht, obwohl sie noch am Leben ist. Das ist ein Beispiel für niedrige Thymusaktivität. Nach all den Jahren fängt sie mit meiner Hilfe erst jetzt allmählich an, ihre Thymusdrüse zu aktivieren. Sie hat sich entschlossen, ein neues Leben aufzubauen, und sagte mir kürzlich: „Wissen Sie, heute kann ich Dinge tun, wunderschöne Dinge, die ich früher, als mein Mann noch lebte, niemals hätte tun können." Sie hat ihre Thymusaktivität auf ein hohes Niveau gebracht.

Wenn, wie ich meine, Krankheit durch langfristige Unteraktivität der Thymusdrüse entsteht, dann können Sie sich vorstellen, wie es Patienten nach der Diagnose von schweren Krankheiten durch ihren Arzt zumute ist. Zu den schon vorhandenen Energieproblemen, die bereits zu Thymusschwäche und Krankheit führten, kommen nun noch die Angst und Bedrohlichkeit der Diagnose.

Patienten, die mit einer ärztlichen Diagnose zu mir kommen, weisen alle eine Thymusschwäche auf. Zuerst muß deshalb die Furcht vor der Krankheit bewältigt werden, die vom Arzt unbeabsichtigt mit der Bekanntgabe der Diagnose hervorgerufen wurde. Bevor diese Angst nicht erkannt und bewältigt worden ist, fehlt der Wille zur Gesundheit, weil dieser Wille die Überwindung der Angst und aller negativen Gefühle voraussetzt. Bereits 1695 schrieb Friedrich Hoffmann in seinen „Fundamenta Medicinae": „Ungezügelte Gefühle stören die Mischung aus dem Blut und den Hauptsäften des Körpers, führen zu einer unausgeglichenen Gemütsverfassung, Hindernissen und Mißverhältnissen und können so Krankheiten hervorrufen. Kein Umstand verkürzt das Leben bzw. verstärkt Leiden mehr als verzerrte Gefühle."[4]

Liebe und Haß, die beiden Elementargefühle

Liebe und Haß sind in ihren unterschiedlichen Ausprägungen und Tiefen die beiden Elementargefühle unter den zahlreichen Emotionen. Während die einzelnen Organe jeweils mit mehr an der Oberfläche liegenden Emotionen verknüpft sind, steht die Thymusdrüse, die die Lebensenergie regelt, mit den tiefsten Gefühlen wie Liebe und Haß in Beziehung. Das läßt sich leicht zeigen: Testen Sie einen beliebigen Menschen, dessen Thymusdrüse zunächst stark testete, während er an jemanden denkt, den er haßt. Sofort wird der Thymus schwach anzeigen. Nun testen Sie eine andere Person, deren Thymusdrüse eingangs schwach reagiert, und bitten Sie darum, intensiv an einen geliebten Menschen zu denken. Sie wird dadurch sofort stark.

Eines Tages kam ein junger Mann in meine Sprechstunde, bei dem Krebs diagnostiziert worden war. Während unserer Aussprache fragte ich: „Hassen Sie irgend jemanden?" Darauf antwortete er spontan: „Ich verabscheue und hasse meine Mutter!" Beim folgenden Test reagierte seine Thymusdrüse schwach. Ich erklärte ihm: „Solange Sie Ihre Mutter hassen, wird Ihre Thymusaktivität, Ihre Lebensenergie durch diesen Haß so stark beeinträchtigt, daß Sie nicht vollkommen gesund werden können." Darauf erwiderte er: „Lieber sterbe ich, als daß ich den Haß auf meine Mutter begrabe!"

Es ist leicht verständlich, daß diese Elementargefühle die Kontrolle unserer Lebensenergie beeinflussen. Wir können sogar noch einen Schritt weitergehen. Sobald wir eine Störung im Energiefluß eines Meridians und ein damit verbundenes emotionales Ungleichgewicht feststellen, ist tief in unserem Inneren auch eine Thymusschwäche vorhanden. Unter den Schichten der Oberfläche wie Freude und Glück entdecken wir Liebe und unter Traurigkeit und Unglücklichsein tiefe Angst oder Haß.

Ich verwende den Begriff „Haß" in einem fest umrissenen Sinn. Ich unterstelle keineswegs, daß alle Menschen mit schwacher Thymusreaktion – und das sind 95 Prozent der vielen tausend von mir und meinen Kollegen getesteten Personen – voller Haß sind. Auch nicht unbedingt voller Neid. (Von der Beziehung zwischen Haß und Neid wird später noch die Rede sein.) Es gibt jedoch ein drittes Gefühl, das Haß und Liebe begleitet und möglicherweise daraus entspringt: die *Angst*. Angst ist die vorherrschende Grundhaltung in unserer modernen Gesellschaft. Wir haben Angst vor der Zukunft, Angst vor Krisen, Angst vor dem Leben selbst. Es sieht so aus, als ob wir uns tief im Inneren vor der bloßen Existenz fürchteten. Oberflächlich betrachtet sind wir optimistisch und vergnügen uns beim Kegeln, Fußball und all den anderen Zerstreuungen der heutigen materialistischen, nach Genuß strebenden Gesellschaft. Aber unter der Oberfläche liegen tiefe Angst und Unbehagen, das Gefühl der Vergänglichkeit. Wir fürchten die Geldentwertung, steuerliche Belastungen, politische Konflikte, Wirtschafts- und Energiekrisen usw. Die Zeitungen verbreiten jeden Tag Schreckensnachrichten, und wir müssen uns überall damit auseinandersetzen.

Inzwischen haben wir uns so an Berichte über nukleare Katastrophen, den Zusammenbruch des Weltbanksystems und dergleichen gewöhnt, daß wir oberflächlich betrachtet weniger betroffen scheinen, als wir sein sollten. Wir rufen unseren Regierungsvertreter nicht an, schreiben keine Protestbriefe, beschweren uns nicht beim Ministerium. Wir unternehmen nichts, haben uns anscheinend damit abgefunden, mit diesen Ängsten zu leben. Daß dem nicht so ist, zeigt die Tatsache, daß sowohl meine als auch Ihre Thymusdrüse schwach testet, wenn wir Schreckensnachrichten lesen. Die gewaltige, unbewußte Last der Angst wird immer schwerer, auch wenn wir äußerlich unbeeindruckt davon *scheinen.* Unter der scheinbar unberührten Oberfläche nagen diese Ängste an unserer Lebensenergie, werden täglich größer und belastender.

Dazu kommt die Angst vor Krankheit. Wir schließen Lebensversicherungen ab, weil wir mit einem vorzeitigen Tod rechnen und unsere Angehörigen absichern wollen. Wir treten Krankenversicherungen bei, weil wir damit rechnen, krank zu werden. Alle diese tiefen Ängste zehren unsere Kräfte auf.

Primitiver Haß resultiert aus der elementaren Todesangst in uns und muß als eine Art von „Vergeltung"[5] betrachtet werden. Diese Angst ist so primitiv und fundamental, daß sie uns nicht bewußt ist, aber wir haben sie seit frühester Kindheit. So hassen wir beispielsweise jene Staaten, die uns Angst einflößen. Nehmen Sie zwei Kinder als Beispiel: Das eine Kind hat eine hohe Thymusaktivität und ist voller Liebe und Zutrauen. Wenn Sie es in die Arme nehmen und ein wenig hochwerfen, dann lacht und kichert es voller Vergnügen. Das andere Kind, geprägt von tiefer Angst und Mißtrauen, reagiert auf die gleiche Behandlung mit jämmerlichem Schreien und Angst, und es haßt Sie dafür in diesem Augenblick, obwohl die tief sitzende Angst des Kindes nicht in erster Linie auf eine bestimmte Person ausgerichtet ist, sondern der ganzen Welt gilt. Solche Angst schwächt uns, zehrte an unserer Lebensenergie und macht uns verwundbar und verletzlich. Nur sehr wenige Menschen haben den Mut, sich mit dieser tiefsten aller Ängste, der Angst vor dem Tod, auseinanderzusetzen.

Wir wollen jetzt die Kehrseite der Medaille anschauen. Die meisten von uns, ob religiös oder nicht, hegen tief im Unterbewußtsein die Erwartung, nach dem Tod entweder den Himmel oder die Hölle, Liebe oder Haß, und alles was damit zusammenhängt, kennenzulernen.

Am besten drückte das ein religiöser und bescheidener Mann einmal aus, dessen Glaubensvorstellung sehr schlicht, voller Freude und Vollkommenheit ist. Er ist jetzt etwa Mitte achtzig. Im Alter von etwa 40 Jahren erlebte er eine Art Neugeburt, eine Rettung, seit der er nie wieder Angst vor dem Tod empfand. Er bestätigte mir: „Ich habe meinen festen Glauben an Gott. Ich handle nach seinem Willen, und ich fürchte mich nicht vor dem Tod. Ich gehe furchtlos durch dieses Leben, weil ich fest an die Bibel glaube und daran, daß ich nach dem Tod in den Himmel kommen werde. Ich vertraue auf Gott, und ich weiß, daß ich stets mein Bestes tue."

Das ist der springende Punkt. Wenn wir glauben, nach unserem Tod in den Himmel zu kommen, warum sollten wir da Angst vor dem Tod empfinden? Angst vor dem Sterben, die stärkste aller Ängste, kann es nur geben, wenn wir im Leben unglücklich und mit uns selbst unzufrieden sind und irgendwie die Hölle fürchten.

Sigmund Freud sprach von einem Lebens- und Todestrieb[6], die sich ständig in uns bekämpfen, bis schließlich der Todestrieb siegt. Kaum eine seiner Theorien hat größere Auseinandersetzungen hervorgerufen als dieser Todestrieb. Ob es sich hierbei um einen echten Trieb handelt oder nicht, spielt in diesem Zusammenhang keine Rolle. Was uns in unserem Leben aber Tag für Tag betrifft ist, daß sich immer ein gewisser Hang zum Negativen zeigt, der unserem Drang zu lernen, zu wachsen, vorwärtszukommen, zu lieben, entgegenwirkt. Liebe und Haß bekämpfen sich in unserer Thymusdrüse ständig in uns. Dem Wunsch nach Gesundsein steht der Drang entgegen, den Kopf zur Wand zu drehen und zu sterben. Wenn die Thymusdrüse und unser Genesungswille stark sind, siegt die Liebe, und das Leben triumphiert. Sind sie schwach, so beherrscht uns der Todestrieb. Dann haben die negativen Gefühle die Oberhand. Der Todestrieb, der Wunsch zu sterben, ist der Ausdruck von Haß, der sich gegen uns selbst richtet.

In der Dezemberausgabe von „New Age" 1979 beschrieb George Lakey, wie er den Krebs überwand. Unter anderem benutzte er spezielle Techniken der Meditation und Traumdeutung. Er schrieb: „Zu meiner Überraschung entdeckte ich tief in meinem Inneren den Wunsch zu sterben. Er lag versteckt unter meiner körperlichen Aktivität, meinem Einsatz im politischen Leben, den vielen intellektuellen Interessen und der Liebe zu meiner Familie und den Freunden. Aber neben diesen positiven Aspekten gab es eine Hoffnung, die sich in Verzweiflung verwandelt hatte – in eine Art von Verzweiflung, die ich auch heute noch nicht benennen kann." In allen solchen Fällen herrscht eine versteckte Sehnsucht nach dem Tod, die wir wie Lakey erst erkennen müssen, bevor Heilung einsetzen kann. Erst wenn wir den tief verwurzelten, übermächtigen Todestrieb in uns gefunden haben, können Körper, Geist und Seele den Prozeß der Heilung beginnen.

Später werden Sie erkennen, wie angemessen Lakeys Gebrauch des Wortes „Verzweiflung" war. Wir wissen heute, daß Hoffnungslosigkeit, die sich im Schilddrüsenmeridian niederschlägt, die psychologische Voraussetzung zur Entwicklung von Krebs ist. Ein Arzt hat die direkte Beziehung zwischen der Schilddrüsenfunktion und Krebs tatsächlich klinisch bewiesen. Und nach seiner Meinung kann bei normaler Funktion der Schilddrüse kein Krebs entstehen.[7]

Dieser Sieg des Todestriebes mag für uns schwer verständlich und annehmbar sein, aber genau hier liegt das tiefe Unbehagen in unserer Gesellschaft. Freud und viele andere Analytiker seit ihm, vor allem Melanie Klein, weisen auf den Trieb zur Selbstzerstörung in uns hin. Die Umweltverschmutzung, die Zerstörung von Boden und Wasser, halten es uns vor Augen. Verhaltensforscher wissen, daß ein Vogel, der das eigene Nest beschmutzt, bald stirbt. Und genau das tun wir mit unserem Planeten. Wir leben in einer Zeit, in der die Kräfte der Zerstörung gewaltig sind. Ein Grund mehr, unsere Thymusfunktion zu stärken und unsere Lebensenergie zu aktivieren, damit eine Wendung zum Positiven eintreten kann. Und wie Sie inzwischen selber feststellen können, erhöhen positive Gedanken Ihre Lebensenergie.

Was mich an der Psychoanlayse mit am meisten enttäuscht ist, daß dabei so wenig Wert auf die positiven Thymusqualitäten, wie Liebe und Güte, gelegt wird. Die meisten Psychiater sind zu stark im Negativen befangen, weil ihre Patienten dauernd davon reden und weil hier, wie sie glauben, der einzige Ansatzpunkt zur Hilfe liegt. Wir schenken der heilenden Kraft der reinen und selbstlosen Liebe zu wenig Beachtung, obwohl sie die stärkste Ausdrucksform der Lebensenergie ist. Ich glaube, daß das Grundproblem der Psychoanalyse darin liegt, daß der Analytiker nur selten – wenn je – mit normalen Eltern und Kindern zu tun hat. Mit „normal" meine ich in diesem Zusammenhang einen Zustand „blühender Gesundheit", voller Lebensenergie, Liebe, mit nur wenig oder ohne Negativität. Die negativen Eigenschaften, die der Analytiker zu heilen versucht, wachsen, wenn schwache Lebensenergie, Angst, Neid und Haß die familiäre Situation bestimmen. Wo Liebe herrscht, kommt das Negative nicht zum Zuge. Alle negativen Muster weisen auf eine schwache Thymusaktivität bei Eltern und Kinder hin. Worauf wir hinarbeiten müssen, sind normale, gesunde, liebende Eltern mit hoher Thymusaktivität, die ebensolche Kinder großziehen.

Ich frage mich, ob jemals über den Todestrieb gesprochen würde, wenn wir wahrhaft liebevolle Eltern hätten oder selber voller Liebe wären. Dann hätten wir so wenig Verwendung für den

Gebärde der Thymusunterfunktion

Ägyptische Mumienhaltung – von der Welt abgewandt –.
Wenn Sie sich bei der Betrachtung dieses Fotos testen, werden Sie feststellen, daß
Ihre Lebensenergie erschöpft ist und Ihre Thymusdrüse jetzt eine Unterfunktion
aufweist.

Todestrieb wie Blumen und Pflanzen. Und der Tod wäre ein selbstverständlicher Bestandteil des ewigen Kreislaufs im Universum.

Da die der Thymusdrüse zugeordneten Gefühle Liebe und Haß sind, ist es nicht weiter verwunderlich, daß die eindeutigste Gebärde der Liebe die Gebärde der Mutter ist, die ihrem Kind die Arme entgegenstreckt. Ich nenne sie die *Thymusgebärde*. Sobald diese herzerwärmende Geste eine Zeitlang ausgeführt wird, pendelt sich das Gleichgewicht der Körperenergien ein, und die Thymusdrüse reagiert stark und aktiv. Die Gebärde bedeutet „Ich liebe dich", und dadurch gleichen sich Störungen im Energiefluß des Körpers und negative Gefühle aus. Liebe ist wirkliche Vorsorgemedizin. Liebe ist positive Gesundheit. Swedenborg schrieb in *„Die wahre christliche Religion"*: „Liebe ist ihrem Wesen nach geistig-seelisches Feuer." Wenn wir umgekehrt unsere Arme abwehrend verschränken, so ist dies „eine Abwendung ohne Liebe".[8] Diese negative Gebärde verringert unsere Lebensenergie. Vielleicht halten ägyptische Mumien deshalb die Arme über der Brust gekreuzt. Wir haben die positive Thymusgebärde „Madonnagebärde" genannt und die negative als „Ägyptische Mumienhaltung" bezeichnet.

Wir sollten als einzelne und biologische Art stets daran denken, daß positive Thymuseinstellung hohe Lebensenergie und Liebe dem Überleben förderlich sind. Angst und Haß töten. Stokes sagte: „Liebe bringt zusammen, Haß zerstört."[9] Johnsons Wörterbuch von 1755 liefert eine der besten Definitionen von Haß: „Gegenteil von Liebe". Johnson schafft auch eine Verbindung zwischen Haß und Neid. Wenn er Neid als „einen anderen hassen wegen dessen Vortrefflichkeit, Glück oder Erfolg" definiert. In Johannes I. 4:18 lesen wir: „Es gibt keine Angst in der Liebe, denn Liebe treibt Furcht aus; denn die Furcht hat Pein. Wer sich aber fürchtet, der ist nicht völlig in der Liebe."[10] Ist die Thymusdrüse stark und aktiv und unsere Lebensenergie hoch, gibt es die Angst, die sonst allen negativen Gefühlen zugrunde liegt, nicht.

John Preston schrieb in *The breast-plate of faith and love* 1628: „Liebe und Haß sind ... die ganz großen Herrscher, die den Rest der Gefühle zwischen sich aufteilen." Er stellt fest, daß Liebe und Haß grundlegender als alle anderen Gefühle sind. Einige Zitate über die Liebe helfen uns vielleicht, diese tiefste und grundlegendste aller positiven Emotionen zu verstehen. Nehmen wir als Beispiel die Sprüche Salomons 10:12 wie folgt: „Haß erreget Hader, aber Liebe deckt zu alle Übertretungen."

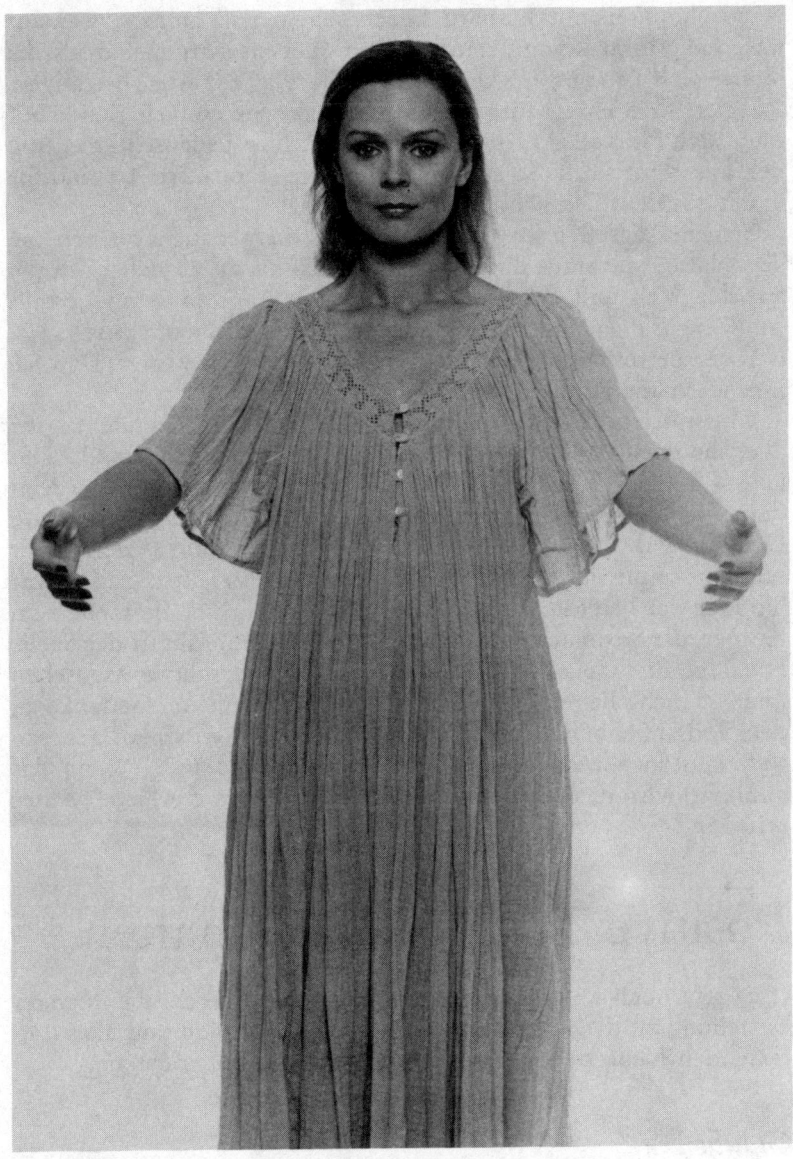

Gebärde der Thymus-Hochstimmung

Mütterliche Gebärde – der Welt zugewandt –. Wenn Sie sich bei der Betrachtung dieses Fotos testen, werden Sie feststellen, daß alle Störungen Ihres Energiegleichgewichts behoben sind.

Wir könnten mit Bernard Leach sagen, daß „nichts, was aus unserem Mund kommt, mehr Leben (Lebensenergie) hat als die Worte ‚Ich liebe es'".[11] Das können Sie durch Testen bestätigen. Reagiert Ihre Thymusdrüse schwach, sagen Sie einfach „Ich liebe" oder „Ich bin voller Liebe". Sofort steigt Ihre Lebensenergie, und der Test wird stark. So schnell und auf solch positive Art sind Sie damit aus dem Dunkel ins Licht getreten.

Seinem Wesen nach ist der Thymustest genaugenommen ein Test dafür, wie stark die Liebe im Verhältnis zu all den Faktoren aus der Welt und unseren eingefleischten Ängsten in uns jeweils ist. Wenn Sie jemanden testen, der stark reagiert, dann wissen Sie, daß der Betreffende die Fähigkeit zur Liebe in sich trägt. Daß Sie ihm vertrauen können und er fähig ist zu lieben.

Christus lehrte in der Bergpredigt: „Liebet eure Feinde, segnet alle, die euch verfluchen, tut Gutes denen, die euch hassen, und betet für alle, die euch verachten und verfolgen; damit ihr zu Kindern eures Vaters im Himmel werdet." Nach den Worten von Octavio Paz[12] hält sich unsere Gesellschaft nicht daran. Er schreibt: „Eine der Grundlagen unserer Gesellschaftsordnung war die Idee der Nächstenliebe. Dabei geht es nicht um die Liebe zum Körper, die Sexualität, sondern um die Anziehungskraft der Seele. Die Idee der Liebe basiert darauf, daß wir sterbliche Menschen ohne zeitliche Begrenzung lieben. Dadurch wurde der Gedanke an den Tod annehmbar ... Wenn unsere Gesellschaft jemals genesen soll, müssen wir die Idee der Liebe wiederfinden ... Wenn das mißlingt, wird das Leben zur Wüste. Wir müssen die Liebe wieder erfinden."

Positive Thymuseigenschaften

Es gibt noch weitere tiefe positive Gefühlsanlagen, die in enger Beziehung zu dieser Auffassung der grundlegenden und alles umfassenden Liebe stehen. Davon möchte ich jetzt berichten.

Glauben

Der Glaube[13] ist mit der Liebe verwandt. So überrascht es nicht, wenn ein Sprichwort besagt: „Wo Liebe ist, da ist auch Glauben." John Henry Newman schrieb: „Wer an Gott glaubt, begibt sich ganz in die Hände des Allmächtigen."[14] Jonathan Swift definierte den Glauben als „eine vollkommene Hingabe an die Wahrheit, Kraft, Gerechtigkeit und Gnade Gottes. Diese Hingabe führt dazu, ihm in allen Dingen zu gehorchen."[15] Glauben geht zurück auf germanisch *galaubjan,* „für lieb halten, gutheißen". Schon bei den alten Germanen bezog sich Glauben auf das freundschaftliche Vertrauen eines Menschen zur Gottheit. Abgeschwächt wird glauben auch im Sinne von „für wahr halten" gebraucht.[16] Wenn Ihr Thymus schwach testet, können Sie ihn aktivieren, indem Sie sagen „Ich glaube".

Vertrauen

„In dich, o Herr, setze ich mein Vertrauen" (Psalm 31:1)

Die Thymusdrüse wird auch gestärkt, wenn wir sagen: „Ich habe Vertrauen." Wyclif schrieb: „Vertraut dem Herrn von ganzem Herzen".

Vertrauen geht zurück auf althochdeutsch *truwen* im Sinne von „fest werden" und gehört zur Wortgruppe „treu". Aus der Geschichte dieses Wortes zeigt sich, wie grundlegend die Vorstellungen von Vertrauen, Treue, Festigkeit, Mütterlichkeit, Beständigkeit sind.[17]

Der Psychoanalytiker Erik Erikson hat im Zusammenhang mit der frühkindlichen Entwicklung auf das sogenannte Urvertrauen verwiesen, dem das Urmißtrauen gegenübersteht.[18] Das Baby will seiner Mutter rückhaltlos vertrauen, beobachtet aber gleichzeitig, daß sie nicht immer für es da sein kann. Das Kleinkind stellt fest, daß Nahrung und Zuwendung nicht immer automatisch kommen. Es erfährt, daß die Liebe der Mutter nicht vollkommen ist, daß sie gemischte Gefühle hegt und daß in ihrer Liebe auch etwas Haß mitschwingt, weil ihr Thymus nie so ganz in Hochform ist, wie er sein sollte oder könnte. Es gibt immer wieder auch négative Reaktionen: wenn sie sich überfordert fühlt, böse ist usw., weshalb das Baby niemals das allumfassende Urvertrauen entwickeln kann. Immer gibt es einen Rest Mißtrauen. Bei manchen Kindern überwiegt das Mißtrauen, und sie werden später verhaltensgestört oder psychotisch. Die erste Phase der Entwicklung des Ichs, die man „Mißgunst gegen Vertrauen" nennen könnte, ist kritisch. Das Verarbeiten der Mißgunst und des Neides führt zur Überwindung des Mißtrauens und Entwicklung des Urvertrauens.

Wir erkennen wieder einmal die grundlegende Bedeutung des Zusammenhangs zwischen Vertrauen, Liebe und Glauben während der frühkindlichen Entwicklung. Diese Begriffe sind, auch wenn sie leicht unterschiedliche Bedeutungen haben, sehr eng mit unserem geistig-seelischen und körperlichen Wohlbefinden verknüpft.

Bei einem großen Maß an Liebe, Vertrauen und Glauben wird es kaum Anlaß für Haß und Angst geben. Man denke an ein Kind, das in einer perfekten familiären Umgebung aufwächst, und die uneingeschränkte Liebe seiner Eltern erleben darf. Dieses Kind wird niemals Angst spüren. Seine Geburt war ein schönes Erlebnis, nicht der traumatische Schock in einer nüchternen Entbindungsstation (wie für fast alle unter uns), wo die werdende Mutter ängstlich und ruhelos ihre Wehen zu kontrollieren sucht und das Kind gleichzeitig loslassen und behalten will. Keine Angst bei der Geburt und auch keine Angst während der Schwangerschaft. Friede, Ruhe und Liebe würden den Eintritt ins Leben, ins Licht der Welt, begleiten. Das lehrt der französische Buddhist und Geburtshelfer Frederick Leboyer. Wenn die Geburt sanft[19] und die Zeit im Mutterleib voller Liebe ist, kennt das Kind nur Liebe. Es weiß dann nichts von Mißtrauen und Angst und wächst zu einer normalen Person mit hoher Thymusenergie heran. Wir alle hätten diese Chance haben sollen.

Dankbarkeit

Ein weiterer positiver Gefühlszustand, der die Thymusaktivität hebt, ist die Dankbarkeit. Nach dem *Oxford English Dictionary* ist Dankbarkeit „ein warmes Gefühl der Wertschätzung und des guten Willens gegenüber einem Wohltäter, verbunden mit dem Wunsch, auch wieder einen Gefallen zu erweisen".

Wenn wir einem Menschen dankbar sind, so genügt das Gefühl allein nicht. Wir müssen auch ausdrücken und dem Wohltäter ein Lobeslied singen. Wie oft sind wir dankbar, ohne es dem betreffenden Menschen auch zu sagen. Nur wenn sie auch ausgedrückt wird, ist Dankbarkeit vollkommen. Wenn jemand mit schwacher Thymusdrüse „dankeschön" sagt, wird er stark testen. John Page Hopps, Verfasser der *„First Principles of Religion and Morality"* (1878) sagt: „Dankbarkeit drängt uns dazu, Güte zurückzuzahlen." Wenn wir „dankeschön" sagen, erkennen wir damit an, daß wir Liebe empfangen haben und sie nun zurückgeben. „Dankesehr" ist die Rückzahlung für eine Liebesgabe.[20] Liebe wird mit Liebe begegnet.

Dankbarkeit ist der Wunsch, einen Gefallen zu erwidern. Wir geben zurück, wir loben, wir erweisen unseren Dank. Dankbarkeit schließt den Kreis. Wir erfahren Liebe und Güte und geben sie in Form von Dankbarkeit zurück. Wenn wir uns dies vor Augen halten, verstehen wir den Begriff besser.

Samuel Johnson definierte Dankbarkeit „als den Wunsch, Wohltaten zu erwidern". South schrieb: „Dankbarkeit ist genau betrachtet eine Tugend, ein inneres Empfinden, die äußere Anerkennung einer empfangenen Wohltat und die Bereitschaft, eine solche Wohltat zu erwidern."

Vor einigen Jahren behandelte ich einen jungen Mann, der mir von seinem Arbeitgeber überwiesen worden war, weil er öfter wegen kleiner Sittlichkeitsdelikte im Betrieb aufgefallen war. Die Firma erklärte sich großzügigerweise zur Übernahme aller Behandlungskosten bereit. Nach einigen Behandlungen war ich mit den erzielten Fortschritten unzufrieden und entschloß mich zu einer anderen Methode, aber nach mehreren Monaten ließ der Patient immer noch keine Besserungsanzeichen erkennen. Es wunderte mich nicht, daß er keinerlei Dankbarkeit gegenüber seiner Firma oder mir zeigte, obwohl ich mir die größte Mühe gab, ihm zu helfen. Außerdem waren ihm auch die Leute, die er verletzt hatte, völlig gleichgültig. Mir wurde klar, daß er keinerlei Verantwortung für seine Lage und sein Leben zu übernehmen bereit war.

Zu dieser Zeit stellte ich fest, daß die Firma des Patienten, offenbar wegen eines Versehens in der Buchhaltung, die Bezahlung meiner Arztrechnung versäumt hatte. Ich erwähnte das gegenüber dem Patienten und sagte ihm, daß ich bereit wäre, die Liquidation unter dem Tisch fallen zu lassen, wenn er aus eigener Tasche wenigstens einen Dollar als Anerkennungsgebühr zahlen würde. Ich wollte damit sein Gefühl für Verantwortung aufrütteln und eine Regung der Dankbarkeit gegenüber mir und seinem Arbeitgeber wecken. Mein Anliegen war, seine Thymusenergie zu stärken, aber das war mir damals noch nicht bewußt. Er weigerte sich, auch nur diesen einen Dollar zu bezahlen und schob alle Zahlungsverpflichtungen auf seine Firma ab. Es ist wohl überflüssig zu sagen, daß diesem Patienten nicht zu helfen war.

Mut

„Harre des Herrn: sei guten Mutes, und er wird dein Herz stärken"
(Psalm 27:14)

Mut ist der fünfte positive Gefühlszustand der Thymusdrüse.

Mut kommt von indogermanisch „mē", „mō" = „nach etwas trachten, verlangen". Die lateinische Variante des Wortes „courage" weist mit der Wurzel „cor" = Herz darauf hin, wo der Mut verankert ist (man denke auch an „Löwenherz"). Die alten Griechen betrachteten die Thymusdrüse als Beschützerin des menschlichen Herzens. Im *Oxford English Dictionary* wird Mut definiert als „eine geistige Qualität, die angesichts von Gefahr weder Angst noch Rückzug erkennen läßt". Wenn wir hohe Thymusenergie haben und von Liebe erfüllt sind, bringen wir auch den Mut auf, Widersätzlichkeiten ins Gesicht zu blicken, weiter zu machen und den Willen vom Negativen ins Positive zu lenken.

Es gibt eine Spielart von Mut, die ich hier herausstellen möchte: den Mut zur Selbsterkenntnis. Den Mut, sich hinzusetzen, in sich hineinzuschauen, sich zu sehen, wie man wirklich ist und nicht so, wie man gerne wäre. Erst wenn wir uns so wie wir wirklich sind, mit allen unseren Unzulänglichkeiten wahrnehmen, können wir etwas dagegen unternehmen. Die meisten Menschen geben lieber vor, als sei alles in bester Ordnung und flüchten sich in *Selbstverleugnung*.

Ich kenne zahlreiche Frauen mit Knotenbildungen in der Brust, die sehr lange zögerten, sich vom Arzt untersuchen zu lassen. Als sie es dann schließlich taten, war es bereits zu spät. Sie redeten sich ein, ihr Problem würde von allein verschwinden oder es handele sich um gutartige Gewebeveränderungen. Sie brachten nicht den Mut auf, in Betracht zu ziehen, daß sich vielleicht etwas sehr Ernstzunehmendes dahinter verbergen könnte und etwas unternommen werden sollte.

Viele Befragungen haben ergeben, daß es oft Monate oder noch länger dauert, bis Patienten mit ihren Beschwerden einen Arzt aufsuchen. Wie Dr. Jerome Mittelman erklärt, lauten die fünf gefährlichsten Worte: „Vielleicht verschwindet es von allein." Im Zusammenhang von Mut und Einsicht im Gegensatz zu Selbstverleugnung beziehe ich mich nicht nur auf die Medizin, sondern auch auf den Mut, unser ganzes Leben gründlich unter die Lupe zu nehmen: Die Umweltverschmutzung, den allgemeinen Niedergang unserer Lebensqualität, unsere Wertsysteme usw.

Das einfachste und zugleich grundlegendste menschliche Gefühl ist die Liebe in ihren unterschiedlichen Ausdrucksformen. In der Medizin, der Psychiatrie und der ganzen Gesellschaft wird dies vernachlässigt. Liebe ist kein Thema der Tageszeitungen, der psychiatrischen oder medizinischen Fachliteratur, es sei denn, sie tritt in krankhafter Form in Erscheinung. Wir müssen begreifen, daß die Liebe unsere Lebensenergie aktivieren und die Heilung fördern kann. Diese Tatsache ist von lebenswichtiger medizinischer Bedeutung! Die moderne Medizin läßt die Liebe und ihre Heilkraft außer acht. Vielleicht wäre es das beste, was wir tun können, der Liebe wieder ihren verdienten Platz in der Medizin einzuräumen und wie früher die Berufe des Arztes und des Priesters miteinander zu verschmelzen.

Fassen wir zusammen: Es gibt fünf Affirmationen, von denen jede einzelne die Thymusdrüse aktivieren kann. Im Idealfall wirken alle zusammen. Diese Affirmationen aktivieren unsere Lebensenergie und helfen uns, Streß und emotionales und energetisches Ungleichgewicht zu überwinden. Am besten werden diese Affirmationen wie folgt ausgesprochen: „Ich bin voller Liebe. Ich glaube, vertraue, bin dankbar und mutig." Je besser wir diese Worte verstehen, je klarer unsere Vorstellungen davon sind, desto hilfreicher werden sie sein. Wenn wir die genannten Affirmationen mehrmals täglich aussprechen und fühlen, wird unsere Lebensenergie aktiviert, werden Veränderungen und ein Neubeginn auf unserem Lebensweg möglich.

Negative Thymuseigenschaften

Nun ist es an der Zeit, auch die negativen Thymuseigenschaften näher zu untersuchen, jene grundlegenden Gefühle, die unsere Lebensenergie zerstören. Ich will hier nicht als Richter auftreten, sondern nur darauf hinweisen, daß es negative Gefühlszustände gibt, die nachweisbar unsere Lebensenergie schmälern. Wenn wir an einen Menschen denken, den wir hassen, oder an eine gefahrvolle Situation, wird die Thymusdrüse schwach reagieren, und sich unsere Lebensenergie reduzieren.

Melanie Klein stellte fest, daß sich hinter Haß, Neid und allen übrigen negativen Gefühlen eine tiefe primitive Angst versteckt.[21] Wahrscheinlich hängt das mit dem sogenannten Geburtstrauma zusammen: Das Baby lebt im Mutterleib zunächst wie im Paradies und wird dann plötzlich durch Erbeben, Krämpfe und Zuckungen in eine harte und kalte Außenwelt verstoßen; vom Garten Eden in eine furchterregende verbotene Welt verbannt! Erst der französische Gynäkologe Leboyer („Die sanfte Geburt") hat uns wieder ins Gedächtnis zurückgerufen, daß dieses Trauma der Geburt selbst verschuldet ist und durchaus nicht zum Erbe der Menschheit gehört.

Obwohl das Baby jetzt statt in einer Flüssigkeit im Inneren in der äußeren Welt lebt, braucht es weiterhin die enge Verbindung zur Mutter, nur eben jetzt von außen. Die Geburt ist eine Entwicklungsstufe des Menschen und kein Trauma mit nicht wiedergutzumachenden Folgen. Leboyer zeigt auf, warum die modernen Formen der Geburtshilfe so erschreckend sind: Die werdende Mutter schreit und stöhnt in den Wehen oder wird anästhesiert (und mit ihr das Kind im Leib) und entläßt das Neugeborene in eine kalte und sterile Umgebung mit blitzendem Metall und weißen Wänden. Man hebt den Säugling an den Beinchen hoch, klopft auf das Gesäß, legt ihn auf kalte Waagschalen und bringt ihn dann fort. In seinen ersten Minuten außerhalb des Mutterleibes lernt das Kind so viele Ängste kennen, die lebenslänglich an ihm haften.

Leboyer hat uns gezeigt, daß es einen anderen Weg gibt. Das Baby kann in Ruhe und im Halbdunkeln zur Welt kommen, ohne durch Geräusche und grelles Licht geschockt zu werden. Die Nabelschnur muß nicht sofort durchgetrennt werden; die letzte Trennung von Mutter und Kind kann ruhig langsam vonstatten gehen. Das Baby kann nach der Geburt in engen Körperkontakt mit der Mutter gebracht werden, so daß es weiterhin ihren Herzschlag hört und sich mit seiner Angst nicht verlassen fühlt.

Nach meinen eigenen Erfahrungen und den Eindrücken anderer, die an solchen Geburten teilhatten, ist der Unterschied in der anschließenden Entwicklung dieser Kinder groß. Sie wachsen mit mehr Liebe auf und haben weniger Ängste. Und bei den Eltern läßt sich eine besonders liebevolle und schöne Verbundenheit mit ihren Kindern beobachten. Eine solche sanfte Geburt kann den Thymus von Eltern und Kind in einem Ausmaß aktivieren, das wir als Psychiater nie für möglich gehalten hätten.

Das Werk Leboyers ist für unsere moderne Entwicklung von unschätzbarem Wert. Wenn ein Kind ohne diese tief verwurzelte Angst geboren werden kann, wird es keinen Todestrieb, keinen Haß kennen. Der kleine Erdenbürger wird in einer liebevollen Familie, in einem thymusstärkenden Milieu aufwachsen. Die so oft in der psychoanalytischen und psychiatrischen Fachliteratur beschriebenen negativen seelischen Zustände werden bei diesem Kind nur eine minimale Rolle spielen. Es wird kreativ sein und sich voll entfalten können.

Aber was ist mit uns? Meine eigene Geburt war für meine Mutter und mich ein traumatisches Erlebnis. Und ich bin sicher, daß das auch für Sie zutrifft. Wir haben wahrscheinlich unseren Lebensweg voller Ängste und unter traumatischen Bedingungen begonnen. Eine Richtung der Osteopathie behauptet, daß die meisten Geburten so traumatisch sind, daß das Kind bei der Geburt niemals den ersten vollen natürlichen Atemzug tut, der seinen ganzen Körper und besonders die Schädelknochen dehnt, die während der Geburt zusammengedrückt sind, um den Weg durch den Geburtskanal zu erleichtern.[22] Bei einer sanften Geburt nach Leboyer weitet der erste Atemzug alle Schädelknochen und den ganzen Körper, und die normale Entwicklung des Kindes kann erfolgen. Dieses erste volle Durchatmen nach der Geburt ist leider keineswegs die Regel, weil es durch den berühmten, für das Baby schockierenden Klaps auf den Po meistens verzögert oder beschleunigt wird. Das Kind schnappt nach Luft, aber es nimmt keinen tiefen, entspannten und natürlichen Atemzug, wenn es auf die Welt kommt. Man sagt, daß die meisten strukturellen Probleme, die sich im Laufe des Lebens entwickeln, auf das Geburtstrauma zurückzuführen sind. Eine natürliche Geburt in schöner liebevoller Atmosphäre dagegen beschert uns hohe Thymusenergie.

Angst/Furcht

Schauen wir uns einmal die Begriffe Angst und Furcht näher an. Wenn wir den Ursprung untersuchen, entdecken wir die unbewußten Bedeutungen, die in unserer Psyche immer noch aktiv sind und sich kraftvoll bestimmend durch unser Leben ziehen. Furcht/Angst werden definiert als „Alarmsignal oder Besorgnis in Erwartung von Gefahr, Schmerz und Unheil". Wir spüren sie nicht jeden Tag, aber sie nagen innerlich an unserem Gemüt, am Unterbewußtsein.

Angst gehört im Sinne von „Enge, Beklemmung" zu der indogermanischen Wortgruppe von „eng" (lat. angustus, angustiae). *Furcht,* von „per" = reisen, verweist auf die Gefahr eines Hinterhalts auf einer Reise. Dies bringt uns wieder zu dem früher erwähnten Gedanken eines plötzlichen Überfalls zurück, als den die meisten Menschen Krankheit betrachten. Wir reisen durchs Leben, kümmern uns um unsere Angelegenheiten und werden plötzlich von einer tückischen Krankheit überfallen. Davor fürchten wir uns vor allem auch, weil wir nie wissen, wann es eintreten wird.

Statt unsere Lebensweise umzustellen, um nicht krank zu werden, spenden wir lieber namhafte Beträge für die Krebshilfe, die Organisation der Arthritiker, für Diabetiker-Hilfswerke usw. Wir sehen das als eine Rückversicherung an und hoffen, daß durch unsere Spenden bessere Forschungsergebnisse zur Heilung aller schweren Leiden entdeckt werden, falls uns selbst das Los trifft. Andererseits: Wenn wir vorsichtiger reisten, bliebe uns dann der gefürchtete Hinterhalt nicht erspart? Wer nachlässig und töricht reist, fordert ihn geradezu heraus. Die schreckliche Angst vor dem Unbekannten, die Angst vor dem Tod, verfolgt uns, seit wir bei der Geburt brutal und herzlos von unseren Müttern getrennt wurden.

Wenn wir jemanden testen und die Thymusdrüse schwach finden, ist es offenkundig, daß ganz tief unten jene ständige Furcht vor drohendem Unglück lauert. Die Angst vor Krankheit und letztendlich vor dem Tod und die Unsicherheit, die daraus entsteht, daß wir nie wissen, wann sie uns überfallen werden. Manche Leute haben den Mut, sich dieser Angst zu stellen und sie zu überwinden. Andere stellen sich auf den Standpunkt, daß sich Krankheitsattacken und der Tod nicht vorhersehen lassen und man sich deshalb ja keinen Genuß (wie z. B. das Rauchen) entgehen lassen soll. Solange aber diese tiefe Angst besteht, wird unsere Thymusdrüse nie voll funktionieren, wird uns nie all unsere Lebensenergie zur Verfügung stehen, werden wir zwar existieren, aber nicht richtig leben.

Haß

Haß entspringt aus jener vorher besprochenen tiefen Angst und aus dem traumatischen Erlebnis der Geburt. Wir neigen dazu, diejenigen zu hassen, die uns verletzten. Wir hassen auch alle, die wir fürchten.

Die Herkunft des Wortes ist faszinierend und aufschlußreich. Sigmund Freud[23] verwies darauf, daß in der altägyptischen Hieroglyphenschrift die Symbole für *stark* und *schwach* identisch sind und daß dies in primitiven Sprachen und deshalb vielleicht auch in unserem Unterbewußtsein durchaus üblich ist.

Die Wurzel des Wortes Haß, „ka", bedeutet „gern haben" oder „wünschen" und zeigt die Verbindung von Liebe und Haß. Daraus wurden im Sanskrit „kamo" und „kama" = Liebe, Begehren und eine hypothetische Wurzel „karo", die wir in Begriffen wie „Caritas" (= Nächstenliebe) wiederfinden. Die ebenfalls von „ka" abgeleitete Verbform „kad" dagegen kennzeichnete Vorstellungen wie fallen und sterben. Wir finden sie im Wort „Kadaver" wieder. Als weitere Bedeutung entwickelte sich daraus auch „kam", das zu „Scham" wurde und auf die Notwendigkeit hinweist, etwas zu bedecken, zu verbergen. Schließlich bedeutet „kad" Haß. Die Sprachgeschichte verbindet also Liebe und Begehren mit Tod, fallen und bedeckt werden (wie im Tod) sowie Haß. Mir scheint, daß wir im Ursprung dieses Wortes das Wesen der die Thymusdrüse betreffenden emotionalen Zustände finden. Das Kind wächst in einer Atmosphäre der Liebe im Mutterleib heran und erlebt das Geburtstrauma fast wie eine Art Tod, das Ende des vorher paradiesischen Daseins – und daraus entstehen Angst und als Folge davon Haß.

Es läßt sich feststellen, daß Haß aus der primitiven Angst vor dem Tod durch das Geburtstrauma und andere, furchterregende Erfahrungen in der frühkindlichen Entwicklung entsteht. Wenn die frühkindliche Umgebung liebevoll, unterstützend und sicher ist, wird der Säugling mit dieser Liebe aufwachsen. Ist dies nicht der Fall, wird er Angst und Haß erfahren, die sich in vielfältiger Weise offenbaren, zum Beispiel dann, wenn das Baby beginnt, sich – in der Fantasie oder Wirklichkeit – gegen die Brust zu wenden, die es nährt. Dieser Zustand wird *Mißgunst* genannt.

Mißgunst

Ich schrieb einmal ein pschologisches Fachbuch zum Thema Mißgunst. Darin wies ich darauf hin, daß Mißgunst als grundlegende Emotion bei fast allen Psychiatriepatienten und auch bei den meisten organisch Erkrankten vorliegt. Ich zählte hunderte von Beispielen aus der psychiatrischen und allgemeinen medizinischen Fachliteratur auf, daneben Fälle aus dem Alltag, der Mythologie und Weltgeschichte und zeigte, wie sie als alles durchdringender negativer Faktor den lebenswichtigen Elementen unseres Daseins entgegenwirkt.

Das Buch umfaßt mehr als 400 Seiten, aber ich habe es nie veröffentlichen lassen. Mir war klargeworden, daß ich ein vollkommen negatives Buch geschrieben hatte und außer der sehr tiefen und sehr persönlichen Form der Psychoanalyse von Melanie Klein keine „Heilung" dieses Komplexes anbieten konnte. Mein Buchmanuskript entlarvte, wie zerstörerisch Mißgunst ist, aber es zeigte keine Lösung für dieses Problem. Deshalb sah ich von der Veröffentlichung ab. Unsere Gesellschaft gibt sich die größte Mühe, Mißgunst als grundlegende und wichtige Gefühlslage zu übergehen, und weshalb sollte ich die Leute auf ihre Rolle hinweisen, wenn sich doch nichts machen ließ? Warum sollte ich neue Ängste schüren, die Selbstbewußtsein noch mehr dämpfen, warum ihrer Negativität noch etwas hinzufügen?

Aber mit den neuen Verfahren, die wir zur Thymusaktivierung entwickelt haben, sieht die Lage jetzt ganz anders aus. Wenn ich heute bei Patienten, Studenten oder mir selber Mißgunst wahrnehme, alarmiert und grämt mich das nicht weiter. Ich weiß, was wir dagegen tun können! Ich stimme nicht mehr mit Francis Bacon überein, der einmal sagte: „Nichts kann die Mißgunst mit der Tugend versöhnen – nur der Tod".[24] Denn ich weiß inzwischen, daß man sie in einer Minute unschädlich machen und abschaffen kann. Die Aktivierung des Thymus überwindet Mißgunst.

Heute kann ich unbefangen über Mißgunst reden, weil ich weiß, daß wir etwas dagegen tun können. Ich will mich nicht lange an Angst, Haß, Neid und anderen negativen Qualitäten aufhalten, möchte Ihnen aber klarmachen, daß das Vorhandensein solcher Faktoren und die Kraft unserer Gedanken und Gefühle Krankheit hervorrufen können. Aber noch wichtiger, ich möchte Ihnen die Kraft in uns zeigen, mit der wir diese sofort überwinden können. Es ist die Kraft des Thymus, unserer Lebensenergie, die wir zu unserem Besten nutzen können, wann immer wir wollen.

Haben Sie schon einmal darüber nachgedacht, warum es so viele Witze über verrückte Irrenärzte gibt? Als ich noch in der Psychiatrie tätig war, sammelte ich mehr als hundert Witze solcher Art. In meiner Praxis hatte ich manchmal das Gefühl (und ich leide nicht unter Verfolgungswahn), daß sich manche Patienten wünschten, ich würde verrückt werden. Sie wollten nicht gesund werden, sondern wünschten nur, daß ich auch verrückt sei, wobei ihnen klar wurde, daß ich Ihnen dann nicht helfen könnte. Das ist Mißgunst in ihrer Urform. Anstatt zu wünschen, wie ich gesund zu sein, anstatt anzunehmen, daß meine Gesundheit ihnen zu der ihrigen verhelfen könne, mißgönnten sie mir die meine und hätten sie am liebsten vernichtet. Es war für sie wichtiger, mich „verrückt" zu sehen als selber gesund zu sein. Genau das ist Mißgunst. „Wenn ich es nicht haben kann, soll es auch kein anderer bekommen", denken das unattraktive Mädchen, das durch Gerüchte eine schöne Frau in Verruf bringt, und der Vandale, der den Lack von Luxusautos zerkratzt. Er stiehlt das Auto nicht, er ist nicht darauf aus, es zu besitzen, er will anderen nur den Spaß verderben. Mißgunst ist nicht Besitzwunsch, sondern der Wunsch, zu zerstören.

In meiner psychiatrischen Praxis gab es viele Fälle von Mißgunst. Einmal mußte ich eine Abteilung in einem psychiatrischen Krankenhaus übernehmen, weil der zuständige Stationsarzt einen Nervenzusammenbruch erlitten hatte. Eine meiner ersten Pflichten war, den Patienten zu erklären, daß ihr Arzt geistig erkrankt sei. Das war notwendig, weil sich die Wahrheit im Klinikum auf jeden Fall bald herumgesprochen hätte. Außerdem fand ich es richtig, weil viele Kranke vor dem Zusammenbruch meines Kollegen sicher schon bemerkt hatten, daß mit ihm etwas nicht ganz in Ordnung war. Meine Freimütigkeit, so sagte ich mir, würde den Patienten helfen, zwischen Wahn und Wirklichkeit zu unterscheiden und ihnen zeigen, daß sie ihren Gefühlen vertrauen konnten.

Aber es kam ganz anders. Nur zwei oder drei Patienten ließen Mitgefühl für den Arzt erkennen, der sich über Jahre hinweg mitfühlend und aufopfernd für seine Patienten eingesetzt hatte. Die meisten grinsten, einige fingen laut zu lachen an und freuten sich offen, daß es den Doktor „erwischt" hatte. Damals begann ich zu begreifen, warum zumindest einige dieser Menschen jahrelang im Hospital waren. Sie widersetzten sich allen therapeutischen Anstrengungen des Arztes. Ihr Wunsch nach Hilfe war geringer als der Wunsch, den Arzt selber „in der Klapsmühle" zu sehen. Ihre Mißgunst hatte sie zerstört.

Melanie Klein entwickelte ihre eigene Technik zur Analyse von Kindern, mit der sie tiefe Einblicke in die seelischen Vorgänge ihrer kleinen Patienten erhielt. Dabei entdeckte sie folgende wichtige Zusammenhänge[25]:

> Mißgunst und Neid regen sich, sobald das Kind die Mutterbrust als Quelle des Lebens und der guten Erfahrungen entdeckt hat. Die tatsächliche Belohnung durch die Brust, verstärkt durch die in der frühesten Kindheit so mächtige Idealisierung erwecken ihn ihm das Gefühl, daß die Mutterbrust Quelle aller körperlichen und seelischen Annehmlichkeiten ist, aus der unerschöpfliche Vorräte an Nahrung, Wärme, Liebe, Verständnis und Weisheit fließen. Die glückselige Erfahrung der Befriedigung durch die Brust vergrößert seine Liebe und sein Verlangen; es will die Mutterbrust besitzen, erhalten und beschützen. Die gleiche Erfahrung weckt im Baby aber auch den Wunsch, selber die Quelle solcher Perfektion zu sein. Es empfindet schmerzliche Neidgefühle und das Verlangen, die Ursache solch schmerzhafter Empfindungen zu zerstören.

Neid und Mißgunst haben unterschiedliche Bedeutungen, die häufig miteinander verwechselt werden. Als ich ihrer Entwicklung nachspürte, fand ich, daß der Begriff Mißgunst häufig verwässert und im Sinne von Neid gebraucht wird. Neid bedeutet: „Ich finde, es gehört mir, und ich will es für mich haben". – Mißgunst dagegen heißt: „Wenn ich es nicht haben kann, dann werde ich es vernichten". Zum Beispiel: Eine Frau geht zu einer Party und jemand trägt ein schöneres Kleid als sie. Wenn Blicke töten könnten, würde sie die Rivalin vernichten, nicht um das Kleid selber zu besitzen (das wäre Neid), sondern um die andere und deren Garderobe zu vernichten (und das ist Mißgunst). Neid beruht auf Liebe und trachtet nach dem Besitz der geliebten Person und der Beseitigung des Rivalen.[26] Weil Mißgunst ein so mächtiger und zerstörerischer Impuls ist, fällt es uns schwer, ihn anzuerkennen und mit ihm zu leben. Also versuchen wir, seine Bedeutung abzuschwächen.

Oft wenden wir uns gegen diejenigen Menschen, welche uns am meisten geben – nicht etwa, weil das, was sie uns geben schlecht ist, sondern weil uns das Gefühl der Abhängigkeit unangenehm ist. Wir wollen zugleich Geber *und* Empfänger sein. Andererseits werden wir dann auch oft enttäuscht, wenn wir etwas für andere tun oder ihnen etwas geben und dann entdecken, daß sie nicht dankbar sind. (Dankbarkeit ist eine positive Thymusqualität.) Statt dessen reagieren die Leute mißgünstig und feinselig, und wir fragen uns „Warum ist er so gemein zu mir nach allem, was ich für ihn getan habe?". Nun, der Betreffende ist deshalb so gemein, *weil* wir etwas für ihn getan haben. Er mißgönnt uns die Tatsache, daß wir in der Lage dazu waren und er nicht. Mißgönnt uns unsere Unabhängigkeit und Stärke.

Mißgunst und Dankbarkeit sind in der medizinischen Praxis zwei Seiten der gleichen Medaille. Der mißgünstige Patient will und wird nicht gesund werden, er zerstört, was ihm der Arzt an Hilfe zu geben sucht und lehnt Medikamente oder Übungen ab. Der dankbare Patient mit hoher Thymusaktivität dagegen befolgt die Empfehlungen und wird gesund, weil er es werden will.

Denken Sie an das Salomonische Urteil. Die wahre Mutter war eher bereit, der Betrügerin ihr Kind zu geben, als es töten zu lassen. Sie handelte aus Liebe zu ihrem Kind und daran erkannte Salomon sie. Und die andere Frau? Sie hätte eher das Kind töten lassen, als es seiner rechtmäßigen Mutter zurückzugeben. „Wenn ich das Kind nicht haben kann, dann soll es keiner haben." Sie gab vor, aus Liebe zu handeln, aber wir sehen, wie sehr sie der anderen Frau das Kind mißgönnte. Ihr Hauptanliegen war nicht, das Kind selbst zu bekommen (Neid), sondern es der anderen Frau zu nehmen. Das ist Mißgunst, zerstörerischer Haß.

In ihrem Buch über Mißgunst und Dankbarkeit erforscht Melanie Klein einige Merkmale der Mißgunst. Sie schreibt: „Man könnte sagen, daß der mißgünstige Mensch unersättlich ist. Er kann nie zufriedengestellt werden, weil seine Mißgunst von innen kommt . . ." Und sie fährt fort: „Ich möchte sogar unterstellen, daß Mißgunst die größte Sünde ist, denn sie verdirbt und verletzt das Gute, die Quelle des Lebens".[27] Sie fand Mißgunst als Ursache für die meisten seelischen Leiden, sogar bei den kleinsten Kindern, die sie behandelte. Sie zeigte sich oft in raffiniert getarntem Verhalten und war immer am schwierigsten anzugehen.

Daß Mißgunst ein elementar und sehr entkräftender Zustand ist, wissen wir schon lange. In seinem Buch („The Parson's Tale") schrieb Chaucer: „Mißgunst ist gewiß die schlimmste Sünde, denn alle anderen Sünden richten sich nur gegen eine Tugend, während Mißgunst sich gegen jede Tugend und alles Gute wendet".

Mißgunst vereitelt das Schöpferische. Dieser negative Aspekt der Thymusdrüse zerstört ihre positive Seite. Adrian Stokes schrieb: „Ein frisches Gemüt, Ohr und Auge sind Mittel der Kreativität und eine Neigung, die die Mißgunst am meisten beklagt". Kreativität existiert niemals in einer Atmosphäre von Mißgunst, Neid und Angst, sondern nur bei hoher Thymusaktivität. Wie wichtig Kreativität ist, werden wir in dem Kapitel über die Gehirnhälften erläutern.

Fassen wir an diesem Punkt einmal zusammen: Die Thymusdrüse kontrolliert unsere Lebensenergie. Wenn wir uns wohlfühlen wollen, wenn wir das Gleichgewicht aller psychischen und physischen Energien wünschen, wenn wir widerstandsfähig gegenüber Streß sein wollen, müssen wir die Energie unserer Thymusdrüse noch erhalten. Die Thymusdrüse wird von den mächtigsten positiven und negativen Gefühlen kontrolliert, den Urgefühlen, aus denen alle übrigen Emotionen, die wir in diesem Buch besprechen, herrühren.

Ist die Thymusdrüse aktiv, so sind wir auf dem Weg der Gesundheit und der positiven Lebenseinstellung. Um die Thymusdrüse anzuregen, sollten wir deshalb einen Lebensweg einschlagen, der von Furcht, Haß, Mißgunst und Neid weg zu den positiven Emotionen wie Liebe, Glauben, Vertrauen, Dankbarkeit und Mut führt.

Wie positiv liebevolle Gedanken und wie negativ Haß, Mißgunst und Angst Ihren Thymus beeinflussen,[28] können Sie selber austesten. Sie brauchen sich dabei nicht auf mein Wort zu verlassen.

In diesem Zusammenhang sollten Sie auch die Macht des Wortes testen, die Macht der Gedanken und Gefühle, die Ihnen bei der Bewältigung des täglichen Streßes helfen. Prüfen Sie verschiedene Faktoren in Ihrer unmittelbaren Umgebung, zum Beispiel Neonlicht, weißen Zuckers, Stoffe aus Chemiefasern, laute Geräusche, Auspuffgase usw. und wiederholen Sie dann den Test, während die Versuchsperson intensiv an jemanden denkt, den sie gern hat. Sie werden fast immer entdecken, daß die Thymusdrüse der Versuchsperson dadurch so aktiviert wurde, daß keiner der negativen Faktoren sie mehr schwächt. Natürlich wäre es besser, wenn wir keine schädlichen Umwelteinflüsse ertragen müßten, die unsere Energie schwächen und den Streß verstärken, aber wir können uns oft darüber erheben und dagegen immun werden.

Die Macht der Liebe ist unglaublich. Und das können Sie jetzt selbst demonstrieren. Viele Jahre lang haben meine Internisten-Kollegen mir vorgehalten, daß alle *ihre* Maßnahmen genau meßbar sind. *Sie* können Laborwerte und biochemische Veränderungen überprüfen und sich dafür auf die Schulter klopfen, während ich lange mit keinerlei Meßwerten aufwarten konnte. Ein Psychiater kann Liebe nicht messen. Man sieht, wie die Patienten sich verändern und im Lauf der Behandlung liebevoller werden. Aber daß es sich nicht exakt messen ließ, wurde immer als Mangel der Psychiatrie angesehen. Jetzt allerdings können wir die Macht der Liebe auf unsere Körper zeigen.

Die zuvor erläuterten negativen Gefühle können durch eine Veränderung der inneren Einstellung, durch einen Wunsch oder Willen zum Wohlbefinden beseitigt werden. Man könnte diesen „Willen zum Wohlsein" als eine der wichtigsten Thymusqualitäten bezeichnen, als eine grundlegende Haltung gegenüber sich selbst und anderen. Was verstehen wir unter dem „Willen zum Wohlsein", wie zeigt er sich? Hier sind ein paar wichtige Beispiele:

Wenn ich vor Ärzten referiere, die sich mit Vorsorgemedizin befassen, frage ich meine Zuhörer immer: „Wieviele Ihrer Patienten befolgen alle Ihre ärztlichen Empfehlungen?" – Die Antworten sind fast immer gleich. Einige sagen 10 Prozent, andere 5 Prozent. Nur selten kann ein Kollege berichten, daß mehr als 10 Prozent seiner Patienten konsequent auf ihn hören, auch wenn es sich häufig um relativ einfache Empfehlungen handelt. Dieser Mangel an Kooperation auf seiten der Patienten ist, glaube ich, eine der größten Enttäuschungen, denen ein Arzt ausgesetzt ist. Ärzte verbringen lange Jahre auf der Universität und in der klinischen Ausbildung, spezialisieren sich, bilden sich fort und tun ihr Bestes. Trotzdem befolgen die Patienten ihre Empfehlungen nicht. Viele Ärzte raten ihren Patienten, weißen Zucker zu meiden. Viele Zahnärzte, Zahnseide zu verwenden und regelmäßig zur Kontrolluntersuchung zu kommen, oder was immer auch sonst noch. Aber nur 5 bis 10 Prozent richten sich nach den Verordnungen. Mittlerweile gibt es in den USA sogar Lehrgänge, in denen die Mediziner lernen, wie man Gesundheitsvorsorge an die Patienten „verkauft". Zahnärzte lernen, wie sie ihre Patienten zu regelmäßiger Zahnpflege usw. motivieren können. Und trotzdem unterlassen die Patienten diese meist einfachen, billigen, kaum zeitaufwendigen Dinge, die nicht nur ihrer Gesundheit und ihrem Aussehen förderlich wären, sondern ihnen auf lange Sicht auch Ausgaben ersparen könnten.

Der Arzt gerät in eine schwierige Lage, weil der Patient einerseits behauptet, daß er gern gesund werden möchte (und er wird die Tatsache, daß er überhaupt in die Sprechstunde kam, als Beweis anführen), sich aber andererseits nicht einmal an die simpelsten Verordnungen des Arztes hält. Es wird weiter geraucht, auf die Zahnbürste verzichtet, weißer Zucker konsumiert und sich nicht bewegt.

Das verstehe ich unter mangelndem „Willen zum Wohlsein". Mein Freund und Kollege Dr. Jerome Mittelman sagt, daß Menschen mit einer derartigen Einstellung keine „positive Haltung zum Genesungsprozeß" haben. Viele Ärzte sprechen in diesem Zusammenhang von Patienten mit einer Thymusschwäche. Sie lassen sich brav untersuchen, wollen angeblich gesunden, glauben möglicherweise selbst daran, aber sie halten nicht durch. Tief in ihrem Inneren spüren sie vielleicht Hoffnungslosigkeit und deshalb unterlassen sie alles weitere. Solche Menschen holen sich einen Rat um den anderen, nur um sie dann allesamt zu ignorieren. Hier noch einmal die Fakten: Nur fünf bis zehn Prozent aller Patienten richten sich nach den Weisungen ihres Arztes. Offensichtlich kommt es nicht so sehr darauf an, daß der Arzt neue Heilverfahren studiert, um seinen Patienten noch besser helfen zu können. Was nutzen die großartigsten modernen Diagnoseverfahren, die Millioneninvestitionen in Apparaturen, wenn es letztendlich darauf hinausläuft, den Patienten dazu zu bewegen, seine Lebensweise zu verändern, das Rauchen einzustellen, Sport zu treiben usw. und nur fünf bis zehn Prozent der Patienten sich daran halten?

Wir brauchen deshalb eine *grundlegende Wandlung der Gesamteinstellung des Patienten gegenüber sich selbst*. Der Patient muß sich ernsthaft wünschen, gesund zu sein. Dann wird Heilung möglich.

Unsere heutigen sorgfältigen, sehr präzisen Diagnosen und unsere modernen eindrucksvollen Medikamente können dann erst richtig wirken und enorm nützlich sein. Aber es hat keinen Sinn, den Patienten zu diagnostizieren, wenn er nichts für seine Gesundheit tun will. Eine Aktivierung des Thymus kann diesen Trend umkehren.

Lassen Sie mich ein Beispiel für den fehlenden Willen zur Genesung anführen. Vor einigen Jahren konsultierte mich eine Mittzwanzigerin, die von ihrem Ehemann in die Praxis getragen wurde. Die bereits vor mehreren Jahren gestellte Diagnose anderer Kollegen lautete auf Multiple Sklerose. Seit dieser Zeit war die Frau bewegungsunfähig und mußte von ihrem Mann betreut werden. Sie hatte schon zahlreiche Ärzte aufgesucht und verschiedene Methoden zur Heilung ausprobiert, aber stets ohne Erfolg. Nun fragte sie mich flehentlich, ob ich ihr vielleicht helfen könne. Das Ehepaar hatte alle Ersparnisse aufgebraucht, und ich bot der unglücklichen Frau eine kostenlose zweimalige Behandlung pro Woche an. Die Patientin erschien regelmäßig, wurde jedesmal von ihrem Ehemann gebracht. Ich war sehr überrascht, wie viel ihre Muskelstärke innerhalb von sechs Wochen zunahm. (Meine Behandlungsmethode spielt hier keine Rolle. Wichtig ist jedoch festzustellen, daß ich damals noch nicht vor jeder Behandlung die Thymusdrüse aktivierte.) Nach sechs Wochen fragte mich die junge Frau, welche Fortschritte sie bis jetzt gemacht habe. Ich sagte, daß ihre Fortschritte so bemerkenswert seien, daß ich fast daran zweifelte, ob es sich überhaupt um einen Fall von Multipler Sklerose handele. Dann wollte die Patientin wissen, wie die Behandlung fortgesetzt werden könne. Meine Antwort lautete: „Da Sie schon bei zwei Konsultationen pro Woche außerordentliche Fortschritte erzielen konnten, schlage ich Ihnen vor, künftig weiterhin kostenlos fünfmal pro Woche zu kommen. Dadurch können wir die Behandlung intensivieren und Sie in absehbarer Zeit völlig kurieren". Sie ließ sich nie wieder in meiner Praxis sehen. Tief in ihrem Herzen fehlte der Wille zum Gesundwerden. Trotz großer körperlicher Fortschritte hatten wir ihren Willen zum Gesundsein nicht geweckt. Ist es nicht paradox, daß sie auf dem besten Weg zur Heilung die Behandlung abbrechen mußte, weil sie lieber krank bleiben wollte?

Hier ist ein ganz andersartiger Fall. Es geht dabei um Betty Guthbert, eine australische Goldmedaillengewinnerin. Vor einigen Jahren stellte man auch ihr die Diagnose Multiple Sklerose. Sie erzählte mir, welche Ängste und Depressionen daraufhin zunächst bei ihr auftraten. Aber während eines Urlaubs in Schottland hatte sie auf einem Berggipfel ein religiöses Erlebnis. Sie betete, komponierte und sang eine Hymne, und ihr wurde dabei bewußt, warum ausgerechnet sie als Läuferin an Multipler Sklerose erkrankte. Sie erkannte, daß es ihre von Gott auferlegte Pflicht war, diese schreckliche Krankheit zu überwinden und ihre Bekanntheit dazu zu nutzen, anderen Menschen mit ähnlichen Problemen zu helfen. In diesem Augenblick wurde Bettys Wille zum Gesundsein geweckt, und eine dramatische und zufriedenstellende Genesung setzte ein.

Ich mußte an diesen Fall denken, als mich ein Mann um Hilfe bat, der unter einer schweren Lähmung neurologischen Ursprungs litt. Da er zu weit weg wohnte, um in die Praxis zu kommen, fragte er, ob ich vielleicht über das Telefon etwas für ihn tun könne. Ich antwortete, daß dies eine neuartige Situation für mich sei und ich nie zuvor einen Fall seiner Art behandelt hätte. Er wollte wissen, ob mir irgendwelche Heilungen in ähnlichen Fällen bekannt seien. Meine Antwort lautete: „Ja, ich weiß von einer Frau, die nach einem tiefen religiösen Erlebnis eine spontane Besserung erfuhr". Worauf er ausrief: „Na, so etwas werde ich bestimmt nicht erleben!"

Später lernte ich ihn doch noch persönlich kennen, als er *einwilligte,* zu einer Sprechstunde zu kommen. Ich behandelte ihn den ganzen Tag mit den verschiedensten Methoden. Nebenbei erzählte er von seinem Testament, das seine älteste Tochter verwahrte und daß er bereits eine genaue Nachlaßregelung und Bestattungsanweisungen vorbereitet hatte. Auch die Grabstätte hatte er schon ausgesucht. Dieser Mensch ließ keinen Genesungswillen erkennen. Er hatte nur den Willen zum Sterben. Ich bemühte mich den ganzen Tag, sein verhärtetes Herz aufzutauen. Wir führten intensive krankengymnastische Maßnahmen durch, und er machte tatsächlich gewisse Fortschritte. Aber sein Herz ließ sich nicht erweichen. Da er nur diese eine Konsultation haben wollte, konnte ich ihm nicht weiter helfen.

Oft kommen Patienten, die sich auf einer wahren medizinischen Odyssee befinden. Sie waren schon bei zahllosen Ärzten, von denen keiner ihnen helfen konnte. Sie haben Unsummen bezahlt, und es geht ihnen nicht im geringsten besser.

Wenn solche Patienten zu mir kommen, sage ich ihnen gewöhnlich bei der ersten Konsultation, daß ich auch nichts anderes tun könne, als meine Kollegen. Aber ich erkläre auch, daß die anderen Ärzte vielleicht das grundlegende Problem, das nicht in einer speziellen Krankheit, sondern in der Einstellung des Patienten zum ganzen Leben und zum Leiden liegt, übersehen haben. Nur wenn wir bei diesen Patienten die Thymusdrüse und ihren Willen zum Wohlsein stärken können, wird es ihnen besser gehen. Wenn wir das aber nicht schaffen, geht die medizinische Odyssee weiter – manchmal ein ganzes Leben lang.

Der entscheidende medizinische Durchbruch, der große Fortschritt, den wir anstreben, kommt nicht aus Reaganzgläsern, Versuchslabors, Arzneimittelfabriken oder hochtechnisierter klinischer Forschung. Er kommt, wie es die alten Griechen und besonders Hippokrates lehrten, von innen, durch die Erweckung der Heilkraft der Natur. Deswegen müssen die Thymusdrüse, die Lebensenergie und der Wille zur Gesundung des Patienten angekurbelt werden. In den jahrtausendealten Grundwahrheiten der Heilkunst entdecken wir den Durchbruch für die Gegenwart.

Ich erinnere mich an eine Frau, die von ihren beiden Töchtern in meine Praxis gebracht wurde. Sie hatte schweren Diabetes-Wundbrand, und ein Fuß war bereits amputiert worden. Der Chirurg hatte geraten, jetzt auch die Zehen des anderen Fußes amputieren zu lassen. Die Angehörigen baten mich inständig, einen Ausweg zu finden, um weitere Amputationen zu vermeiden. Ich empfahl zunächst eine strenge Diät ohne raffinierten Zucker, doch das lehnte die Patientin rundum ab: „Lieber opfere ich meine Beine, als daß ich auf Zucker verzichte". Bald darauf folgte die Amputation.

Ich erinnere mich auch an einen Mann, dem ein Raucherbein amputiert werden mußte. Nach der Operation lehnte er es immer noch ab, das Rauchen aufzugeben.

Vergleichen wir diese Fälle mit dem Schicksal einer jungen Frau von 18 Jahren, der ich nur einmal begegnete. Die Patientin litt unter Magersucht und verweigerte aus verschiedenen seelischen Ursachen die Nahrungsaufnahme. Zuletzt wog sie nur noch 72 Pfund. Magersucht ist eine erschreckende Krankheit, für die Familienangehörigen, Patienten und Ärzte, die bei rund 20 Prozent aller Fälle zum Tod führt. Wie gesagt, ich sah diese junge Frau nur einmal, weil sie danach in eine andere Gegend zog. Wir unterhielten uns über Urängste, speziell über die Angst vor dem Tod, und ich stellte dem als positive Kraft die Liebe gegenüber. Ich erklärte ihr die Funktionen der Thymusdrüse. Wir redeten auch über den Willen zum Gesundwerden, und ich zeigte der Patientin, auf welche Weise man die Thymusdrüse und die Lebensenergie aktivieren kann. Als sie ging, bedankte sie sich. (Das ist immer ein gutes Zeichen, weil dadurch die Thymusdrüse stimuliert wird.) Die junge

Frau versprach, das empfohlene Programm durchzuführen, denn sie wollte gesund werden. In den folgenden Jahren hielt die Patientin Verbindung mit uns und berichtete von ihren Fortschritten. Sie beendete ihr Studium und ist jetzt eine reife und gesunde Frau. Dies ist ein Beispiel dafür, wie Lebensenergie und Genesungswille geweckt werden können.

Heute morgen telefonierte meine Sekretärin mit einem Patienten, den ich erst einmal gesehen hatte. Die vorliegende Diagnose lautete auf eine tödliche Krankheit und er fragte mich verzweifelt, ob ich nicht irgendetwas tun könne, um ihn zu retten. Beim ersten Besuch schlug ich eine bestimmte Behandlung vor, erwähnte aber auch, daß ich wegen zahlreicher Reisen und Vorlesungen keine regelmäßige Sprechstunde abhalten könne. Wir vereinbarten, daß ich ihn immer anrufen würde, wenn ich da wäre und er dann kommen könne. Wir waren uns beide klar darüber, daß nur sehr intensive Anstrengungen eine Wende herbeiführen könnte.

Also rief meine Sekretärin ihn an und sagte ihm, daß ich heute Zeit hätte. Darauf antwortete er: „Wenn der Doktor meint, daß es so dringend ist, dann komme ich, aber eigentlich wollte ich ja heute Hausputz machen . . ."

In diesem Fall mangelt es offensichtlich am nötigen Willen zur Genesung. Dieser bedauernswerte Mensch ist durch die trostlose ärztliche Diagnose und seine Krankheit so verängstigt, und sein Thymus ist so geschwächt, daß er sich eine Besserung schon gar nicht mehr vorstellen kann. Er suchte mich zwar einmal in der Praxis auf, glaubt aber nicht wirklich, daß wir irgendetwas erreichen. Er vertraut den Heilkräften seines Körpers nicht, sieht nur noch den Tod vor Augen und kann sich nicht dazu aufraffen, meinem Rat zu folgen. Wenn er aber wiederkommt und seinen Willen zum Wohlergehen durch die im Buch beschriebenen Methoden aktiviert, können wir zusammenarbeiten. Dann wird er tun, was gut für ihn ist und ich hoffe, den Krankheitsprozeß dann umkehren zu können.

Betrachten wir einen anderen Fall. Kürzlich sprach ich mit einem Mann in seinen frühen fünfziger Jahren. Vier seiner Geschwister waren früh an Diabetes gestorben. Dieser Patient nahm große Mengen Zucker zu sich, obwohl er über den Zusammenhang zwischen Zucker und Diabetes Bescheid wußte. Er lachte darüber, als sei es ihm völlig gleichgültig, obwohl leicht erkennbar war, daß er sich insgeheim sehr fürchtete.

Einmal vertraute er mir an: „Wissen Sie, Herr Doktor, ich bin ein ziemlich schicksalsergebener Mensch. Es läßt sich wohl kaum vermeiden, daß ich ebenfalls zuckerkrank werde und so jung wie meine Brüder und Schwestern sterbe". Ich erklärte ihm, daß nichts unvermeidbar wäre, daß ich Menschen kenne, die durch eine Umstellung ihrer Ernährung ihre Anlage zur Zuckerkrankheit unter Kontrolle hatten. „Meinen Sie, das wäre bei mir auch möglich?" wollte er weiter wissen. „Es gibt wirklich keinen Grund, warum das nicht auch bei Ihnen möglich sein sollte. Es kommt nur darauf an, daß Sie wirklich gesund werden wollen, die Ärmel hochkrempeln und es dann auch anpacken." Er antwortete: „Ich bin bereit, ich werde es tun". Dabei standen Tränen der Erleichterung in seinen Augen und in denen seiner Familie. Zum ersten Mal seit dem Tod seines älteren Bruders hatte er den Entschluß gefaßt, gesund zu werden. Es war wie eine Wiedergeburt.

Im Rahmen der modernen medizinischen Verfahrensweisen fällt es sehr schwer, den Genesungswillen eines Patienten anzuregen. Nehmen wir das folgende Beispiel: Ich erhielt die Kopie eines Schreibens, das den Patienten eines sehr bekannten Spezialisten in einer der größten Kliniken betraf. Der Mann litt an der immer tödlich verlaufenden „Lou-Gehrig-Krankheit" des Nervensystems. Der Brief enthielt mehrere Seiten mit Laborwerten, zuletzt die Diagnose und Empfehlungen für eine klinische Behandlung und Krankengymnastik und verschrieb täglich eine Multivitamin- und zwei Vitamin-B-Tabletten. Krankengymnastik hilft in diesen Fällen gar nicht – Vitamine schaden zumindest nicht ... Und die empfohlene weitere klinische Betreuung? Was sollte damit erreicht werden? Die Dokumentierung seines schleichenden Todes? Ich hatte den Eindruck, daß alles nur eine Verlegenheitslösung war und nur verordnet wurde, um nicht eingestehen zu müssen, daß es keine Hilfe gab. Was wurde für diesen armen Menschen wirklich getan? Während meines Studiums hatte ich gelernt, daß die hier genannte Nervenkrankheit als unheilbar gilt. Andererseits wußte ich von zumindest einem Patienten, der auf wunderbare Weise geheilt worden war. Sicher sind die Aussichten sehr schlecht, doch jeder von uns muß irgendwann sterben, und wir wissen nicht, wer zuerst – Arzt oder Patient. Nicht alle sogenannten tödlichen Krankheiten verlaufen tödlich. Deshalb ist es auch Unsinn, wenn ein Arzt einem Patienten „noch 10 Jahre zu leben gibt". ... Kein Doktor „gibt" einem Patienten Lebensjahre auf Rezept. Wenn ein Patient von seinem Arzt gesagt bekommt, daß er an einer lebensgefährlichen Krankheit leidet, kann er sich nicht länger für unsterblich halten. Die Angst vor dem Tod läßt sich nicht länger verdrängen. Ohne diese Diagnose fühlt man sich vielleicht unsterblich und verleugnet deshalb seine Angst vor dem Tode. Im Grunde besteht kein wesentlicher Unterschied zwischen uns und einem „tödlich" erkrankten Menschen. Nur ist sein Schicksal etwas klarer umrissen, und er hat die zusätzliche Angst vor einem „sicher bevorstehenden" Tod.

Was wurde unternommen, um dem vorher genannten Patienten die Angst zu nehmen? Wer half ihm bei der Bewältigung seiner Tragödie? Wo blieb der Beistand für seine Familie? Wo war die Humanität meines berühmten Kollegen und seiner ebenso berühmten Fachklinik? Der mir übermittelte ausführliche Befund enthielt lediglich nüchterne Fachausdrücke und distanzierte Kühle. Da war kein Mitgefühl herauszulesen, keine Anteilnahme gegenüber der Familie. Wo ist das Mitgefühl des Arztes? Wo sein Herz? Wo seine Anteilnahme am Leiden? Sind wir nicht aus diesen Gründen Ärzte geworden? Was ist da schief gelaufen?

Zusammenfassung

Der Wille zur Genesung, zum Wohlbefinden ist von lebenswichtiger Bedeutung für die Gesundheit. Wir zählen ihn zu den positiven Eigenschaften unserer Thymusdrüse. Diese wird durch negative Gefühle behindert, vor allem aber durch Haß, Neid und extremer Angst. Sie kann innerhalb weniger Sekunden durch einfache Änderung der inneren Einstellung angeregt werden. Sobald der Wille zum Gesundsein erwacht ist, fällt es viel leichter, das zu tun, was die Thymusdrüse aktiviert, im Gleichgewicht hält und gut funktionieren läßt. Wenn eine Änderung der seelischen Haltung alles Negative ausschaltet und unsere Lebensenergie anregt, sind wir auf dem Weg zu positiver Gesundheit und Selbstbestimmung.

Wie man seine Probleme löst

Die beste Wahl

„Das Lösen von Problemen ist hauptsächlich, vielleicht sogar ganz, eine Frage der richtigen Auswahl."　　　　　W. Ross Ashby

Die Thymusdrüse reguliert unsere Lebensenergie. Positive Gedanken aktivieren und negative behindern sie. Aus diesem Grund ist der Thymustest ein wertvolles Werkzeug, mit dem wir herausfinden können, wo unsere Probleme tatsächlich liegen und wie sie gelöst werden können.

Sobald Sie etwas aussprechen, das Ihre Lebensenergie aktiviert, wird Ihr Thymus stark reagieren.[1] Sagen Sie dagegen irgend etwas, das mit der Körperenergie in Konflikt gerät, wird Ihr Thymus schwach testen. Der Test ist jedoch kein Lügendetektor, sondern eher ein „Wahrheitsfinder".[2] Er gestattet Ihnen, die ideale Wahl zu treffen, die richtige Entscheidung zu fällen. Nehmen wir ein schlichtes Beispiel aus dem Alltag: Kürzlich sah ich in einem Kunstgewerbegeschäft einen wunderschönen handgewebten Teppich. Der Preis war vernünftig, und ich wollte ihn kaufen. Meine Frau und ich machten den Thymustest. Nachdem ich bei der Berührung meines Thymustestpunkts stark gewesen war, sagte ich: „Ich möchte diesen Teppich kaufen". Zu meinem Erstaunen testete ich daraufhin schwach! Diese Aussage widersprach offensichtlich irgendwie meinen tiefsten Wünschen und beeinträchtigte meine Lebensenergie. Auch der Test bei meiner Frau ergab das gleiche Resultat. Natürlich kaufte ich den Teppich nicht. Vielleicht harmonierte er nicht ganz mit unserer Einrichtung zu Hause. Vielleicht sperrte sich mein Unterbewußtsein gegen den Kaufpreis, oder vielleicht war irgendetwas am Muster des Teppichs, das meine Lebensenergie schwächte. Etwas, worüber ich mir auf bewußter

Ebene nicht im Klaren war.[3] Der Test enthüllte mein tieferes Empfinden und den Wunsch meines Unbewußten.

Wir müssen immer wieder daran denken, daß wir von unserem Unbewußten beherrscht werden. Unsere großen und kleinen Entscheidungen werden tatsächlich von unserem Unbewußten gefällt.[4]

Theodor Reik, einer von Sigmund Freuds früheren Schülern, erzählte folgende Geschichte: Eines Nachmittags ging er mit Freud in Wien spazieren und diskutierte dabei über die für ihn sehr schwierige Entscheidung, ob er nach Amerika auswandern und dort als erster Laienanalytiker praktizieren solle. Freud sagte zu ihm: Ich löse meine eigenen Probleme folgendermaßen: Bei kleinen Problemen vergleiche ich die Vor- und Nachteile und richte mich dann nach der höchsten Punktzahl. Handelt es sich aber um ein schwerwiegendes Problem, orientiere ich mich an meinem Unbewußten, denn letztendlich sind es die unbewußten Wünsche, die den Erfolg oder Mißerfolg meiner Entscheidungen bestimmen." Sie gingen ein Stück stillschweigend nebeneinander her, bis Reik erwiderte: „Aber ich weiß nicht, ob es sich bei mir um ein großes oder kleines Problem handelt". Woraufhin Freud sagte: „Genau *das* ist Ihr Problem".

Ich stimme mit Freud darin überein, daß wir beim Lösen von Problemen in Einklang mit unseren unbewußten Wünschen handeln sollen. Dazu müssen wir zuerst herausfinden, welches unsere unbewußten eigentlichen Wünsche sind! Vielleicht wußte es Freud nach vielen Jahren der Selbstanalyse. Aber diese Möglichkeit steht den meisten von uns nicht zur Verfügung. Viele unserer vermeintlich logischen Entschlüsse sind gar nicht so logisch, sondern von unserem Unbewußten diktiert. Lassen Sie uns deshalb durch unseren einfachen Test herausfinden, was unser Unbewußtes wirklich denkt und dann im Einklang mit den motivierenden Kräften in uns handeln. Dann stehen unsere Entscheidungen mit unserem ganzen Wesen in Einklang und führen sehr viel wahrscheinlicher zum Erfolg.

Der Test enthüllt unsere Wünsche nur für den Zeitpunkt, zu dem getestet wird. Es ist denkbar, daß Sie später, vielleicht schon am folgenden Tag, eine andere Einstellung haben. Aber der Test sagt Ihnen Ihre wahren unbewußten Wünsche in diesem Moment. Durch diesen einfachen Thymustest ist es möglich, mit dem Unbewußten in Verbindung zu treten. Sie können ihn so oft Sie wollen und für alle beliebigen Fragen einsetzen.

Im Inneren eines jeden von uns liegt die grundlegende Antwort auf jede Entscheidung, wie wir sie an jedem Tag unseres Lebens treffen müssen, von oberflächlichen bis zu sehr tiefen Angelegenheiten auf allen Ebenen unserer Existenz, unser pures Überleben inbegriffen. Alle diese Entscheidungen sind von uns vorher schon irgendwie „vertraut". Muß eine Wahl getroffen werden, so ist die „richtige" Entscheidung diejenige, die als *ego-syntonisch* (syntonisch = abgestimmt) bezeichnet wird. Sie deckt sich mit der grundlegenden Natur unseres Ichs, dem Teil unseres Selbst, der sich mit der gesamten Realität auseinandersetzt. In einem Zustand der „Ego-Syntonizität" (etwa: Ichabgestimmtheit) ist unsere Lebensenergie hoch und wir testen stark. Bei Handlungen, die egofremd, d. h. gegen unsere tiefsten Wünsche sind, bewirkt der Streß eine Verminderung von Lebensenergie, wie sich beim Testen erweist.

Die Antworten erstrecken sich auf alle Ebenen. Jene, die sehr tief sind, ändern sich ein Leben lang nicht und sind essentiell, d. h., sie gelten nicht nur für irgendein Individuum, sondern sind auf universelle Art wahr, wie z. B. der Sieg der Liebe über Haß. Es gibt aber auch sehr oberflächliche und individuelle Antworten, die sich vielleicht auf Ereignisse von gestern beziehen. So kann sich z. B. ein Testergebnis aufgrund irgendwelcher banaler Ereignisse vom Vorabend ändern.

Die meisten Probleme schaffen wir uns selber. Wer sich seiner Ziele nicht klar bewußt ist, wird dazu neigen, etwas einzukaufen oder zu tun, das er im tiefsten Herzen gar nicht für richtig hält. Er sitzt dann vielleicht in einem hochverschuldeten Eigenheim und starrt auf das teure Schwimmbecken im Vorgarten, das er gar nicht benutzt usw.

Genauso können unsere unbewußten Haltungen, die naturgemäß äußerlich nicht wahrnehmbar sind, beispielsweise dazu führen, daß wir uns zu einer Heirat entschließen, die wir bei vorheriger „Konsultation" des Unbewußten nicht unbedingt gutgeheißen hätten. Wenn wir den Gedanken, mit dieser Person verheiratet zu sein, vorher getestet hätten, wäre eine schlechte Ehe vielleicht gar nicht erst geschlossen worden.

Es gilt also zwei Punkte zu beachten. Erstens – wenn wir unsere wirklichen Ziele kennen, machen wir wahrscheinlich keine schwerwiegenden Fehler – ob es sich nun um den Kauf eines Autos oder um eine Eheschließung dreht. Zweitens – wenn wir die negativen Einstellungen, die jederzeit auf uns einwirken, kennen und auszugleichen verstehen, dann bleiben uns unpassende Beziehungen oder Geschäftsabschlüsse wahrscheinlich erspart.

Nehmen wir einmal an, eine Frau leidet unter Depressionen. In diesem Zustand könnte sie eine Ehe schließen, etwas kaufen oder sonst etwas tun, das sie, wenn sie nicht depressiv wäre, niemals getan hätte. Wenn sie ihr Energieungleichgewicht sofort erkennen und korrigieren könnte, würde sie eine Entscheidung fällen, die mit ihrem Unbewußten viel besser übereinstimmte.

Probleme lassen sich vermeiden, wenn wir sie austesten, bevor wir darin verwickelt sind – und das ist jetzt leicht möglich.

Denken Sie an ein Problem, das an Ihnen nagt, oder, wenn Sie zur Zeit keine aktuellen Kümmernisse haben, so stellen Sie sich eines vor. Wie können Sie Probleme, die Ihnen über den Kopf gewachsen sind, wieder in den Griff bekommen?

Wir wissen zunächst, daß unter Streß meistens nur eine Gehirnhälfte benutzt wird.[5] Solange sich jemand nicht in einem ausgesprochen guten Gesundheitszustand befindet, setzt er bei Streß-Situationen jedesmal nur die rechte oder linke Gehirnhälfte ein und ist deshalb, sobald er mit einem Problem konfrontiert wird, weniger gut zu dessen Lösung in der Lage. Der Mensch ist unter Streß meistens entweder rechtshirn- oder linkshirndominant. Wenn jemand vor allem die linke Gehirnhälfte einsetzt, werden alle logischen und mathematischen Kräfte aufgeboten, während die intuitiven Fähigkeiten brachliegen, die in der rechten Gehirnhälfte schlummern. Solche Menschen brüten über rechnerische Daten und lassen alle anderen Fähigkeiten außer acht.

Umgekehrt schaut das etwa so aus: Wenn jemand unter Streß vorwiegend seine rechte Gehirnhälfte verwendet, neigt er eher zur Flucht, zum Weglaufen und Vergessen des Problems. Der Schuldenberg wächst, die Situation in der Ehe verschlechtert sich, die Probleme werden unlösbar.

Wenn beide Gehirnhemisphären zusammenwirken, sind wir kreativ, und sowohl unsere intuitiven als auch unsere logischen Fähigkeiten arbeiten zur Problemlösung zusammen.

Gelingt es uns, den Streß soweit zu vermindern, daß beide Gehirnhälften integriert sind, können wir die Kreativität unseres gesamten Gehirns zur Lösung des Problems einsetzen. Wir können beide Gehirnhälften anregen, indem wir den Thymus aktivieren. Solange wir ausgeglichen sind und unsere Gehirnhälften integriert arbeiten, bringen uns Dinge, wie etwa Gerichtstermine usw., viel weniger aus der Ruhe. Wir können mehr energieraubende Probleme in Griff bekommen, ohne daß sie uns über den Kopf wachsen.

Die meisten Probleme lassen sich lösen, sobald wir unsere Lebensenergie erhöht, die wirklichen Wünsche unseres Unbewußten herausgefunden haben und in Einklang mit diesen Wünschen handeln. Oft erkennen wir im Rückblick auf schwierige Zeiten, wie sehr wir daran gewachsen und gereift sind.

Vor einigen Jahren suchte mich ein Buchhalter im mittleren Alter auf, der sehr verspannt wirkte und viele Angstsymptome zeigte. Er fühlte sich in seiner gegenwärtigen Position unglücklich, obwohl er als selbständiger Wirtschaftsprüfer über eine solide Praxis verfügte. Als junger Mann hatte er Schriftsteller werden wollen, aber da seine Eltern diese Idee ablehnten, folgte er dem Berufsweg des Vaters und wurde Buchhalter. Er sagte, daß er Kalifornien immer schon gemocht hatte, aber bis jetzt nur mit der Idee gespielt habe, dort zu leben. Dann testete ich seinen Thymus und er reagierte stark. Da er herausfinden wollte, ob seine Ängste hauptsächlich im beruflichen oder privaten Bereich zu suchen seien, ließ ich ihn folgenden Satz aussprechen: „Ich bin mit meinem häuslichen Leben zufrieden". – Sein Thymus reagierte stark. Dann ließ ich ihn sagen: „Ich bin mit meiner beruflichen Situation zufrieden", worauf er zu seiner Verblüffung schwach testete. Sein nächster Satz war: „Ich will meine Laufbahn als Buchhalter fortsetzen". Wieder folgte eine schwache Reaktion. Ich bat ihn dann „Ich möchte freier Schriftsteller werden" zu sagen und sich diesen Wunsch so intensiv wie möglich vorzustellen. Daraufhin testete er stark, was ihn noch mehr verblüffte. Es folgte: „Ich möchte Autor in New York City werden". (Dort war er nämlich zur Zeit ansässig.) Wiederum eine schwache Reaktion. Auf den Satz „Ich möchte nach Kalifornien übersiedeln, meinen Beruf als Buchhalter aufgeben und freier Schriftsteller werden" testete er stark.

Natürlich empfahl ich ihm nicht als Konsequenz aus diesem einen starken Test, gleich seine Karriere aufzugeben, um in einen anderen Teil des Landes überzusiedeln. Als er jedoch im Laufe der Wochen weitergetestet wurde, gab es stets die gleichen Resultate. Eines Tages sagte er dann zu mir: „Ich verstehe allmählich die Botschaft, die mir mein Unbewußtes schickt" und entschloß sich, mit seiner Familie nach Kalifornien umzuziehen. Innerhalb kurzer Zeit wurde er ein sehr erfolgreicher Schriftsteller. Ab und zu ruft er mich an, um mir zu sagen, wie froh er immer noch über die Veränderung ist.

Denken Sie beim Testen daran, daß positive Gedanken stärken, falls die Thymusdrüse zunächst schwach ist. Hätte zum Beispiel der Buchhalter beim ersten Test des Thymuspunktes schwach reagiert, so wäre sein Thymus durch das Aussprechen des Satzes „Ich möchte nach Kalifornien ziehen" gleich stark geworden. Das Testverfahren wäre gleich geblieben – nur hätten wir dann ausgetestet, was seine Lebensenergie stärkt. Ist der Thymus eingangs stark, so testen wir, welche Umstände die Lebensenergie schwächen.

Einer meiner Freunde ist ein angesehener Geschäftsmann. Seine Thymusdrüse reagiert fast immer schwach. Wenn er aber sagt: „Ich möchte das Geschäftsleben aufgeben und ein Laienprediger werden", testet er stark. Er erkennt, daß das genau das ist, was er wirklich tun will. Und er sagt, daß er, obwohl er es aus finanziellen Gründen nicht gleich ausführen könne, es doch das sei, was er in der nahen Zukunft plane. Er weiß, wie er die Schwäche seiner Lebensenergie ausgleichen kann.

Kürzlich plauderte ich mit Dr. H., einem sehr gewissenhaften und verantwortungsvollen Kollegen. Er klagte über seine zunehmende Erschöpfung und die ständig wachsende Schar von Patienten. Die Verantwortung für seine Patienten wurde ihm zu schwer. Er fragte sich, wie er ihnen am besten helfen und sich dabei aber auch gleichzeitig um sich selbst kümmern könne.

Das erste, was ich Dr. H. fragte, war: „Wieviele Tage in der Woche arbeiten Sie derzeit in der Praxis?" – „Fünf", antwortete er. Danach fragte ich ihn: „Macht es Sie glücklich, an fünf Tagen in der Woche zu arbeiten?" Er antwortete, daß er sich dessen nicht sicher sei.

Als nächstes testeten wir ihn. Wir ließen ihn den Satz sagen (und beachten Sie, wie exakt und unzweideutig wir in dem sind, was wir ihn aussprechen lassen): „Ich will vier Tage pro Woche in meiner Praxis arbeiten." Sein Thymus reagierte stark – aber nur bei vier – nicht bei drei, nicht bei zwei und nicht bei sechs Tagen. Seine Lebensenergie stieg bei dem Gedanken, an vier Tagen pro Woche zu arbeiten, offensichtlich.

Dr. H. lächelte und wirkte erleichtert. „Das leuchtet mir ein", sagte er. Aber ich war nicht überzeugt, daß dies sein ganzes Problem war und bat ihn um folgenden Satz: „Ich bin damit zufrieden, daß die einzige Veränderung, die ich in meiner Praxis vollziehen muß, darin besteht, an vier anstatt wie bisher an fünf Tagen pro Woche zu arbeiten." Wie vermutet, testete er schwach.

Ich fragte Dr. H., ob er eine Bestellpraxis mit genau eingehaltenen Behandlungszeiten habe, oder ob er sich für seine Patienten so lange Zeit nehme, wie es ihm nötig erscheine. Er sagte mir, daß er sich an einen strikten 20-Minuten-Plan halte. Deshalb ließ ich ihn folgendes aussprechen: „Ich will auch in Zukunft jedem Patienten 20 Minuten meiner Zeit reservieren." Er testete schwach. „Ich will alle meine Patienten in der Sprechstunde so lange behandeln, wie es der einzelne Fall erfordert." Daraufhin testete er stark.

Als nächsten Schritt ließ ich ihn die beiden stärkenden Aussagen kombinieren: „Ich bin damit zufrieden, künftig an vier Wochentagen in meiner Praxis zu arbeiten und meine Patienten jeweils so lange zu behandeln, wie es deren Zustand erfordert." Er testete immer noch schwach. Das neue Problem war nicht allzu schwer zu erraten. Sein Einkommen würde fallen, wenn jeder Patient bei gleichem Honorar mehr von seiner Zeit bekäme und er einen Tag pro Woche weniger arbeitete. Ohne Zweifel mußten wir auch die Honorarfrage klären.

Der letzte Schritt zur Lösung des Problems bestand darin, die Honorare festzusetzen. Er sagte: „Wenn ich meine Praxis umorganisiere, werde ich den Patienten die gleichen Honorare berechnen wie bisher" und reagierte schwach. Ich bat um eine Wiederholung des Satzes mit dem Hinweis auf eine Honorarerhöhung um fünf Dollar, und Dr. H. reagierte stark. Er wußte, daß er auf dem richtigen Weg war, und faßte seine Vorstellung schließlich in diesem Satz zusammen: „Ich werde in meiner Praxis an vier Tagen in der Woche arbeiten. Dabei will ich meine Patienten ohne zeitliche Beschränkung behandeln und das Honorar um fünf Dollar je Visite erhöhen." Er war sehr erleichtert, und ich bin sicher, daß er jetzt ein viel besserer Arzt ist, weil er viel weniger gestreßt, anders gesagt, viel besser zentriert ist, wenn er seine Patienten behandelt.

Dieses Jahr wurde ich von Peter aufgesucht, einem jungen Mann, der an der Universität mit großen Schwierigkeiten zu kämpfen hatte. Er wollte sein Examen an einem bestimmten College ablegen, schaffte es aber nicht, die erforderlichen Seminararbeiten komplett vorzulegen. Ohne diese konnte er die Ausbildung natürlich nicht abschließen. Das Ergebnis war – und er war sich dessen wohlbewußt – schwere Disharmonie und Streß.

Sein Verhalten stand im Widerspruch zu dem Wunsch, das Studium abzuschließen. Was war echt, seine Beteuerungen oder sein Handeln? Wollte er wirklich das College abschließen und brauchte lediglich Hilfe beim Verfassen seiner Seminararbeiten oder war seine Unfähigkeit, die Arbeiten zu schreiben, ein Zeichen dafür, daß er seinen Weg gar nicht wirklich zu Ende gehen wollte?

Durch Testen war die Antwort leicht zu finden. Wir baten ihn, den folgenden Satz zu sprechen und ihn so deutlich wie möglich zu visualisieren: „Ich will meinen gegenwärtigen Studiengang am College abschließen." Und sein Thymus, welcher schon eingangs schwach testete, reagierte weiterhin schwach. Sobald er aber sagte: „Ich will mein Studium abbrechen", testete er augenblicklich stark.

Peter war ein großer Mann und wog etwa 240 Pfund. Der Unterschied in der Muskelstärke war wirklich überraschend. Er schaute mich mit einem breiten Grinsen im Gesicht an und sagte: „Ja, da ist was dran. Ich begreife es noch nicht ganz, aber etwas ist passiert." Er fügte hinzu: „Ich weiß zwar nicht, ob das, was der Test anzeigt, meinem wahren Gefühl entspricht, aber ich kann es mindestens einmal in Erwägung ziehen." Ich hätte Peter über Wochen oder Monate mit Psychotherapie behandeln können und wäre dann – mit wesentlich größerem Aufwand – zum gleichen Ergebnis gekommen. Auf diese Weise aber erkannte er seine wahren unbewußten Wünsche augenblicklich, denn er spürte sie ja am eigenen Leib. Auch wenn er die Aussage des Tests noch nicht voll akzeptierte, so war die Veränderung seiner Lebensenergie bei den verschiedenen Aussagen doch eindeutig.

Wir nennen das „Sofort-Therapie", weil man mit diesem Verfahren sehr schnell die Gefühle und Vorstellungen eines Patienten offenlegen kann. Eine Verstärkung erfolgt durch die Demonstration und Erfahrung des Tests. Kein Patient der sonst üblichen Psychotherapie hat jemals Gelegenheit, diese Unterschiede an sich selbst zu erleben, eine physische Demonstration dessen zu bekommen, was unterschiedliche Gedanken in seinem Körper bewirken.

Peter kannte jetzt seine unbewußten Wünsche im Hinblick auf einen sehr wichtigen Lebensbereich: Er wollte nicht länger am College bleiben. Aber wir mußten auch noch die anderen Bereiche seines Lebens erforschen. Wenn er nicht mehr am College bleiben wollte, tauchte die Vermutung auf, daß er wieder zurück nach Hause wollte. Deswegen baten wir ihn um den Satz: „Ich will zu Hause wohnen", woraufhin er wieder schwach testete. Nein, er wollte nicht zu Hause wohnen.

Wo wollte er gerne leben? Wir wählten die nächstliegende Stadt. Er sagte: „Ich möchte in Chicago leben." Jetzt reagierte er stark und schmunzelte. Wir gingen weiter und ließen ihn sagen: „Ich will in Chicago arbeiten!" Wieder eine starke Reaktion.

Wir wußten nun, daß er in Chicago leben und arbeiten und sein Studium aufgeben wollte. Aber welche Art von Arbeit schwebte ihm vor?

Wir wußten aus früheren Gesprächen, daß er sich für Musik, Psychologie, Fremdsprachen (er spricht fließend Spanisch) und Religion interessierte und daß er sehr religiös war. Wir ließen ihn folgenden Satz aussprechen: „Ich möchte in Chicago arbeiten und zwar in einem religiös ausgerichteten psychologischen Beratungsdienst." Jetzt reagierte er stark. Das Lächeln in seinem Gesicht wurde breiter, aber er fragte: „Könnte es, da ich so stark an Sprachen interessiert bin, auch sein, daß ich am liebsten mit Ratsuchenden zu tun haben möchte, deren Muttersprache spanisch ist?" Wir ließen ihn diese Frage als Aussage wiederholen und er testete stark. Dann ließen wir ihn den gesamten Satz aussprechen: „Ich will das Studium aufgeben und nach Chicago übersiedeln, wo ich in einem religiös ausgerichteten psychologischen Beratungsdienst arbeiten möchte, dessen Besucher teilweise aus dem spanischen Kulturkreis stammen." Er testete daraufhin stark.

Jetzt wußte er endlich, was er tun wollte. Er brauchte dazu nicht Monate, nicht einmal Stunden, nur ein paar Minuten. Dieses Job läßt sich vielleicht nicht realisieren. Vielleicht findet er niemals einen Arbeitsplatz, der sämtliche gewünschten Merkmale hat, aber in diesem Augenblick hat er Kontakt mit dem tiefsten Kern seines Selbst, und er kennt den Beruf und das Leben, das er haben möchte.

Ich wollte noch einen Schritt weitergehen und fragte beharrlich: „Was möchten Sie *wirklich* am liebsten sein im Leben? Ich meine nicht, was Sie im Moment tun wollen, nicht, wo Sie im Moment leben wollen, sondern was Sie letztendlich sein möchten." Er antwortete: „Ich weiß nicht. Ich denke aber, es hat mit Musik zu tun." Peter ist ein begabter Amateurpianist und -sänger. Also bat ich ihn um diesen Satz: „Eines meiner Fernziele ist, ein erstklassiger Pianist zu werden." Er testete nicht stark. Aber als er sagte: „Ich möchte ein erstklassiger Sänger sein", kam es zu einer starken Testreaktion. Nach dem Ausspruch: „Ich will in Chicago leben und dort ernsthaft studieren, um letztendlich professioneller Sänger zu werden", testete er stark und ich sagte zu ihm: „Die meisten Menschen möchten gerne ihre Vorstellungen zu einem Hauptgebiet entwickeln und verfeinern. Bei Ihnen wissen wir, daß es mit Singen oder psychologischer Beratung zu tun hat." Peter beschrieb seine Vorstellung nun folgendermaßen: „In der Zukunft möchte ich professioneller Sänger sein und Schallplattenaufnahmen mit religiöser Musik in Kirchen produzieren" und er testete stark. Das Lächeln in seinem Gesicht hätte nicht breiter sein können. Jetzt, nachdem er seine Ziele und seinen tieferen Lebenszweck kannte, war er glücklich und zufrieden. Diese letzte Vorstellung, dieses klare Bild von dem, was er letztendlich erreichen wollte und wonach er strebte, wurde durch unsere neuen Testmethoden zugänglich. Er hatte die großartige Zukunftsvision entdeckt, die wir den „Zielgedanken" nennen (siehe nächstes Kapitel).[6]

Bei allen wesentlichen Entscheidungen meines Lebens verlasse ich mich auf das Thymustestverfahren. Vor einiger Zeit sollte ich beispielsweise operiert werden. Ich war in der Stadt angekommen, wo die Klinik lag, und sollte am folgenden Tag auf den Operationstisch, als mir einfiel, daß ich noch nicht getestet hatte, ob dieser Eingriff zum gegenwärtigen Zeitpunkt und unter diesen bestimmten Umständen ratsam sei. Ich ließ mich testen, berührte den Thymustestpunkt und sagte: „Ich möchte meine Operation sehr bald ausführen lassen." Der Thymus reagierte stark. Als ich jedoch den Namen der Klinik hinzufügte, testete er schwach.

Nun saß ich in der Klemme. Ich wußte zunächst nicht, was ich tun sollte, erfuhr aber dann zufällig von einer anderen Operationstechnik in einem anderen Land. Ich telefonierte sofort mit dem Chirurgen Dr. X., und er gab mir alle erbetenen Auskünfte. Anschließend las ich in medizinischen Zeitschriften alle verfügbaren Informationen und telefonierte mit einigen früheren Patienten des Chirurgen. Am folgenden Tag unterzog ich mich einem weiteren Thymustest und sagte: „Ich möchte diese Operation von Dr. X. in der Klinik Y. ausführen lassen." Wieder eine starke Reaktion. Voller Vertrauen zu meinem Unbewußten beschloß ich, die Operation durchführen zu lassen. Ich wußte, daß mein Unbewußtes durch meine Gespräche mit dem Chirurgen und meinen eigenen Studien über beide Operationstechniken Anhaltspunkte bekommen hatte. Vom Standpunkt meines Selbstverständnisses und des Verfahrens aus, war dies auf unbewußter Ebene die richtige Entscheidung. Mit minimaler Besorgnis unterzog ich mich der Operation.

Sie können den Test auch in Ihrem Leben anwenden. Wir haben im Lauf der Zeit schon viele Patienten und Schüler damit vertraut gemacht. Ich selber habe jahrelang mit dem Verfahren gearbeitet und habe großes Vertrauen in das, was ich erfahre, wenn ich meine Lebensenergie für verschiedene Alternativen testen lasse. Ich erwarte nicht, daß Sie dieses Vertrauen und diesen Glauben von Anfang an haben. Aber ich erwarte, daß Sie in dem Maße, wie Sie fortfahren damit zu arbeiten, zunehmend kompetenter werden und sich immer mehr auf Ihr Unbewußtes verlassen. Ja, das Unbewußte will sich bemerkbar machen. Ich empfehle auch nicht, daß Sie sich blindlings nach jedem Testergebnis richten. Ich meine aber, daß wir mit diesem Test offenlegen können, was wir wirklich glauben.

Vielleicht wollen Sie diese Technik anwenden, um herauszufinden, ob Sie Ihren Beruf wirklich mögen. Vielleicht denken Sie: „Natürlich mag ich ihn; es ist doch alles in Ordnung." Aber wie fühlen Sie *wirklich* über Ihre Arbeit? Was möchten Sie mit Ihrem Leben *wirklich* anfangen? Sie könnten das Testverfahren auch benutzen, um zu entscheiden, mit wem Sie ausgehen oder welche Schule Sie besuchen wollen. Oder zur Beantwortung aller Fragen, die im Leben laufend anfallen.

Dieses Verfahren ist nicht mit der Planchette für spiritistische Sitzungen zu vergleichen und hat nichts Mystisches an sich. Wir nutzen den Test lediglich, um die in unserem Unbewußten verborgenen Informationsquellen über unsere wirklichen Wünsche und tieferen Gefühle zu speziellen Fragen anzuzapfen. Hätten wir Zugang zu Vor- und Unbewußtem, wie es bei Patienten mit langjähriger psychoanalytischer Erfahrung oft der Fall ist, könnten wir uns den Test ersparen. Aber die meisten Menschen haben keinen Kontakt zu ihrem Unbewußten – und deshalb müssen wir ihn auf diese Weise schaffen.

Oft werde ich bei Entscheidungen wie diesen konsultiert: „Ich weiß nicht recht, ob ich X. heiraten soll. Ich mag ihn zwar, bin mir aber trotzdem nicht sicher." Eine solche Person ist in sich gespalten und steht nicht in Kontakt mit ihrer Basis, ihrem Unbewußten, das letztendlich nach außen drängt und die Beziehung zum Anderen bestimmt. Nehmen wir beispielsweise Tom, der mehr über Mary erfahren möchte. Alles was er tun muß, um aus seinem Dilemma herauszukommen, besteht darin, daß er sich die Hochzeit vorstellt, „Ich will Mary heiraten" und „Ich will Mary nicht heiraten", sagt und dann feststellt, welche Aussage stärkt und welche schwächt. Dies garantiert zwar noch keine glückliche Ehe, aber es sagt uns, was sein Körper und sein Unbewußtes zur Zeit davon halten. Die Methode ist für ihn eine große Hilfe. Es ist für ihn jetzt sehr viel leichter, sich ein Bild zu machen.

Es ist wichtig, daß Sie sehr präzise formulieren, was Sie testen wollen. Vermeiden Sie zu lange Sätze und drücken Sie sich sehr exakt aus. Bei längeren und gewundenen Aussagen sind Sie nicht in der Lage, sich auf die Gedanken einzustellen und sie so klar wie möglich zu visualisieren. Sie werden sich nicht auf Ihr Testbild konzentrieren können. Verwenden Sie einfache, direkte Sätze ohne Zweideutigkeiten. Als Beispiel für die Genauigkeit eines Tests möchte ich Ihnen folgenden Fall vorstellen, der auch die Wichtigkeit präziser Fragen demonstriert. Eine Freundin lebte viele Jahre in einer unglücklichen Ehe. Obwohl ich bei solchen Angelegenheiten nicht gern Partei ergreife, war es doch offenkundig, daß der Ehemann Jonathan ein schwieriger und liebloser Mensch war. Jetzt hat sie nach all den Jahren einen Mann kennengelernt, der sie ihre Bindung zum Ehemann in Frage stellen läßt. Ich bat sie, folgenden Satz auszusprechen: „Ich will Jonathan verlassen" und sie reagierte stark. Nach der Erklärung: „Ich will bei Jonathan bleiben" gab es eine schwache Reaktion. Der folgende Schritt war: „Ich möchte künftig mit Raymond zusammenleben" (ihrem neuen Freund) und sie reagierte stark. Auf „Ich möchte nicht mit Raymond zusammenleben" testete sie schwach.

Aber wollte sie Raymond heiraten? Ja, sie wollte das und der Test bestätigte es. Demnach beabsichtigte sie logischerweise eine Scheidung von Jonathan. Aber als sie sagte: „Ich will mich von Jonathan scheiden lassen", testete sie schwach. Nun sagte ich ihr: „Jean, das ist unlogisch. Wie kannst du Raymond heiraten, wenn du dich nicht von Jonathan scheiden läßt? Laß uns das nochmals testen." Das Ergebnis blieb gleich. War irgendetwas mit dem Test schiefgelaufen? Jean errötete, schluckte und sagte dann zögernd: „Ich will dir die Wahrheit verraten. Jonathan und ich haben niemals geheiratet. Wir lebten all diese Jahre zusammen, und alle Leute, auch unsere Kinder, glauben, wir seien verheiratet. Wir sind es aber nicht. Deshalb reagiere ich schwach beim Wunsch, mich von ihm scheiden zu lassen, denn wie kann man sich von jemandem scheiden lassen, ohne mit ihm verheiratet zu sein?"

Dieses Beispiel verrät uns, welche Überraschungen beim Testen auftauchen können. Die Antwort ist da und wird durch richtige Fragen gefunden. Es sind die unerwarteten Antworten, jene, die Sie am Test zweifeln lassen, die dazu führen, daß Sie viel mehr erfahren als ursprünglich erwartet und die der Person sehr viel mehr helfen, als Sie erwartet haben.

Mit dieser Technik erzielen wir nicht nur schnelle und leichte Antworten, die in der traditionellen Psychoanalyse lange auf sich warten lassen würden, sondern wir erleben den Unterschied unserer Muskelstärke am eigenen Leib. Die Kraft des Wortes ist erstaunlich und die Fähigkeit des Körpers, aus jenen Worten und Gefühlen eine sofortige Antwort herauszukristallisieren, phantastisch.

Nach der Anwendung dieser Methode berichten meine Patienten und Schüler fast ausnahmslos, wieviel starke Spannung sich bei ihnen gelöst hat. Die meisten fühlen sich, als sei ihnen eine schwere Last abgenommen worden.

Wir haben dieses Verfahren jahrelang bei Tausenden von Schülern und Patienten erprobt, aber natürlich waren nicht alle Ergebnisse zufriedenstellend. Der Thymustest ist nicht hundertprozentig „narrensicher". *Es gibt viele Variablen, und der Test ist nur dann zuverlässig, wenn alle unter Kontrolle sind.* Bitte denken Sie stets daran, daß der Test Ihre momentane Haltung und nicht unbedingt die letztendlich richtige Entscheidung anzeigt. Aber in jedem Fall fühlten sich die Versuchspersonen mit dem Resultat wesentlich glücklicher als zuvor. Sie nahmen wahr, daß sie, wie es ein Patient ausdrückte, mehr im Einklang mit dem, was Körper und Geist wirklich glauben, waren. Ihre Entscheidungen waren harmonisch. Wenn aus Gründen, die außerhalb der Kontrolle des Patienten lagen, die Dinge sich nicht erwartungsgemäß entwickelten, machte er nicht die Testerfahrung dafür verantwortlich, sondern erinnerte er sich, daß er sein Handeln zu jener Zeit absolut richtig fand. Vielleicht war er nicht aller maßgebender Faktoren gewahr, als er sein Testbild visualisierte und dann seine Entscheidungen traf, aber zumindest stand sein Entschluß mit seinen damaligen Wünschen in Einklang.

Wenn Sie Probleme haben, die durch Streß und Spannung Ihren Fortschritt hemmen, und Sie instinktive Wünsche herausfinden wollen, müssen Sie sich nicht notwendigerweise einer schwierigen Untersuchung unterziehen. Testen Sie einfach. Das ist bemerkenswert schnell und billig.

Außerdem stellen wir dabei fest, was *Sie* denken und wissen, daß Sie durch niemand anderen beeinflußt wurden. Sie können die Ergebnisse am eigenen Körper erleben. Die Energie der unbewußten Gedanken hat – wenn zum Ausdruck gebracht – die Macht, einen schwachen Muskel zu stärken und umgekehrt einen starken Muskel zu schwächen. Es handelt sich um ein außergewöhnlich wirksames Instrument.

Wenn Sie also ein Problem haben oder geteilter Ansicht über irgendeine Sache sind, lassen Sie von einem Freund Ihren Thymus testen. Sprechen Sie die beiden Alternativen aus, und testen Sie nach jeder. Achten Sie darauf, welche Sie stark und welche Sie schwach macht. Sie haben nun die Antwort und wissen, wie Sie Ihre Probleme lösen, wie Sie positive Entscheidungen treffen können.

Man beachte: Wenn Sie beispielsweise auf den Satz: „Ich möchte weiterhin mit meiner Frau zusammenleben" oder „Mir gefällt meine derzeitige Arbeit" schwach reagieren, so sollten Sie nicht gleich losrennen und die Scheidung einreichen oder Ihren Job kündigen, noch sollten irgendwelche anderen schwerwiegenden Entscheidungen nach dem Ergebnis eines einzigen Muskeltests gefällt werden. Ein so radikales Vorgehen zur Problemlösung ist wahrscheinlich nicht nötig. Sollten Sie jedoch auf eins der oben angeführten Beispiele schwach getestet haben, so ist es ratsam, einzelne Teilaspekte aus diesem Bereich gesondert zu überprüfen.

Testen Sie beispielsweise, um herauszufinden, was genau im Zusammenleben mit Ihrer Frau Sie stört. Oder finden Sie heraus, welcher besondere Punkt Ihrer Arbeit Ihre Lebensenergie verringert. Gehen Sie diese kleineren Probleme Schritt für Schritt an. Wahrscheinlich handelten Sie bei der Wahl Ihrer Frau oder Ihres Arbeitsplatzes in Übereinstimmung mit Ihrem Unbewußten. Natürlich können sich Ihre Wunschvorstellungen verändert haben, aber häufig handelt es sich nur um ein, zwei Faktoren in der entsprechenden Situation, die Sie negativ beeinflussen und Ihre Lebensenergie schwächen. Und sie werden vielleicht feststellen, daß durch die Richtigstellung dieser Faktoren sich das Hauptproblem automatisch mitlöst.

Lassen Sie uns das Beispiel mit der Ehe noch einen Schritt weiter verfolgen. Ein Mann testete schwach, als er sagte: „Ich möchte mit meiner Frau verheiratet bleiben." Ich sagte zu ihm: „Wir erkennen jetzt, daß Ihr Körper uns erzählt, daß es irgend etwas in der Beziehung mit Ihrer Frau gibt, das Sie entkräftet und hohe Thymusaktivität verhindert." Ich fragte ihn, was das sein könnte. Wir testeten einige Möglichkeiten, fanden aber das Problem nicht. Als er zum Beispiel sagte: „Ich liebe meine Frau auch dann noch, wenn sie verschwenderisch mit den Finanzen umgeht", testete er stark. Endlich ließ ich ihn folgenden Satz aussprechen: „Ich liebe meine Frau auch dann noch, wenn sie mich mit Sex belästigt", und er testete schwach. Er sagte mir dann, daß er sehr glücklich über die sexuelle Beziehung zu seiner Frau und gerne mit ihr intim sei, daß er aber die unverblümte Art nicht möge, mit der sie danach verlange und dies als Forderung erlebe. „Bevor wir verheiratet waren, mochte ich ihre sexuelle Offenheit sehr. Aber nun ist mir das irgendwie zuwider." Zuhause sprach er mit seiner Frau darüber, und sie sagte, sie könne seinen Standpunkt verstehen, und änderte ihr Verhalten. Die sexuelle Beziehung selbst veränderte sich nicht, aber er fühlte sich weniger unter Druck und hatte nicht mehr das Gefühl, eine Pflicht erfüllen zu müssen. Jetzt testete er bei der Aussage: „Ich bin glücklich in meiner Ehe" stark. Er und seine Frau sind mit der Ehe nun sehr zufrieden. Sie erzählten mir beide, daß dieser einfache Test und ihre Bereitschaft, sich nach den Resultaten zu richten, ihre Ehe gerettet hätte.

Ein anderer Patient reagierte wie so viele andere schwach, als er sagte: „Mir macht meine Arbeit Freude." Etwa 90 Prozent aller Berufstätigen reagieren schwach, wenn sie behaupten, sie hätten Freude an dem, was sie tun, was uns einen vielsagenden Einblick in unsere Gesellschaftsstruktur und Arbeitswelt liefert. Die meisten

Berufstätigen erkennen und gestehen ein, daß ihnen ihre Arbeit nicht gefällt, aber sagen: „Nun ja, es ist eben eine Art Geld zu verdienen, und ich kann mir dafür ein schönes Wochenende und einen gesicherten Ruhestand machen." Oder: „Ich muß es für die Ausbildung meiner Kinder tun." Aber die erschreckende Tatsache, daß etwa 90 Prozent der Menschen beim bloßen Gedanken an ihre Arbeit Lebensenergie verlieren, bleibt bestehen. Stellen Sie sich vor, wie diesen Leuten erst jeden Tag am Arbeitsplatz zumute ist! Trotzdem bedeutet das nicht unbedingt, daß sie ihr Arbeitsverhältnis verändern sollten. Wenn wir Schritt für Schritt alle Aspekte der Arbeitssituation durchgehen, entdecken wir dabei häufig, daß die Änderung eines bestimmten schwächenden Faktors zu mehr Freude an der Arbeit führt. Es gibt im allgemeinen starke, unbewußte, positive Gründe für eine bestimmte Berufswahl, und eine Entscheidung, sich zu verändern, sollte über einen gewissen Zeitraum hinweg sehr gründlich durchdacht werden.

Zum Beispiel testete ein Mann nur dann schwach, wenn er sagte: „Ich liefere Herrn X. gern meine Berichte ab" (Herr X. war sein Vorgesetzter) und sonst auf keinen anderen Aspekt seiner Arbeit. Seine Arbeit machte ihm Spaß, aber diese eine Sache, jenem bestimmten Menschen berichten zu müssen, brachte ihn aus der Fassung. Also fragte ich meinen Patienten, ob es sich nicht einrichten ließe, daß er jemandem berichten könne, auf den er stark teste. Es war möglich, und seit dieser einen Veränderung fühlt er sich viel glücklicher an seinem Arbeitsplatz. Seine Frau berichtete mir, wieviel zufriedener und friedlicher er wirkt, wenn er abends nach Hause kommt. In den meisten Situationen sind es die „kleinen Dinge" wie das Fordern von Sex oder persönliche Schwierigkeiten mit einem ganz bestimmten Vorgesetzten, welche die Probleme schaffen. Und wenn diese Dinge gelöst sind, scheint das offensichtlich große Problem von selbst zu verschwinden. Wer diese kleinen Dinge entdecken will, kann dazu die in diesem Kapitel beschriebenen Testverfahren verwenden.

Mit diesem Instrument können Sie selbst herausfinden, ob Sie mit einer bestimmten Lebenslage wie Ehe, Beruf, Freundschaften, Wohnort, Studiengang usw. tatsächlich glücklich sind. Sie haben die Chance, alle äußeren Umstände so zu gestalten, daß sie hohe Thymusaktivität bewirken und Kreativität und Lebensenergie vergrößern.

Der angesehene britische Wissenschaftler Sir Fred Hoyle hat einmal gesagt, daß wir alle „Auswahlmaschinen" seien[7]. In unseren Gehirnen gibt es bisher kaum erkannte Funktionen, die darüber entscheiden, ob wir im Leben die richtigen Entscheidungen treffen und gesund und glücklich sind. Wenn wir uns richtig entscheiden und dem zuwenden, was gut für uns ist, erlangen wir Gesundheit und Glück für uns und andere. Und viele dieser Entscheidungen stehen täglich an. H. S. Jennings stellte fest: „Das Leben ist ein fortlaufender Auswahlprozeß, wobei eine Verhaltensweise ausgewählt und eine andere verworfen wird." Wenn wir in unserem Leben über irgend etwas entscheiden müssen, mag es uns oft so vorkommen, als seien zahlreiche Möglichkeiten denkbar. Tatsächlich ist das aber nicht der Fall. Es wird eine Entscheidung geben, auf die wir stark testen, die unsere Lebensenergie aktiviert und im Einklang mit unseren tiefsten Wünschen für unser Leben und unsere Gesundheit steht. Alle anderen Möglichkeiten gehen uns gegen den Strich. Wir könnten unsere Wahlmöglichkeiten auch als „bio-ethische Selektion" bezeichnen. Durch das Testverfahren läßt sich die jeweils richtige Entscheidung herausfinden, die Entscheidung für das Leben, für die Entwicklung, die das Überleben des Individuums und der Art sichert.

Der hier vorgestellte Test kann Ihnen zur richtigen Wahl verhelfen, jener, die im Einklang mit Ihren tiefsten Wünschen für Gesundheit und Leben, Harmonie und Frieden steht. Wann immer Sie eine Entscheidung über irgendeinen Aspekt Ihres Lebens treffen müssen, können Sie jetzt herausfinden, was in diesem Augenblick das richtige ist. Durch die Anwendung dieses einfachen Tests haben Sie nun die Möglichkeit, den Weg zu persönlicher Entwicklung und Wachstum zu wählen. Einige Antworten, die Sie bekommen, mögen über viele Jahre, vielleicht sogar für immer, unverändert bleiben. Andere können sich sehr rasch verändern. Bei diesen handelt es sich eher um die mehr oberflächlichen, um Entscheidungen, zu denen Sie in Ihrem Un- oder Vorbewußtsein erst vor kurzem gelangten, oder auch Möglichkeiten, die leicht durch äußere Daten verändert werden. Wenn man sehr einschneidende Fragen, wie z. B. die berufliche Laufbahn usw., klären möchte, ist es deshalb immer ratsam, die Tests über einen gewissen Zeitraum zu wiederholen. Insbesondere bei neuen Ideen kann sich der Entschluß durch zusätzliche Informationen oder feinere Definitionen verändern.

Eine neue Zukunft gehört Ihnen, aber Sie müssen jederzeit Ihren Willen zu Hilfe rufen. Das Testen wird Ihnen zeigen, was die beste Wahl ist, aber es zwingt Sie nicht zum Tun. Sie müssen gesund sein, sich wohl fühlen, ausgeglichen und kreativ sein wollen. Es ist Ihre Lebensaufgabe, das anzustreben, was für Sie richtig, gesund und erhebend ist. Nun können Sie wie nie zuvor den Weg vor sich sehen, der zu Gesundheit und Erfülltsein führt. Das jetzt erreichbare Ziel heißt psychobiologische Harmonie und ein Optimum an Lebensenergie.

Der Zielgedanke

„Gott hat jedem Menschen das ihm gebührende Licht gegeben, damit er nicht auf einen Irrweg gerät. "   Paracelsus

Während meiner Kinderjahre in Australien ging ich oft zum Surfen an die Strände von Sydney. Sobald sich eine gewaltige Welle näherte, tauchten meine Freunde und ich zum Sand auf den Grund des Wassers und hielten uns mit den Fingerspitzen darin fest. Die Welle rollte dann über uns hinweg und wir tauchten unversehrt auf. Danach war das Meer völlig ruhig, doch überall im Umkreis sah man treibende Surfbretter und Menschen, die nach dem Atem rangen und Wasser spuckten. Wir aber hatten gelernt, daß wir, sobald wir mit dieser Art Streß konfrontiert wurden, einfach untertauchten und uns an unserer Sicherung – an unserem „Anker" – festhalten konnten, bis unser Streß vorüber war. Es gibt einen Anker, der uns allen ein Lebenlang stets zur Verfügung steht. Wir nennen ihn den Zielgedanken.[1]

Im letzten Kapitel erzählte ich Ihnen von Peter, dessen Zielgedanke war, eines Tages als Sänger Schallplattenaufnahmen von religiösen Liedern in Kirchen aufzunehmen. Ich demonstrierte ihm, daß ich durch Stoßen, Schütteln, Drohgebärden und plötzliche Geräusche seine Lebensenergie reduzieren und den Indikatormuskel schwächen konnte. Solange Peter jedoch an seinem Zielgedanken festhielt, konnte ihn keinerlei Streß schwächen.

Peter lernte, so oft wie möglich diesen Gedanken im Kopf zu haben. Dieser Gedanke beinhaltete mehr als ein unmittelbares Ziel, einen Job als psychologischer Berater zu finden: Er war sein Lebenszweck. So lange er sich auf den Sinn seines Lebens konzentrierte – und der ist weitreichender als ein Ziel – konnte er schwerstem Streß ausgesetzt werden und doch stark bleiben.

Ich spreche in diesem Zusammenhang vom Zielgedanken, weil ich dabei an einen Piloten denke, der im Unwetter die Orientierung verloren hat. Er schaltet das Funkpeilgerät ein und stimmt es auf das heimische Funkfeuer ab, welches ihn sicher nach Hause leitet. Jeder von uns kann dieses zielgerichtete Funkfeuer in seinem Leben haben – es ist der Zielgedanke. Er macht uns unerschütterlich.

„Unamunos Kommentar zu Don Quichotte" von Herbert Read ist eine der besten Beschreibungen des Zielgedankens, die mir jemals zu Ohren gekommen sind:

„Bei dem Ausspruch ‚Ich weiß, wer ich bin' sagte Don Quichotte lediglich: ‚Ich weiß, was ich sein will!' Dies ist der Angelpunkt des ganzen menschlichen Lebens: zu wissen, was man sein will. Du solltest dir kaum Gedanken darüber machen, wer du gerade bist. Wichtig ist allein, was du sein wirst. Dein gegenwärtiger Zustand ist nicht stabil, sondern sterblich. Du kommst aus der Erde und wirst eines Tages dorthin zurückkehren. Was du sein willst, ist die Vorstellung Gottes, des Bewußtseins des Universums, die göttliche Idee, deren Verkörperung in Zeit und Raum du bist. Und deine Sehnsucht nach dem, der du sein willst, ist das Heimweh nach deinem göttlichen Zuhause. Der Mensch ist nur vollkommen und aufrecht, wenn er sich selbst übertrifft."[2]

Wir alle können unsere Zielgedanken entwickeln. Setzen Sie sich hin und schreiben Sie auf, wie und was Sie wirklich sein wollen. Eine solche Liste sieht natürlich bei jedem Menschen anders aus. Sie wollen vielleicht Geistlicher werden, Gärtner oder Schneider. Vielleicht sehen Sie sich in Gedanken im Mönchsgewand wie Franz von Assisi durch das Leben ziehen, vielleicht sind Sie im Geist Dirigent oder Pianist. Für andere mag das ganz bedeutungslos sein – es ist *Ihr* persönlicher Zielgedanke. Schreiben Sie also ein paar von den Dingen, nach denen Sie streben, auf.

Im Lauf unseres Lebens ist natürlich zu erwarten, daß wir unser Denken, Sehen, Wünschen und das, was wir für unser Lebensziel halten, entwickeln und verändern. Aber schreiben Sie doch einmal auf, welche Möglichkeiten Ihnen im Augenblick am reizvollsten erscheinen und testen sie dann eine nach der anderen durch. Konzentrieren sie sich auf jede einzelne Vorstellung, malen Sie sich in Gedanken ein Bild so klar wie möglich. Dann lassen Sie sich von jemandem testen. Wenn Sie ihn danach bitten, Sie zu schütteln oder „Buh!" zu rufen oder auf irgendeine andere Art zu erschrekken, um Sie gleich anschließend nochmals zu testen, so sollten Sie stark reagieren, wenn Ihr Gedanke der richtige war. Mit Ihrem Zielgedanken im Sinn sind Sie viel widerstandsfähiger gegen Streß.

Wir wollen einmal herausfinden, wie empfindlich Sie zur Zeit auf Streß reagieren. Fangen Sie an, indem Sie Ihren Freund, Ihre Versuchsperson, testen. Der Indikatormuskel sollte stark sein. (Hierbei ist es nicht nötig, den Thymustestpunkt zu berühren, weil dieser Test weniger fein abgestimmt ist.)

Nachdem Sie den Indikatormuskel geprüft und für stark befunden haben, schreien Sie dem Freund plötzlich und laut „Buh!" ins Gesicht. Testen Sie gleich nocheinmal – jetzt wird er sehr wahrscheinlich schwach reagieren.

Bei Vorträgen in Ärztekreisen bitte ich häufig meine Kollegen zum Rednerpult, um ihre Anfälligkeit gegenüber Streß zu testen. Ich teste den Arzt zuerst im Klaren und stelle fest, daß sein Indikatormuskel stark ist. Dann bitte ich seine Sekretärin oder Assistentin, ihm in normalem Tonfall folgende Nachricht zu übermitteln: „Doktor, Herr X. ist am Telefon . . ." (Vorher habe ich mit ihr vereinbart, daß sie den Namen eines „schwierigen" Patienten verwendet). Obwohl es im Vortragssaal kein Telefon gibt und obwohl der getestete Arzt genau weiß, daß niemand angerufen hat, *genügt der Gedanke* an den unbequemen Patienten, um den Indikatormuskel zu schwächen, was einen deutlichen Verlust an Lebensenergie offenbart.

Wann immer die Lebensenergie eines Menschen durch einen Stimulus wie im obigen Beispiel verringert wird, wissen wir, daß die Testperson nicht zentriert ist. Jede Belastung aus der Umgebung, sogar Kleinigkeiten wie der erwähnte Anruf oder allein der Gedanke an Umweltstreß, genügen bereits, um die Lebensenergie zu verringern, wenn der betreffende Mensch nicht zentriert ist. Machen Sie dazu folgenden Test. Sagen Sie zu Ihrer Testperson: „Ich mache nur Spaß, aber dein Auto hat einen platten Reifen." Und schauen Sie sich seinen verblüfften Gesichtsausdruck an, wenn er dabei plötzlich schwach wird. Ihm war gewiß nicht bewußt, daß ein harmloser Scherz solche Auswirkungen auf Körper und Geist haben kann. Diese Schwäche, diese Anfälligkeit gegenüber Streß läßt sich mit Hilfe des Zielgedankens überwinden.

Am nützlichsten erweist sich der Zielgedanke, wenn jemand krank ist, denn er vermittelt dem Patienten einen Lebensinhalt. Wenn jemand in Ihrem Bekanntenkreis krank ist, so bitten Sie ihn, sich vorzustellen, daß er sich richtig wohlfühlt – keine Schmerzen mehr hat, nicht mehr blutet, behindert ist oder welcher Art das Problem auch immer sei. Er soll sich selbst vital, lebensfroh, energiegeladen, vielleicht am Strand entlang laufend, ein Sonnenbad nehmend, marathonlaufend, reitend, einen Garten pflanzend usw.

visualisieren, sich seine ganz persönlichen Bilder und Wunschvorstellungen machen. Wir Außenstehenden können dazu nur ein paar Anregungen vermitteln. Lassen Sie ihn auswählen, was ihm am besten gefällt. Es ist sein Bild, seine Phantasie, sein Wunsch. Dann zeigen Sie ihm, wie dadurch seine Lebensenergie gestärkt wird.

Der erste Schritt zum Wohlbefinden besteht also darin, sich vorzustellen, wie man sich wohlfühlt und ein Ziel, einen Lebensinhalt zu haben. Wenn Sie keinen Sinn im Leben erkennen, ist es schwer, die heilenden Energien zu aktivieren. Ist der Zielgedanke jedoch fest in Ihrem Sinn verankert, dann haben Sie ihre eigene positive Einstellung zum Gesundwerden aktiviert.

Ich wurde einmal gebeten, einen schwerkranken alten Mann im Krankenhaus zu besuchen. Man rechnete mit seinem baldigen Tod. Ich war entsetzt, als ich ihn sah, weil er einen todkranken Eindruck machte. Er war bleich, ausgezehrt und fast leblos. Ein übler Geruch entströmte seinem Mund und Körper.

Es gab so wenig, was ich für ihn tun konnte. Ich war nicht einmal einer seiner Ärzte. Trotzdem sagte ich zu dem Patienten: „Können Sie sich vorstellen, richtig gesund zu sein? Ich meine nicht nur frei zu sein von den Infusionen, den Schmerzen oder all den Symptomen, sondern wirklich gesund mit schwungvollem Gang und strahlenden Augen? Können Sie sich selber so sehen, gesund, aufrecht, aktiv und in Kontakt mit der Natur?"

Nach kurzer Zeit war er dazu imstande, und ich zeigte ihm, wie sein Thymus, der vorher schwach getestet hatte, plötzlich stark testete und daß er trotz seiner jetzigen miserablen Verfassung selbst dann noch stark blieb, wenn ich ihm einen kleinen Schock zufügte, solange er seinen Zielgedanken im Sinn behielt. Er war jetzt überzeugt, daß die Kraft seiner eigenen positiven Gedanken einen Unterschied in seiner Körperenergie erzeugen konnte.

Nun schlug ich dem Patienten vor, durch eine Mobilisierung seiner Lebensenergie eine Heilung von innen her einzuleiten, was der einzige Weg zu positiver Gesundheit ist. Ich befestigte einen Bogen weißes Papier am Fernsehbildschirm am Fußende seines Bettes und sagte: „Schauen Sie so oft wie möglich auf dieses Papier und visualisieren Sie dabei Ihren Zielgedanken." Danach fragte ich ihn: „Wann glauben Sie, frühestens die Klinik verlassen zu können?" Er überlegte eine Weile. Er kannte den Zustand seines Körpers, er wußte, daß er kaum aufsitzen konnte. Trotzdem erwiderte er: „10 Tage." Obwohl ich diese Antwort als äußerst optimistisch und eigentlich unrealistisch einschätzte, sagte ich zu ihm: „Prima! Also, Sie schauen so oft wie möglich auf diesen weißen

Bogen Papier und stellen sich dabei vor, wie Sie heute in 10 Tagen das Krankenhaus, in einem Zustand strahlender Gesundheit verlassen."

Genau zehn Tage später ging er nach Hause und blieb bis jetzt bei guter Gesundheit. Die Ärzte, die ihn behandelten, waren erstaunt über seine Genesung. Wie mich der Patient dann wissen ließ, hat er Anweisung gegeben, daß jenes Stück weißes Papier mit ihm beerdigt werden soll, weil es sein Leben rettete! Natürlich war es nicht das Papier, sondern das, wofür er stand. Er selbst rettete sein Leben dadurch, daß er die Heilkräfte seines Körpers durch die Stärke seines Zielgedankens mobolisiert hatte.

Kürzlich begegnete ich einem Mann in mittleren Jahren, der es im Leben ziemlich weit gebracht hat. Er hat ein glückliches Zuhause, eine liebe Frau und Kinder, eine erfolgreiche Karriere und alles, was er sich an materiellen Gütern wünscht. Er ist abgesichert gegen finanzielle Krisen und hat schon einmal seine innere Stärke bewiesen, als er sich am Rande des Bankrottes befand und es trotzdem schaffte, alle seine Darlehen zurückzubezahlen und eine große Summe Geldes anzuhäufen. Er treibt Sport, hält sich fit, ißt maßvoll und müßte eigentlich mit seinem Schicksal sehr zufrieden sein. Als ich ihn fragte: „Was haben Sie noch vor, nachdem Sie all diese wunderbaren Dinge erreicht haben? Was möchten Sie mit Ihrem Leben anfangen? Wofür leben Sie?" schaute er mich mit einem sehr verdutzten Gesichtsausdruck an und antwortete: „Das ist genau mein Problem! Nichts von dem, was ich aufgebaut und erreicht habe, nicht einmal meine Frau und die Kinder und gewiß nicht meine geschäftlichen Errungenschaften oder meine Autos, mein Haus oder mein Boot bedeuten mir wirklich etwas! Ich erkenne die Wichtigkeit Ihrer Frage. Irgendwie spüre ich die gleiche Frage in meinem Inneren, weiß aber keine Antwort. Ich weiß einfach nicht, was ich tun soll."

Dieser Mann steht mit seinem Problem nicht allein da. Wie oft haben Patientinnen in mittleren Jahren schon zu mir gesagt: „Sehen Sie, mein Mann ist den ganzen Tag bei der Arbeit und die Kinder sind aus dem Haus, was soll ich nun tun? Soll ich irgendwelche gemeinnützigen Aktivitäten beginnen, soll ich einen Job annehmen? Mir kommt es so vor, als sei das Leben mit fünfundvierzig bereits vorbei. Was soll ich tun?"

Für mich lautet die entscheidende Frage nicht „Was soll ich tun?", sondern „Was will ich werden?" – Es kommt hier weniger darauf an, über einen bestimmten Arbeitsplatz nachzudenken, sondern die Aufmerksamkeit auf die persönliche Entwicklung zu richten. Für mich besteht die größte Aufgabe auf unserem Lebensweg darin, uns zu entwickeln, so daß wir am Ende durch mehr als nur das Absitzen der Lebensjahre gereift sind. An den Aufgaben, Zielen, Problemen in unserem Leben wachsen, reifen, lernen, freuen wir uns. Wir erfahren daran das Leben. Wir arbeiten an uns und entwickeln uns, um unser jeweiliges Potential voll zu entfalten. Denn das ist unser Ziel, unser wahres Zuhause, dem wir zustreben.

Ich weiß noch nicht, wie dieser Zustand für mich sein wird und ich weiß noch weniger, wie er für irgend jemand anderen sein wird. Aber mit dem Zielgedanken ist es mir gelungen, den Weg zu finden, auf dem wir uns diesem Ziel nähern können. Lassen Sie mich ein sehr persönliches Beispiel geben:

Vor einiger Zeit meditierte ich darüber nach, was aus mir geworden wäre, wenn ich mein Potential mehr entfaltet hätte. Ich sah mich im Geiste im Sand am stillen Meer sitzen und Blockflöte spielen. Die Morgensonne schien auf meinen Körper und ich spürte ihre Wärme und Lebenskraft in mir. Ich fühlte und roch die Meeresbrise, saß aufrecht da und empfing in meinem Herzen die Wohltaten von Meer und Sonne. Ich fühlte mich warm, tatkräftig, gesund und voller Energie und Liebe.

Die Flöte in meiner Vorstellung erstaunte mich allerdings. Vor ein paar Jahren hatte ich ab und zu ohne rechte Begeisterung ein wenig Unterricht genommen und dann mein Interesse am Flötenspiel ohne Bedauern erlöschen lassen. Jetzt kam mir dieses Bild sehr klar wieder in den Sinn. Ich bat einen Freund, mich daraufhin zu testen und es erwies sich als richtig. Dabei hatte ich doch gar keine schönen Erinnerungen an das Flötenspiel. (Offengestanden habe ich mit Musikunterricht im üblichen Sinn noch nie gute Erfahrungen gemacht.) Beim Thymustest war ich auf: „Ich möchte Blockflöte spielen und Unterricht nehmen" schwach. Danach sagte ich: „Ich möchte Flöte spielen, aber keinen Unterricht nehmen." Nun war die Reaktion stark. Inzwischen spiele ich Flöte und andere Instrumente und rate auch meinen Patienten und Schülern dazu, wenn Ihre Zielgedanken in diese Richtung gehen. Mir macht das viel Freude und ich sehe darin eine persönliche Entfaltung. Durch diesen Blick auf meinen Zielgedanken, habe ich vielleicht mehr über mich gelernt als durch andere Einsichten in der jüngeren Vergangenheit.

Natürlich ist der Zielgedanke weit umfassender. Dies ist nur ein Teil davon, ein Anfang. Aber durch ein Beispiel wie dieses können Sie Ihre Selbsterfahrung in Gang setzen und Ihren eigenen Zielgedanken suchen.

Denken Sie daran, daß jeder von uns einzigartig ist, obwohl unsere gegenwärtige Gesellschaftsordnung dazu neigt, diese Einzigartigkeit bestenfalls herabzusetzen oder zu leugnen. Alle müssen das gleiche Haus haben wie der Nachbar, unsere Rasen mähen, die gleichen Bäume in die Vorgärten pflanzen, uns auf die gleiche Weise ernähren, die gleichen Bücher lesen, die gleichen Autos fahren und zu den gleichen Ferienorten reisen. Die moderne Zivilisation wirkt sich nicht günstig auf die einzigartigen Entwicklungsmöglichkeiten des Einzelnen aus. Doch Ihr Zielgedanke hilft Ihnen, Ihre Einzigartigkeit zu erkennen und Ihr innerstes Wesen freizulegen.

Halten Sie einen Moment inne. Setzen Sie sich ruhig hin und sehen Sie sich im Geist so vollkommen wie möglich. Beachten Sie dabei zweierlei. Erstens: Gestalten Sie Ihr Vorstellungsbild immer positiv. Sehen Sie sich „schlank" anstelle von „nicht dick"; „gesund und beweglich" anstatt „schmerzfrei". Zweitens: Vergleichen Sie sich nicht mit anderen. Vermeiden Sie Vorstellungen wie etwa „Ich sehe mich so gut Geige spielen wie Yehudi Menuhin" oder „Ich spiele so gut Golf wie Arnold Palmer". Es geht um Ihre persönliche Einzigartigkeit und die sollte nicht an anderen Personen gemessen werden. Konzentrieren Sie sich auf ein Gebiet, wenn Sie Ihren Zielgedanken zu entwickeln beginnen. Er muß nicht gleich alles beinhalten. Denken Sie jetzt kurz nach und entdecken Sie Ihren Zielgedanken.

Wenn ich das erste Mal über das Finden des Zielgedankens mit meinen Schülern diskutiere, erwähnen sie häufig, daß sie das an Beten und Meditation erinnere und tatsächlich schließt es das alles ein. Das Gebet dient nicht dazu, Gott jeden Tag um neue Gefälligkeiten zu bitten, sondern ist vielmehr ein Ersuchen um Beistand für das Erreichen unseres Zielgedankens und Hilfe auf dem Weg dorthin.

Wenn Sie an den Zielgedanken denken, wird Ihr Thymus stark reagieren und Sie werden zentriert sein. Ihre Anfälligkeit gegen Streß geht zurück, denn die Lebensenergie wird so gestärkt, daß Ihnen frühere Streßfaktoren jetzt nichts mehr anhaben können. Wenn Sie durch den Zielgedanken mit Ihrem wahren Selbst in Verbindung stehen, hat sich Ihre Lebensenergie so erhöht, daß Sie über die meisten täglichen spannungserzeugenden Faktoren erhaben sind. Außerdem erkennen Sie jetzt die eigenen Lebensziele deutlicher und Sie haben ein neues Vertrauen in Ihre Entscheidungen.

Vor etlichen Jahren traf ich eine ältere Frau, die in fortgeschrittenem Alter eine anerkannte Fotografin geworden war. Sie erzählte mir ihre Lebensgeschichte. Als Witwe in ihren frühen Sechzigern wurde bei ihr Brustkrebs diagnostiziert. Eine Operation folgte und der Chirurg sagte: „Ich denke nicht, daß Sie noch lange leben werden. Wenn Sie noch etwas Wichtiges im Leben vorhaben, sollten Sie es jetzt tun." Ich weiß nicht, was er sich dabei dachte, aber es ist kaum anzunehmen, daß er je erträumen konnte, was seine Patientin tat. Sie setzte sich hin und dachte darüber nach. Schlußendlich sagte sie sich: „Ich habe mir heimlich immer gewünscht, Berufsfotografin zu sein." Sie hatte keine Ahnung von Kameras. Sie ging in ein Fachgeschäft in Sydney und fragte nach der besten Kamera auf dem Markt. Man nannte ihr die berühmte Leica. Sie fragte, wo sie hergestellt werde und fand heraus, daß der Firmensitz in Deutschland sei. Mit einer klaren Vorstellung davon, was sie im Leben erreichen und was sie werden wollte, flog sie nach Deutschland. Im Werk Wetzlar sagte sie den Technikern, daß sie Berufsfotografin werden wolle und erreichte schließlich, daß man sie ausnahmsweise zu einem Lehrgang zuließ, zu dem üblicherweise nur bereits praktizierende Fotografen mit fortgeschrittenen Kenntnissen aufgenommen wurden. Während ihres Aufenthaltes im Werk sah sie, wie ihre eigene zukünftige Leica gebaut und die von ihr bestellten Linsen handgeschliffen wurden. Schließlich kehrte sie gut ausgerüstet als hoffnungsvolle Fotografin nach Australien zurück, arbeitete weiter auf ihr Ziel zu und wurde mit der Zeit Meisterin ihres Fachs. Sie führt jetzt schon viele Jahre seit der verhängnisvollen Diagnose ein glückliches und erfülltes Leben.

Mir kam auch das Schicksal einer anderen Frau zu Ohren, der es ähnlich ergangen war. Einer meiner Freunde übernachtete im Haus einer älteren Dame, die zur Aufbesserung ihres Einkommens Zimmer vermietete. Als mein Freund sich am nächsten Morgen zum Frühstück setzte, bekam er ein schönes, gesundes Frühstück vorgesetzt. Die alte Dame sagte lebhaft: „Ich hoffe, es ist nicht zu ausgefallen für Ihren Geschmack. Ich esse nur Gesundkost und will Ihnen gern den Grund dafür verraten." Dann ging sie zum Kamin und nahm einen gerahmten Brief vom Sims. Dieser war ihr vor 45 Jahren von ihrem Arzt zugeschickt worden. Darin hieß es, die Patientin hätte Darmkrebs im fortgeschrittenen Stadium und müsse mit ihrem baldigen Tod rechnen, wenn nicht sofort operiert würde. Nachdem mein Freund zu Ende gelesen hatte, sagte sie: „Damals, vor 45 Jahren, bat ich meinen Arzt, mir diesen schriftlichen Befund zu überlassen, rahmte ihn ein und stellte ihn auf den Kaminsims. Dann betete ich. Ich bat im Gebet um völlige Genesung und beschloß, alles zu tun, was in meiner Macht stand, um wieder ganz gesund zu werden und meinen Nachbarn ein Beispiel zu geben. Seit diesem Tag esse ich gesunde Nahrung und stelle mir bei jeder Mahlzeit vor, absolut gesund zu sein. Seither bin ich nie wieder krank gewesen."

Viele moderne Heilmethoden, die vor allem bei schweren Erkrankungen die Meditation einsetzen, beziehen Zielgedanken mit ein. Der Patient stellt sich über einen längeren Zeitraum hinweg täglich vor, völlig gesund zu sein. Das ist die Kraft des Zielgedankens, der unsere Lebensenergie so stark aktiviert, daß die Thymusdrüse dann Ihrer immunologischen Aufgabe nachkommen und den Krebs bekämpfen kann.

Yehudi Menuhin schrieb einmal: „Ich hatte das Glück, daß ich im Leben immer das tun konnte, was mir am meisten Freude bereitete, nämlich zu musizieren. Mit sich selbst, mit seiner Umgebung, mit der Musik und den Zuhörern in Einklang zu stehen, ist in seiner Ganzheit, seiner vollkommenen Verschmelzung mit der Natur fast heidnisch.[3] In seiner frühen Jugend entdeckte Menuhin bereits einen großen Teil seines Zielgedankens und konnte sich immer klarer darauf einstellen. Daher kommt seine große Zufriedenheit mit seinem Leben und sich selbst. Die Ganzheit, von der er spricht, wieviele von uns haben sie erfahren? Wieviele unter uns tun das, was ihnen am meisten Freude bereitet und was sie eigentlich tun wollen?

Kürzlich testete ich eine Mannschaft von Berufsspielern des American football und entdeckte dabei, daß fast alle Spieler schwach reagierten, wenn sie von einem Gegenspieler angegriffen wurden. Tatsächlich testeten sie auch schwach, wenn sie dabei waren, den Ball zu fangen. Beide Situationen verursachten Streß und beeinträchtigten die Spieler bei der Abwehr und beim Fangen. Nachdem wir im Test die beiden Aktivitäten kombinierten (d. h. Behinderung durch den Gegner beim Ballfangen, was eine der häufigsten Situationen beim American football ist, kam es erneut zu einer schwachen Reaktion. Die meisten Spieler waren durch diese Erkenntnis schockiert und entmutigt und zweifelten an ihren spielerischen Fähigkeiten. Plötzlich sagte ein Spieler und strahlte dabei auf, als würde er von einem Scheinwerfer beleuchtet: „Jetzt weiß ich endlich, was einen Footballstar ausmacht. Er kann auch bei härtester Beanspruchung seine Energie zusammenhalten!" Sowohl Spitzensportler als auch führende Leute in anderen Lebensbereichen sind imstande, auch in Situationen, die andere Menschen schwach werden lassen, ihre Energie voll einzusetzen. Ich habe zahlreiche Spitzenleute getestet und herausgefunden, daß dies für fast alle von ihnen zutrifft.

Das gleiche gilt zum Beispiel auch für einen Langstreckenläufer, der sich auf einen Wettkampf vorbereitet. Er trainiert zwei, drei oder mehr Jahre mit diesem einzigen Ziel vor Augen. Natürlich liefern Footballspieler und Läufer nur Beispiele für kleinere Zielgedanken. Der Footballspieler konzentriert seine ganze Energie auf das Fangen des Balls. Das ist zu diesem Zeitpunkt sein alleiniges Ziel. Er verschwendet keinen Gedanken an die Möglichkeit, von einem Gegenspieler angeschlagen zu werden.

Und genauso trainiert der Langläufer über lange Zeit nur mit dem einen Wettkampf im Sinn.

Für unseren Zielgedanken müssen wir das in einem größeren Rahmen betrachten lernen. Wir brauchen ihn, um unsere Ziele im „Spiel des Lebens" zu erreichen. Dabei geht es um alltägliche Dinge, wie einen Ball fangen, um mittelfristige Ziele, wie einen bevorstehenden Wettkampf gewinnen und um langfristige Ziele, wie die Gestaltung des Lebens selbst.

Der Zielgedanke ist nicht unveränderlich. Er verändert sich oder wächst in dem Maße, wie wir mehr über ihn nachsinnen. Zum Beispiel ist mein eigener Zielgedanke heute wesentlich mehr als das Bild von mir als Flötenspieler, das ich damals sah. Ich habe es seither beträchtlich ausgearbeitet und verfeinert. Auf der abstrakten Ebene ist es festgelegt, aber im Konkreten verändert es sich ständig, so wie sich auch mein Leben verändert.

Natürlich betrifft diese Veränderung uns alle. Sie ist Teil des Wachstums, der Evolution. Man erzählt, daß Leonardo da Vinci seine *Mona Lisa* nachdem die Hauptarbeit getan war, ständig bei sich hatte, über Jahre hinweg, verfeinerte und winzige Korrekturen anbrachte. Man sagt, die *Mona Lisa* stelle sein weibliches Selbst dar und so wie sich sein Ideal im Laufe der Jahre entwickelte, veränderte er sein Gemälde.

Während wir durch das Leben schreiten, ist zu erwarten, daß sich unsere Denkweisen, Sehnsüchte, Hoffnungen und Vorstellungen vom Daseinszweck ändern. Wenn Sie Ihren eigenen Zielgedanken verfeinern, mögen Sie es schwierig finden, anderen davon zu erzählen. Für Gefühle, Visionen und Erfahrungen des tiefsten Inneren lassen sich nur schwer Worte finden. Und da es sich um Ihr ureigenstes, innerstes Selbst, Ziel, Bild und Hoffnung handelt, ist es auch nicht notwendig, es anderen zu erklären.

Wir können uns vorstellen, daß jeder Mensch wie ein Samen beginnt, der alles enthält, was zur vollkommenen Entwicklung eines majestätischen, wohl proportionierten, schönen Menschen nötig ist, obwohl diese vollkommene Entwicklung verhältnismäßig selten erfolgt. Auch ein Baum, der über kein Bewußtsein in unserem Sinn verfügt, wird nicht immer tadellos wachsen. Oft ist der Boden unzulänglich oder der Wind verbiegt die Äste. Trotzdem wissen wir, wie dieser Baum unter idealen Voraussetzungen geworden wäre, können uns seine ideale Form, Höhe und Stammumfang vorstellen. Beim Menschen schaut es ähnlich aus.

Stellen Sie sich vor, daß Sie bei der Empfängnis ein vollkommener Same waren. Wenn wir Blumensamen kaufen, sehen wir auf dem bunten Bild der Packung, wie diese Pflanze später einmal ausschauen wird. Jeder von uns muß herausfinden, welches Bild auf seiner persönlichen „Samenpackung" zu sehen war, wozu er sich entfalten soll. Dann müssen wir uns einer mutigen vorbehaltlosen Selbstbetrachtung unterziehen und feststellen, wie weit unsere Entwicklung vom ursprünglichen Ziel abgewichen ist. Unter den Zwängen des Lebens sind wir vom Ideal oft weit entfernt und tappen im Trüben. Wenn wir uns jedoch an den Zielgedanken halten, können wir unsere Energien umlenken und uns auf die perfekten Geschöpfe zuentwickeln, als die wir geschaffen wurden. („Du aber sollst *vollkommen* sein vor dem Herrn, deinem Gott." – 5. Buch Mose, 18:13)

Ihr Zielgedanke wird zum Prüfstein und Schiedsrichter bei vielen Entscheidungen im Lauf des Tages. Angenommen, Sie sparen für die Anzahlung auf ein Haus und sehen eines Tages ein teures Kleidungsstück in einem Schaufenster. Sie sind versucht, es zu kaufen, sagen sich aber: „Nein, das kann ich mir jetzt nicht leisten, weil ich ein Haus kaufen will." So verhält es sich auch mit dem Zielgedanken. Stellen Sie sich vor, daß Ihr Zielgedanke eine gute und aufrechte Körperhaltung einschließt und Sie zwischen einem Stuhl mit Rückenstütze und einem gepolsterten, weichen Sessel, der die Wirbelsäule zusammensacken läßt, wählen können. Die eine Möglichkeit stimmt mit ihrem Zielgedanken überein, die andere nicht. Wenn nun Ihr Zielgedanke mit Gesundheit zu tun hat, so werden Sie nichts essen, was zwar verführerisch aussieht und gut schmeckt, aber nicht bekömmlich ist, sondern das wählen, was Sie Ihrem Ziel näherbringt.[4]

Diese Erkenntnisse sind klinisch von lebenswichtiger Bedeutung. Ich habe diese Methode in vielen Fällen bei Patienten mit schweren Erkrankungen praktiziert. Entdecken Sie selbst, wie wertvoll der Zielgedanke ist.

Sie werden sich noch an Peter erinnern: Auch unter Streß wird er nicht schwach, wenn er seinen Zielgedanken (inzwischen verfeinert und abgeklärt) vor Augen hat. Zu den einfachsten Formen von Streß, die man gut testen kann, gehören Leuchtstoffröhren (lassen Sie Ihre Versuchsperson auf eine Neonröhre schauen), Chemiefasern (setzen Sie der Versuchsperson einen Hut aus Chemiefasern auf) und weißer Zucker (die Versuchsperson soll davon ein wenig kosten) oder Schreck (rufen Sie unvermittelt „Buh").

Es gibt keine allgemein verbindliche Antwort auf Streß. Jeder Mensch reagiert auf seine individuelle Art und Weise. Haben wir jedoch unseren Zielgedanken vor Augen, so können die Streßfaktoren unsere Lebensenergie nur geringfügig beeinträchtigen. Ich empfehle meinen Schülern, Ihren Zielgedanken in ihre tägliche Meditation aufzunehmen. Sie tragen dieses positive Bild dann den ganzen Tag über in sich und halten sich in Streßsituationen oder wenn sie sich verletzbar fühlen, daran fest, so wie wir uns als Kinder am Meeresboden festhielten, um von der großen Welle nicht weggerissen zu werden. Der Zielgedanke wird zum Fels in der Brandung, zum Stützpunkt und Zufluchtsort. Im Psalm 31 lesen wir: „Sei du mein starker Fels." Und genau das kann unser Zielgedanke sein. Meine Schüler beginnen gewöhnlich mit dem Gedanken an völlige Gesundheit und verfeinern ihn dann schrittweise. Es ist sehr wichtig, daß Sie Ihren Zielgedanken ständig vor Augen haben, damit er Ihre Handlungsweise beeinflussen und Ihr Leben verändern kann. Ihr Zielgedanke weist Ihnen nicht nur Ihr Lebensziel und das Ziel all Ihrer Bestrebungen, sondern vermittelt Ihnen auch die Richtlinien auf dem Weg dahin, erleichtert Entscheidungen und hilft Blocks und Umwege zu vermeiden. Er ist ein unersetzliches Hilfsmittel beim Umgang mit der Aktivierung unserer Lebensenergie und der Erreichung strahlender Gesundheit.

Die Gehirnhälften

Streß führt nicht nur zu einer Schwächung der Thymusaktivität, sondern auch zu einer Störung des Gleichgewichts zwischen den beiden Hirnhemisphären, was uns daran hindert, eine kreative Lösung für das Problem, das den Streß erzeugt, zu finden.

Stark vereinfacht ausgedrückt, befaßt sich die linke Gehirnhälfte eines Rechtshänders mit den alltäglichen Begebenheiten eines Menschenlebens. Im Gegensatz dazu, geht es bei der rechten Gehirnhälfte hauptsächlich um Fantasie und Vorstellung. Ein Geschäftsmann, der sich mit seiner Steuererklärung, Terminen und Inventurfragen herumschlägt, benutzt dazu seine linke Gehirnhälfte. Wenn er jedoch zum Fenster hinausschaut und zu tagträumen beginnt, wird seine rechte Gehirnhälfte aktiviert. Er setzt seine rechte Gehirnhälfte ein, um das durch die Überaktivität seiner linken Hemisphäre entstandene Ungleichgewicht auszugleichen.

Die Aufgaben der linken Gehirnhälfte umfassen unsere Alltagsrealität, geordnete „logische" Beziehungen, Wortbedeutungen und Zahlen. Die Funktion der rechten Gehirnhälfte umschließen Fantasie, Einbildungskraft, Intuition, Träume, Vorstellungsbilder, Rhythmus, Reim, räumliche Beziehungen, Humor, Satzordnung und Musik.

Kreativsein bedingt die Beteiligung beider Gehirnhälften in gleicher Weise.[1] Kreativität ist die Fähigkeit, etwas Neues zu schaffen. Wenn Sie schöpferisch sind, finden Sie statt der immer gleichen stereotypen Reaktionen von früher, neue Lösungsmöglichkeiten für Ihre Probleme. Jedes neue Problem braucht eine neue Lösung und um diese zu finden, müssen Sie kreativ sein. Das ist wiederum nur möglich, wenn Ihre Lebensenergie hoch ist und wenn beide Gehirnhälften integriert arbeiten, wenn Sie sich im Zustand „psychobiologischer Harmonie" befinden.

Beim Test entdecken wir leider, daß rund 95 Prozent aller Versuchspersonen sich nicht in einem kreativen Zustand befinden.

Eine Gehirnhälfte, meistens die linke, ist dominierend oder über-
aktiv. Das hat zahlreiche Gründe. Die linke Gehirnhälfte steuert
die Aktivitäten auf der rechten Körperseite. Da fast alle Menschen
Rechtshänder sind, überrascht es nicht, daß sie beim Schreiben,
Malen und anderen körperlichen Aktivitäten eher die linke Gehirnhälfte aktivieren. Außerdem befaßt sich die linke Gehirnhälfte,
wie bereits erwähnt, mit der alltäglichen Realität des Menschen.
John Gardner nannte sie „den Lappen, der rechnet und schielt".[2]
   Im Gegensatz dazu hat die rechte Gehirnhälfte mehr mit Fantasie und Träumen zu tun, mit Intuition und Vorstellungskraft. Verbunden mit den musikalischen Aktivitäten der rechten Gehirnhälfte, finden wir Rhythmus und Reim. Beim Sprechen bestimmt meine linke Gehirnhälfte Logik, Wortwahl und die „Nüchternen Fakten" dessen, was ich sage und meine rechte Hemisphäre liefert dazu den Rhythmus, Sprachfluß, Satzordnung und Reime – die
„Musik" meiner Sprache.[3] Bei einem guten Redner sind beide Gehirnhälften integriert, wenn er spricht.
   Curt Sachs weist darauf hin, daß die primitivsten Musikinstru-
mente rein rhythmisch sind.[4] Die Melodie entwickelt sich später
aus der Wiederholung des Rhythmus. Der gleiche Vorgang zeigt
sich bei der menschlichen Sprache in Form der Verdoppelung. Vor
allem die Kindersprache neigt zu solchen Kombinationen: „Papa,
Mama, Dingdong, Singsang, Ticktack."
   Humor ist gleichfalls eine Funktion der rechten Gehirnhälfte.
Mangelnder Sinn für Humor ist ein Zeichen für cerebrales Ungleichgewicht und verminderter Lebensenergie. Wenn ein Redner
unter Streß steht und linksdominant ist, kann sich seine rechte Gehirnhälfte auf humorvolle Weise bemerkbar machen und das fol-
gende Gelächter bewirkt die Wiederherstellung des cerebralen
Gleichgewichts. „Versprecher-Gags" wie die folgenden sind Bei-
spiele dieser Art von Humor:
„Probieren Sie unseren köstlichen Hustensaft! Wir garantieren
Ihnen, daß es Ihnen damit nie besser gehen wird."
„Bürgermeister Richard Daley aus Chicago versicherte kürzlich:
,Die Polizei von Chicago ist nicht dazu da, um Unruhe zu stiften,
sondern soll für deren Erhaltung sorgen'."[5]
Versprecher und andere verbale Ausrutscher sind Beispiele da-
für, wie die rechte Gehirnhälfte die Überaktivität der linken auszu-
gleichen versucht.[6] Der Beitrag der rechten Gehirnhälfte besteht in
Reimen, Rhythmus und Humor, der die unbewußte Beziehung zur
Aktivität der linken Hälfte aufdeckt. Die Tatsache, daß so viele
dieser Versprecher einen sexuellen Hintergrund haben, stärkt

Freuds Thesen. Beachten Sie folgendes Beispiel:

Announcer: „And Dad will love this delicious flavoor, too. So remember, it's Wonderbread for the Breast in Bed."

Radiosprecher: „Es ist eine heiße Ballnacht heute und dort drüben sehe ich einige Damen mit kleiderlosen Abendträgern."[7]

Das Gelächter, das auf den Versprecher folgt, führte zu dem, was Freud als „dem humorvollen Vergnügen nachgeben" bezeichnet. Der Versprecher ist ein Zeichen von Streß, der dadurch ausgelöste Humor ein wertvolles Mittel der Therapie.

Ich will Ihnen ein Beispiel aus einem anderen Bereich, dem der Spitznamen, vorstellen. Ich war einmal zugegen, als ein Spitzname erfunden wurde, den der Betreffende als Beweis für seine grundlegende Richtigkeit lange Zeit mit sich herumtrug. (Ein nicht zutreffender Spitzname wird erfahrungsgemäß rasch vergessen und abgelegt, ein zutreffender bleibt kleben.) In der Schule hatten wir einen sehr lieben alten Direktor, der sehr zu unserem Bedauern zu Beginn eines Schuljahres von einem jungen Mann, der den Ruf hatte, ein „neuer Besen" zu sein, abgelöst wurde. Er wollte alles neu ordnen, besser organisieren und die Schlamperei und den Disziplinmangel, für die unsere Schule bekannt war, ausfegen. Der Neue hieß Mr. Healy. Als es sich vorstellte, waren wir zunächst etwas besorgt. Niemand kannte ihn, niemand wußte, wie mit ihm am besten umgehen. Aber wir vermuteten, daß er wahrscheinlich streng durchfahren würde und hatten Angst vor ihm. Am zweiten Schultag traf er zum Dienst in einem ziemlich kleinen verbeulten Auto ein und parkte den Wagen auf dem Schulspielplatz, wo bisher noch nie ein Direktor sein Auto abgestellt hatte. Ungefähr 300 Schüler beobachteten die Anfahrt und staunten nicht schlecht, als eine attraktive junge Frau neben dem Fahrer ausstieg. (Wer das genau war, ist uns nie bekannt geworden.) Eine halbe Stunde später hatte der Direktor seinen Spitznamen weg: „Hot Rod Healy".

Schauen wir uns den Spitznamen etwas genauer an, um das Wirken der rechten Gehirnhälfte daran zu zeigen und um nachzuverfolgen, wie alle die Wörter und Bilder sich schließlich zu einem Namen zusammenfügten, der sowohl auf bewußter als auch unbewußter Ebene perfekt paßte: Erstens fuhr der Direktor in einer alten Kiste vor, die man mit dem besten Willen nicht als „hot rod" (etwa „heißer Ofen") bezeichnen konnte. (Damals nannten wir schnelle Sportflitzer „hot rod".) Wir wußten, daß der Direktor ohne langes Zögern zum Rohrstock griff: hot rod im Sinne von „heißer Rute". Und als wir ihn in Begleitung einer verführerischen jungen Frau anrollen sahen, tauchten auch sexuelle Fantasien auf: wie hot rod im Sinne von „heißer Rute". Schließlich war der Austin Healy damals ein sehr beliebter Sportwagentyp.

Das Zusammenwirken der gestreßten linken und der humorvollen rechten Gehirnhälfte hatte schließlich den mehr als zweideutigen Spitznamen „Hot Rod Healy" geschaffen.

Humor und Wortspiele, das vollkommene und harmonische Zusammenwirken beider Gehirnhälften ergeben streßfreie, ausgewogene, reiche Kommunikation. Und diese findet sich sowohl in der Genialität Shakespeares, als auch in vielen mundartlichen Redensarten und Sprechweisen.[9]

Sigmund Freud liefert in seinem Werk „Der Witz und seine Beziehung zum Unbewußten"[10] ein anschauliches Beispiel für Bedeutungswechsel vom Konkreten zum Abstrakten. Wieder führt die Aktivität der linken Gehirnhälfte plötzlich durch eine Komponente der rechten Gehirnhälfte zu einer unverhofften, überraschenden witzigen Pointe: Der Heiratsvermittler hat dem Interessenten mitgeteilt, daß der Vater der Braut nicht mehr am Leben ist. Nach der Hochzeit stellte sich heraus, daß der Schwiegervater doch lebt und eine Gefängnisstrafe verbüßt. Daraufhin beklagt sich der irregeführte Ehemann beim Ehemakler und bekommt als Antwort zu hören: „Na, was hab' ich Ihnen gesagt? Das ist doch wirklich kein Leben, was Ihr Schwiegervater jetzt führt!"

Bildliche Vorstellungskraft gehört ebenfalls zur Aktivität der rechten Gehirnhälfte. Wenn wir zu jemandem sagen: „Sehen Sie, was ich meine?" so bedeutet es in Wirklichkeit: „Verstehen Sie mich? Nicht nur mit der Logik Ihrer linken Gehirnhälfte, sondern mit dem ganzen Gehirn? Haben Sie vor Augen, *sehen* Sie, wovon ich rede?" In der Psychotherapie haben wir gelernt, daß es wenig nützt, wenn man eine Beobachtung wie etwa: „Sie haben offensichtlich nichts für Ihre Frau übrig" oder „Sie sind unduldsam" usw. nur ausspricht. Der Patient kann nicht sinnvoll auf derartige Feststellungen reagieren, weil ihm das harmonische Gleichgewicht fehlt und weil es nicht schöpferisch ist. Der Patient muß gegenüber dem Therapeuten aufnahmefähig sein. Eine Möglichkeit dazu ist der Thymustest, denn er verhilft dem Patienten dazu, zu „sehen", was man ihm vermitteln will und das ist eine seiner besten Anwendungsmöglichkeiten. Der Einzelne sieht tatsächlich was für ihn wahr und unwahr ist. Sein Körper zeigt es ihm und er kann es selbst erleben.

Das Wort „Vorstellung" bedeutet, sich ein Bild machen und vor Augen halten. In den frühen Kinderjahren ist ein Großteil unserer

Denkprozesse bildlich. Im Lauf der Jahre prägt sich die linke Gehirnhälfte weiter aus, und die bildliche Vorstellung verblaßt – außer in Tagträumen und Träumen – allmählich, bis bei den meisten Erwachsenen die linke Gehirnhälfte dominiert. Zum wahren Verstehen ist jedoch die Integration beider Gehirnhälften erforderlich. Dichtkunst und Musik, alle großen Kunstformen vermitteln uns durch Metaphern echtes Verständnis, Wahrnehmung und Wissen. „Logik" und „Intuition" integriert, sind viel mehr als die Summe der Teile. Die beiden Gehirnströme vereinigen sich zu einem gewaltigen Schöpfungsakt. Man kann sagen, daß es drei Stufen für das Entstehen einer neuen Idee gibt. Zuerst muß das Problem erfaßt werden (Aktivität der linken Gehirnhälfte), dann folgt der Reifeprozeß, das Überschlafen und Ausbrüten (Aktivität der rechten Gehirnhälfte), zuletzt wirken in plötzlicher Inspiration beide Gehirnhälften zusammen.

Jetzt können wir die Kunst des Dichtens richtig schätzen: die Vereinigung von Rhythmus, Reim, Bild und Logik, aus der eine Neuschöpfung entsteht.

Die linke und rechte Gehirnhälfte haben noch andere getrennte Aufgaben zu erfüllen. So ist zum Beispiel die linke Gehirnhälfte für den parasympathischen Teil unseres Nervensystems zuständig und kontrolliert so unsere täglichen Körperfunktionen, wie Atmung, Herzschlag, Verdauung usw. Die rechte Gehirnhälfte dagegen steht in Verbindung mit dem sympathischen Nervensystem.[10] Die linke Gehirnhälfte bezieht sich auf sechs der 12 Akupunkturmeridiane, während die rechte für die anderen sechs verantwortlich ist. Psychobiologische Harmonie bedingt Informationsaustausch und Zusammenarbeit beider Gehirnhälften. Dann erfreuen wir uns voll integrierter Aktivität und gesteigerter Lebensenergie.

Der Test zur Feststellung der Dominanz der Gehirnhälften verläuft folgendermaßen:

Zunächst lassen Sie von Ihrem Partner einen Probetest machen. Hierbei sollten Sie stark reagieren. Nun halten Sie Ihre *rechte* Handfläche 5 bis 10 cm an die *linke* Seite Ihres Kopfes, ungefähr in Höhe des Ohrs. Jetzt testet Sie der Partner erneut. Reagieren Sie schwach, so sprechen wir von einer „Dominanz der linken Gehirnhälfte". Kommt es dagegen zu einer schwachen Reaktion, wenn Sie die Innenfläche Ihrer *rechten* Hand in Ohrhöhe der *rechten* Kopfseite halten, so handelt es sich um eine „Dominanz der rechten Gehirnhälfte". Wenn Sie auf keiner der beiden Seiten schwach testen, waren Sie im Gleichgewicht. Das ist an sich normal, kommt aber leider relativ selten vor.

Wenn Sie herausfinden wollen, wie Sie in einer problematischen Situation reagieren würden, schaffen Sie eine Streßlage und testen erneut. Ein Beispiel: Halten Sie die rechte Handfläche, wie beschrieben, an die linke Kopfseite und stellen sie sich ein ziemlich schwieriges mathematisches Problem vor, etwa 950 geteilt durch 25. Wenn Ihr Gleichgewicht nicht sehr stabil ist, wird Ihr Indikatormuskel schwach reagieren. Das passiert jedoch nicht, wenn Sie Ihre rechte Handfläche an die rechte Seite Ihres Kopfes halten und dabei an die gleiche Rechenaufgabe denken.

Die meisten Menschen testen entweder bei der linken oder rechten Gehirnhälfte zunächst schwach. Wir sprechen dann von einer *dominanten Gehirnhälfte*.[11] Wie ich schon erläuterte, kommt die Dominanz der linken Gehirnhälfte weitaus häufiger vor. Die meisten von uns sind in einen verbalen und intellektuellen Kampf mit ihrer Umwelt verwickelt und haben die ästhetischen und intuitiven Aspekte der rechten Gehirnhälfte geopfert.

Es ist wichtig, daran zu denken, daß dieser Test so festgelegt wurde, daß wir den *linken* Deltamusekl verwenden und die *rechte* Handfläche ungefähr in Ohrhöhe an den Kopf halten, ohne das Haar zu berühren. Wir nutzen dabei die magnetische Kraft der Hand an jeder Kopfseite. Dieses Phänomen könnte mit Hilfe von Magneten verstärkt werden, doch sind für die Durchführung unserer Tests keine technischen Hilfsmittel nötig.

Dominanz der rechten und linken Gehirnhälfte ist natürlich nicht unbedingt wünschenswert. Wir sollten weder unter Streß arbeiten, noch so empfindlich darauf reagieren. Idealerweise sind immer beide Gehirnhälften aktiv und arbeiten zusammen – das ist echte Integration.

Wenn wir Streß soweit verringern können, daß beide Gehirnhälften aktiv sind, steht uns zusätzliche Lebensenergie zur Verfügung. Das läßt sich auf vielerlei Weise erzielen: Klopfen auf die Thymusdrüse, Konzentration auf den Zielgedanken, Anhören bestimmter Musik, Lesen von Gedichten, gute Körperhaltung, Rasieren mit der anderen Hand, Halten des Telefonhörers ans andere Ohr und die folgende Leseübung: Nehmen Sie ein Kinderbuch mit einfachen großgedruckten Worten. Halten Sie das Buch so, daß es von Ihnen weg in einen Spiegel gewendet ist und lesen Sie die Spiegelschrift. Weitere Integrationsmaßnahmen finden Sie in „*Der Körper lügt nicht*".

Wenn die beiden Gehirnhälften während des Tages zusammenarbeiten, so wird unser Handeln fließend und anmutig: Wir gehen beschwingt, die Stimme wird klangvoll, unser Denken vereint Lo-

Hier wird die Dominanz der rechten Gehirnhälfte getestet.

Hier wird die Dominanz der linken Gehirnhälfte getestet.

gik, Intution und räumliche Wahrnehmung. Diese Harmonie der Gehirnfunktion führt zur Kreativität, zum voll-aktiven und integrierten idealen Zustand des Menschen.

Wir sollten uns stets bemühen, die Lebensenergie so hoch wie möglich zu halten, damit uns der tägliche Streß nicht schadet. Dann können wir uns darauf konzentrieren, unsere höchsten Ziele zu erreichen. Und jetzt werden wir die einzelnen Zweige unserer Lebensenergie näher untersuchen. Dazu gehört das Verständnis des Akupunktursystems.

Teil 3
Die Akupunktur-
meridiane

Teil 3
Die Akupunktur-

Wilhelm Furtwängler ist ein Dirigent mit sehr hoher Lebensenergie, die durch seine Musik und seine Handbewegungen zum Ausdruck kommt. Die meisten Menschen testen stark, wenn sie dieses Foto betrachten.

Einführung in die Akupunktur

Waren Sie schon einmal neugierig auf Akupunktur? Wollten Sie schon einmal mehr darüber erfahren, ließen sich aber abschrecken, weil Sie so komplex und geheimnisvoll ist? Oder stört Sie der Gedanke an die Nadeln? Akupunktur braucht nicht unbedingt Nadeln. Diese Vorstellung beruht auf einer falschen Übersetzung chinesischer Texte durch einen der ersten westlichen Beobachter. Die Behandlung wird zwar häufig mit Nadeln durchgeführt, aber sie sind nicht unbedingt erforderlich.

Die Akupunktur ist die Wissenschaft und Kunst, mit der die Lebensenergie, bei den Chinesen „Chi" genannt, wieder ins Gleichgewicht gebracht wird. Und jetzt können auch Sie sie praktizieren.

Die Akupunkturenergie, Chi, ist wie die Lebensenergie wahrscheinlich elektromagnetischen Ursprungs, obwohl wir diese These natürlich nicht beweisen können. Wenn die Akupunkturenergie stark und ungehindert durch den Körper fließt, können wir feststellen, daß die Gehirnhälften ausgeglichen sind. Außerdem reagiert die Thymusdrüse dann stark, weil unser Thymustest im Grunde feststellt, wieviel Akupunkturenergie zu einer bestimmten Zeit durch den Körper fließt. Diese Energie durchströmt den Körper nach einem bestimmten Muster und setzt am Lungenmeridian ein. Nach Auffassung der Chinesen strömt „Chi" durch Atem in den Körper ein, breitet sich über 12 gepaarte Kanäle, Meridiane genannt, aus und sammelt sich sozusagen dann in zwei Meridianen, vorn und hinten auf der Körpermitte. Der Meridian am Rücken wird als Gouverneursgefäß bezeichnet, der vordere als Konzeptionsgefäß. Beide treffen sich an Ober- und Unterlippe.

Die Akupunkturmeridiane werden nach den Organen des Körpers benannt, die sie, wie die Chinesen schon vor einigen tausend Jahren beobachteten, mit Energie versorgen.[1] Haben wir zum Beispiel im Magen ein Energie- oder physisches Problem, so ist auch der Energiefluß im Magenmeridian beeinträchtigt. Dann ist es die Aufgabe des Akupunkteurs, die Energie im Magenmeridian mit oder ohne Nadeln wieder ins Gleichgewicht zu bringen, damit die Heilkraft des Körpers die Störung beheben kann. Die fortgesetzte Zuführung von Energie an die betroffene Körperstelle ermöglicht es dem Magen, bald seine gewohnte tägliche Arbeit des Verdauens wieder aufzunehmen. Wenn die Energie eines für ein bestimmtes Organ zuständigen Meridians nicht im Gleichgewicht ist, bedeutet das, daß die physiologische Funktion des Organs behindert wird. Daraus resultiert vielfach Krankheit.

Durch unsere Forschungsarbeit haben wir entdeckt, daß jedem Meridian auch eine *spezielle positive oder negative Gefühlslage zugeordnet werden kann.* Zu den negativen Gefühlseinstellungen, die unsere Energie im Magenmeridian verringern können, wodurch wiederum Funktionsstörungen des Organs entstehen, gehören Enttäuschungen, Abscheu, Gier. Später, wenn wir den Magenmeridian im einzelnen kennenlernen, werden Sie mehr über diese Gefühlszustände hören und warum gerade sie in enger Beziehung zum Magen und Magenmeridian stehen. Die positive Gefühlshaltung, die den Magenmeridian bei seinen Aufgaben unterstützt, die positive Energie in diesem Meridian und auch die Funktionen des Organs selbst steigert, entspricht dem Zustand der Zufriedenheit.

Wir haben 12 Paare von Meridianen und somit auch 12 psychologische positive und negative Meridiantypen. Wie schon erwähnt, ist jeder einzelne Meridian über die Thymusdrüse von Liebe, Furcht oder Haß grundlegend beeinflußt.

Außerdem ist zu beachten, daß sechs der Meridianpaare – also sechs Persönlichkeitstypen – der linken Gehirnhälfte zugeordnet sind und sechs der rechten. Menschen mit Dominanz der linken Gehirnhälfte haben Energieprobleme mit der Meridiangruppe, die zur linken Gehirnhälfte zählt. Um zu einem Verständnis der Persönlichkeitstypen zu gelangen, wie wir jetzt ausführlich besprechen wollen, müßten wir zuerst die Thymusdrüse, die Schaltstelle für alle unsere Gefühle, Akupunkturenergie und die Funktionsweise der beiden Gehirnhälften begreifen lernen. Auch das Verständnis der Gehirnhälfte war wichtig, weil jede davon in Wechselbeziehung mit sechs Meridianpaaren, sechs verschiedenen Mustern von Gefühlslagen steht.

Psychosomatische Leiden und Gesundheit

Jetzt fangen wir langsam an, die Herkunft der psychosomatischen Krankheiten zu begreifen. Angenommen, wir befinden uns in einem negativen Gefühlszustand. Dadurch werden die Thymusaktivität, die Lebensenergie und die Energie des zu diesem Gefühlszustand gehörigen Meridians geschwächt. Wenn dieser Zustand lange genug andauert, bleibt der zugeordnete Meridian geschädigt und die angegriffene Physiologie des Organs kann eine ernste Krankheit hervorrufen. Wenn wir beim Beispiel des Magenmeridians bleiben, läßt sich sagen, daß negative Gefühle wie Enttäuschung und Abscheu auf die Dauer zu Gastritis oder einem Magengeschwür führen können. Wir könnten umgekehrt feststellen, daß ein rundum zufriedener Mensch mit großer Wahrscheinlichkeit gegen Gastritis oder Magengeschwüre gefeit ist.

Und was ist mit den somato-psychischen Leiden? Den emotionalen Zuständen, die durch Krankheit hervorgerufen werden? Wenn z. B. jemandens Magen angegriffen oder verletzt ist, wird der Magenmeridian beeinträchtigt, was zu Enttäuschung, Gier und Abscheu führt. Man kann diese somato-psychische Komponente des organischen Leidens bewältigen, indem man dem Patienten Mut zuspricht und sein Selbstvertrauen stärkt, also Zufriedenheit vermittelt. Wir werden mehr darüber im Abschnitt über den Magenmeridian erfahren.

Wenn wir feststellen können, welcher Meridian geschwächt ist, wissen wir auch, welche negative Gefühlslage gerade vorherrscht. Wie testen wir nun die Meridiane? Auf der Tabelle sind die Testpunkte der Meridiane eingezeichnet. Diese Punkte werden seit Jahrtausenden zur Akupunkturbehandlung benutzt. Um herauszufinden, welcher Meridian nicht im Gleichgewicht ist, testen wir zuerst den Indikatormuskel probeweise. Und danach noch einmal, während die Versuchsperson den entsprechenden Testpunkt berührt. Auf diese Weise läßt sich Ungleichgewicht im Energiefluß von Meridianen ermitteln.

Ein schwacher Thymus verweist meistens auf ein Ungleichgewicht in den Meridianen. Wenn die Versuchsperson einen oder zwei Finger auf einen Punkt zwischen Nabel und Rippenansatz der vorderen Körpermitte legt und der Indikatormuskel schwach reagiert, so können wir daraus auf eine Störung im Magenmeridian schließen und wissen auch, daß die Versuchsperson zur Zeit mit Enttäuschung, Abscheu oder Gier zu tun hat.

Können wir das beweisen? Ja, sehr einfach sogar. Wenn Ihre Versuchsperson, wie beschrieben, am Testpunkt des Magenmeridians schwach reagierte, lassen Sie sie laut „Ich bin zufrieden!" sagen. Daraufhin wird sie stark sein.[2] Wenn umgekehrt der Testpunkt des Magenmeridians stark war und Sie die Versuchsperson bitten „Ich bin gierig, ich bin enttäuscht, ich finde alles widerlich" zu sagen, werden Sie beobachten, daß diese Aussagen eine schwache Reaktion am Magentestpunkt hervorrufen. Man kann die bemerkenswerte Kraft dieser Aussagen nicht genug betonen.

Dieser Test ist einfach und kann von jedermann ausgeführt werden. Allerdings braucht man Erfahrung und Übung, um das Verfahren zuverlässig und genau in den Griff zu bekommen. Und die Variablen müssen kontrolliert werden. So können wir entdecken, welche unserer Körperorgane unter Streß stehen, welche Gefühle uns gerade beeinflussen und wieweit sie sich korrigieren lassen. Durch das Erlernen dieser Testverfahren haben wir mehr gelernt als die psychosomatische Medizin mit ihren unzähligen komplizierten Laborversuchen: nämlich welche Gefühle mit welchen organischen Leiden verknüpft sind.

Ein anderes Beispiel: Kürzlich hatte ich starke Kopfschmerzen und wußte keinen Grund dafür zu nennen. Es war aber so schlimm, daß ich beschloß, alle Termine abzusagen und mich zuhause ins Bett zu legen. Vorher jedoch ließ ich meine Frau meine Meridiane testen und wir entdeckten, daß mein Dreifacher Erwärmermeridian schwach reagierte. Erst dann bemerkte ich, obwohl ich es nicht eigentlich fühlte, daß ich deprimiert war. Also sagte ich mehrmals die Affirmation für den Dreifachen Erwärmer und konzentrierte mich dabei auf den Sinn der Worte: „Ich fühle mich ganz leicht und beschwingt." Mein Kopfweh verschwand im Handumdrehen, ich stand auf und vollendete mein Tagewerk ohne die geringsten Schwierigkeiten. Ich könnte hunderte von Beispielen ähnlicher Art anführen und im folgenden Kapitel werden wir mehr darüber reden.

Am späten Nachmittag fühlen sich viele Menschen häufig erschöpft, weil ihr Blutzuckerspiegel abfällt.[3] Wenn wir um diese Zeit testen, stellen wir oft fest, daß der Milzpankreasmeridian schwach reagiert. Er kontrolliert die Bauchspeicheldrüse, die wiederum den Blutzucker regelt. Wenn die Versuchsperson die Affirmation für den Milz-Pankreasmeridian ausspricht: „Ich glaube und vertraue auf meine Zukunft", so verschwindet diese Schwä-

Sendebericht

MFP

CD 5235 DC 6235

Firmware-Version 2MJ_2F00.004.002 2013.04.03

Auftr.Nr.: 019174

Gesamtzeit: 0°01'07"

Seite

Vollendet

che. Die Testpersonen berichten häufig, daß sie sich nicht mehr müde fühlen. Die Affirmation vermittelt einen Energieauftrieb.

Durch diesen einfachen Test können Sie sich selbst *die Kraft des Denkens und des Wortes beweisen und wie diese die Energie im ganzen Körper verändern können.* Sie haben bereits gelernt, daß in Extremfällen allein schon Gedanken heilen oder töten können. Sie haben gelernt, was wir den Studenten der Psychiatrie beizubringen versuchen und was sich jetzt so leicht zeigen läßt: Daß Gedanken Macht haben! Deshalb können eine gute Psychoanalyse und alle Verfahren, die zur Streßminderung bzw. zum Umgang mit negativen Gefühlen beitragen, tatsächlich unser Leben retten. Dies ist der springende Punkt. Unsere positiven Gedanken sind unser stärkstes Mittel in der Vorsorgemedizin.

Wenn Sie die Tafel mit den Akupunkturtestpunkten anschauen, erkennen Sie, daß sechs dieser Testpunkte nur einmal vertreten sind und auf der Mittellinie des Körpers liegen, während die anderen sechs Testpunkte auf beiden Seiten zu finden sind – also zweimal erscheinen. Wir sprechen deshalb von Testpunkten der Mittellinie und von beidseitigen Testpunkten.[4]

Dominiert bei Ihrer Versuchsperson die linke Gehirnhälfte, wird einer der auf der Körpermitte repräsentierten Meridiane schwach reagieren. Umgekehrt – wenn die rechte Gehirnhälfte der Versuchsperson dominiert, wird einer der seitlichen Punkte schwach sein. Warum? Weil jede Gehirnhälfte sechs Paare von Meridianen kontrolliert.

Erinnern wir uns: Wenn wir Streß ausgesetzt sind, kommt es zu einer Störung unserer Lebensenergie, die Thymusdrüse wird geschwächt und eine Gehirnhälfte dominiert. Einer der Meridiane, der durch die dominante Gehirnhälfte kontrolliert wird, ist ebenfalls betroffen. Dieser Meridian hat bestimmte negative und positive Persönlichkeitsmerkmale. Wir können die Auswirkungen von Streß beheben, indem wir für das Gleichgewicht der beiden Gehirnhälften sorgen, die Thymusdrüse aktivieren oder die Affirmationen für die jeweilige emotionale Haltung sagen oder denken. *Dies ist das Wunder von Seele, Geist und Körper beim Menschen.*

So werden wir von den Wellen der Lebensenergie, Chi, durchströmt und auf diese Weise können wir jederzeit dem Streß entgegenwirken, dem wir ständig ausgesetzt sind, der uns schwächt und krank macht. Die beste Vorbeugung läßt sich allein durch unsere Gedanken und Worte erzielen. Die Kraft des Geistes kontrolliert die Körperenergie. Jeder einzelne kann diese großartigste Form psychologischer Fürsorge für sich allein praktizieren. Und dadurch gelangen wir zur Emanzipation des psychiatrischen Patienten, wie ich eingangs versprach. Das also können Sie für sich tun.

Die moderne Psychiatrie ist leider von dem Gedanken besessen, genau festzustellen, *warum* wir Schwierigkeiten haben. Hier brauchen wir uns nicht mit dem „*warum?*" zu beschäftigen. Wir brauchen nur herauszufinden, *welches* negative Gefühl uns zu schaffen macht und es dann sofort durch unseren Genesungswillen ins Positive umzuwandeln. Ich nenne dies Psychotherapie mit Sofortwirkung. Auf diese Weise können Sie Körper, Geist und Seele gesundhalten und den Weg zu psychosomatischer Gesundheit beschreiten.

Die Meridiane und ihre Gefühle

In diesem Kapitel wollen wir die wahre Bedeutung der positiven und negativen Gefühlslagen untersuchen, die mit jedem Meridian verknüpft sind. Aus verschiedenen Gründen ist es sehr wichtig, daß wir diese Gefühle sehr genau betrachten. Zunächst einmal müssen wir sicherstellen, daß wir über denselben Zustand reden. Eines der größten Probleme bei jeder Diskussion über emotionale Zustände liegt darin, daß häufig jeder etwas anderes meint, wenn von Depression, Frustration, Dankbarkeit oder Zufriedenheit die Rede ist. Wir glauben, wir meinen dasselbe, aber das ist nicht unbedingt der Fall.[1]

Überdies haben wir entdeckt, daß wir Gefühlszustände besser verstehen, je mehr wir mit Herkunft und Gebrauch der Begriffe vertraut sind. Je besser wir die jeweiligen Gefühle kennen, desto leichter können wir unsere negativen Haltungen korrigieren und unsere Meridianenergie ausgleichen.

Schließlich ist es wichtig, daß wir genau sind, damit wir zwischen ähnlichen Emotionen, wie z. B. Depression und Unglücklichsein, unterscheiden können. Obwohl diese Begriffe bei Gefühlsbeschreibungen oft ausgetauscht werden, geht es hierbei um unterschiedliche Meridiane. Wir müssen also genau aufpassen. Das Überprüfen von Herkunft und Bedeutung der Wörter verhilft hier zu Klarheit. (Meines Wissens werden diese grundlegenden positiven und negativen Gefühle in diesem Buch zum ersten Mal so vollständig – nämlich in bezug auf Meridiane, Herkunft und Gebrauch – besprochen.)

Im Verlauf unserer Untersuchungen stoßen wir oft auf die angenommenen indogermanischen Wurzeln bestimmter Wortschöpfungen. Die meisten Wörter der deutschen und englischen Sprache

123

sind von diesem Ursprung abzuleiten, dessen späte Ausprägung das Sanskrit, die einzige Form ist, von der wir genauere Kenntnisse haben. Wenn wir auf die Wurzeln zurückgehen, verstehen wir die Begriffe und die Gefühlszustände wesentlich besser.[2]

Die Geschichte bleibt in einem gewissen Sinn in unserem Unterbewußtsein erhalten. Der historische Ursprung eines Wortes lebt in unseren Tiefenschichten als eine Form tieferen Begreifens, als dessen Gestalt weiter. Folglich ist die Geschichte eines Wortes tief in unserem heutigen Unterbewußtsein verwurzelt.

Beim Lesen dieser sprachgeschichtlichen Zusammenhänge sollten Sie daran denken, daß es sich hierbei um physische Interpretationen der Wörter handelt. Im primitiven Wort wurden physische und abstrakte Elemente kombiniert, wie das noch heute in primitiven Sprachen der Fall ist. Im Lauf der Jahre haben wir mit unserer Logik und Intelligenz die poetischen Merkmale der Wörter, den Beitrag der rechten Gehirnhälfte, verdrängt und uns statt dessen auf die handfesten physischen Merkmale konzentriert. Owen Barfield sagt, daß die frühesten Grundbedeutungen sowohl poetische und metaphorische, als auch physische Merkmale enthielten, und daß erst später eine Trennung der verschiedenen Qualitäten erfolgte.[3] Wie das im einzelnen geschah, wird deutlich, wenn wir uns mit den folgenden Gefühlen befassen.

Für jeden Meridian möchte ich die vorherrschenden negativen und positiven Gefühle ableiten und darstellen. Sie werden erkennen, daß es viele scheinbar zusammenhanglose Gefühlszustände gibt, die einem Meridian zugeordnet sind. Wir wissen jedoch, daß alle diese scheinbar unterschiedlichen Gefühle in Beziehung zueinander stehen, weil sie den gleichen Meridian betreffen.

Jedem Meridian ist ein Foto zugeordnet. Wenn Sie das jeweilige Foto betrachten und den dazugehörigen Meridian testen, wird er schwach reagieren. Das beweist, daß es tatsächlich dieser Meridian ist, der beeinflußt wird. Wenn Sie aber gleichzeitig die entsprechende Affirmation für diesen Meridian aussprechen, läßt sich die negative Wirkung ausschalten.[4]

Es ist wichtig, daß die Affirmation immer positiv ausgedrückt wird. Sie sagen zum Beispiel nicht „Ich bin nicht deprimiert", sondern vielmehr „Ich bin heiter und beschwingt". Wir wollen nicht die *Abwesenheit* des Negativen, sondern die *Anwesenheit* des Positiven erzielen.

Ich behaupte nicht, daß die hier beschriebenen Testmethoden die beste Behandlung für schwere Krankheiten sind. Aber ich verweise darauf, daß auch bei schweren Leiden eine emotionale Komponente vorhanden ist. Diese läßt sich durch mein Verfahren beheben. Bei weniger ernsten Krankheiten bzw. wenn das Problem noch auf der Energieebene liegt, kann das, was ich empfehle, wahrhaft vorbeugend wirken und zur positiven Gesundheit führen.

Beidseitige Meridiane

Dies sind die Meridiane, deren Testpunkte auf beiden Körperseiten liegen:

Lunge
Leber
Gallenblase
Milz-Pankreas
Niere
Dickdarm

Einer dieser Meridiane wird schwach reagieren, wenn die rechte Gehirnhälfte der Versuchsperson dominiert.

LUNGENMERIDIAN

Der Meridian der Demut

Toleranz	LUNGE
Intoleranz	

Negative Emotionen:	Verachtung
	Hohn
	Geringschätzung
	Hochmut
	falscher Stolz
	Intoleranz
	Vorurteil
Affirmationen:	Ich bin demütig.
	Ich bin tolerant.
	Ich bin bescheiden.

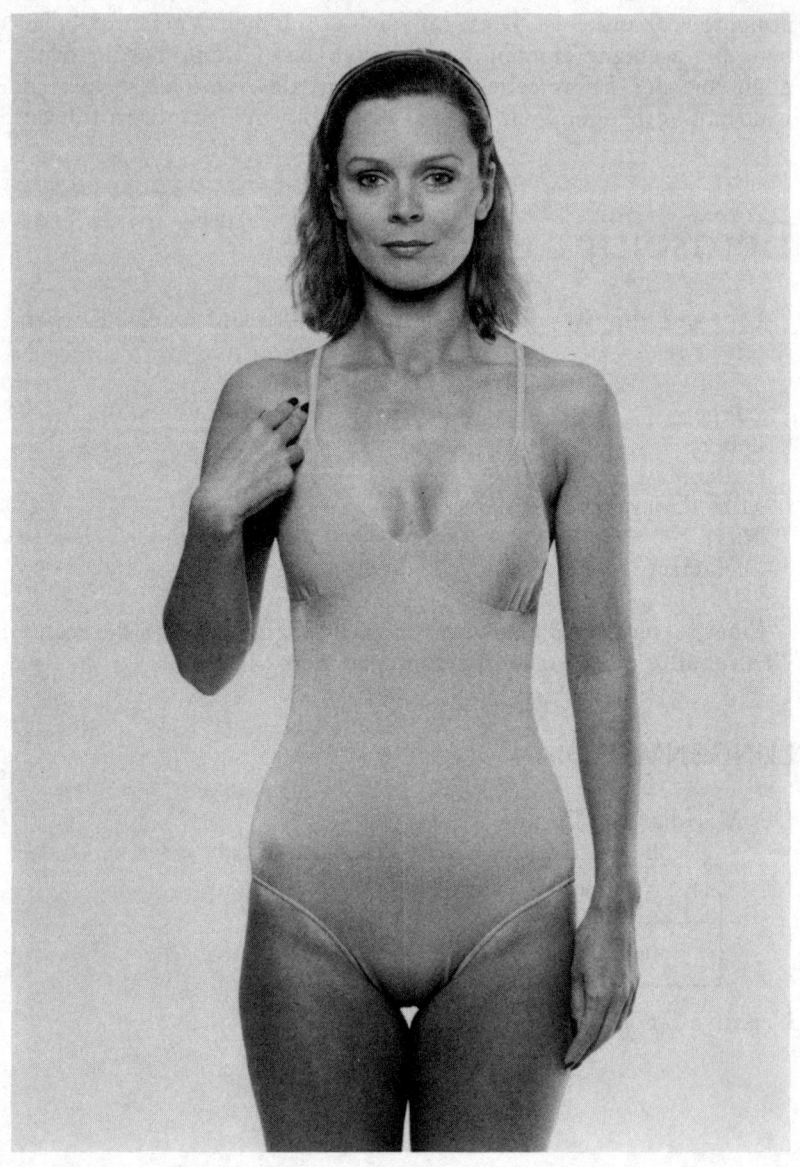

Der Testpunkt für den Lungenmeridian liegt im ersten Zwischenrippenraum auf der Paraxillarlinie.

Testbild:	Sie sind in Gesellschaft eines Menschen, den Sie als dumm und ungebildet einschätzen. Sie halten sich für viel klüger, und erkennen deutlich den Unterschied zwischen seiner Dummheit und Ihrer Genialität. Sie fühlen sich haushoch überlegen.

„Selig sind die Sanftmütigen, denn sie werden das Erdreich besitzen. "
(Matthäus 5:5)

Wir wollen hier mit dem Lungenmeridian beginnen, weil die Chinesen, wie bereits erwähnt, die Lebensenergie Chi vom Atem herleiten. Chi tritt über den Lungenmeridian in den Körper ein und erreicht dann die übrigen Meridiane. Die Chinesen betrachteten den Lungenmeridian als den Hauptmeridian. Der Lungenmeridian ist wichtig für die normale oder anormale Entwicklung des Menschen in seiner frühen Kindheit.

Zu jedem Persönlichkeitstyp eines Meridians vermittle ich Ihnen ein Beispiel (Testbild), dessen Vorstellung die zugehörige negative Gefühlshaltung hervorruft. Damit können Sie sich beweisen, daß diese Emotionen wirklich mit den jeweiligen Meridianen korrespondieren. Zum Beispiel: Sie untersuchen den Testpunkt des Lungenmeridians Ihrer Versuchsperson und finden ihn stark. Jetzt bitten Sie die Versuchsperson, intensiv an jemanden zu denken und sich jemanden vorzustellen, den sie für dumm und ungebildet hält. Die Versuchsperson fühlt sich überlegen, und ist sich dabei des Kontrastes zwischen der eigenen hohen Intelligenz und der Dummheit der anderen Person bewußt. Ihr Lungenmeridian wird in dieser Situation schwach reagieren, denn diese besondere negative Gefühlsverfassung gehört zum Lungenmeridian.

Die mit dem Lungenmeridian verbundenen negativen Worte beziehen sich alle auf ein Gefühl der Überlegenheit bzw. des Herunterschauens auf einen anderen Menschen. Eine der negativen Gebärden, die eine Beziehung zum Lungenmeridian haben, ist das „Zurückwerfen" des Kopfes, das Von-Oben-Herab-Schauen, Verächtlichmachen und häufig auch das Naserümpfen, als rieche es übel. Ich muß dabei immer an den britischen „Snob" der Oberschicht denken.

Die negativen Gefühlslagen in Verbindung mit dem Lungenmeridian sind Verachtung, Hohn, Geringschätzung, Hochmut, falscher Stolz, Intoleranz und Vorurteil. Wir können in vielen Fällen

Der Lungenmeridian der meisten Menschen testet bei der Betrachtung dieses Fotos schwach. Durch das Aussprechen der Affirmation für den Lungenmeridian läßt sich diese Schwäche überwinden.

sagen, daß Personen mit Energieproblemen des Lungenmeridians jene mit stolz aufgeblähter Brust sind. Hochmütig sind diejenigen, die sich anderen überlegen fühlen. Der Lungenmeridian hat mit Vergleichen zwischen der eigenen und anderen Personen mit dem Be- und Verurteilen anderer zu tun. Man spricht auch vom Meridian der Demut. Das sind gewiß sehr starke Worte, und Sie werden vielleicht etwas verärgert sein, wenn sich herausstellt, daß Ihr Lungenmeridian schwach reagiert. Es mag Ihnen besonderes Unbehagen verursachen, daß irgend jemand, besonders Sie selbst, solche negativen Eigenschaften in sich birgt. Seien Sie aber beruhigt: Wir alle haben sie von Zeit zu Zeit. Wenn jemand häufig genug testet, so finden sich immer wieder einmal diese Gefühle.

Bedenken Sie bitte auch dies: Wir sprechen von graduellen Unterschieden. Wenn Ihr Lungenmeridian schwach reagiert, so heißt es noch lange nicht, daß Sie geringschätzig oder höhnisch sind. Es bedeutet lediglich, daß bei Ihnen zu diesem Zeitpunkt eine Neigung dazu vorhanden ist, geringschätzig oder höhnisch zu reagieren. Wenn wir eine Schwäche des Lungenmeridians beim Test feststellen, sollten wir das zunächst zur Kenntnis nehmen und gleich anschließend eine Umwandlung in ein positives Gefühl anstreben.

Umwandlung heißt hier: Den negativen Zustand aufgeben und in einen positiven verwandeln – sofort, ganz harmlos, kostenfrei und ohne Eingriffe von außen. Sie brauchen dazu keinen Psychiater. Nur der Wille und Wunsch, das Negative aufzugeben und in den Bereich des Positiven vorzudringen, sind dazu notwendig.

Verachtung

Verachtung ist „jenes Gefühl, das man gegenüber einem Menschen empfindet, der als unwürdig angesehen wird; Hohn und Geringschätzung gehören dazu".[5] Lindley Murray schrieb: „Hochmut basiert auf der hohen Wertschätzung, die wir für uns selbst empfinden, Verachtung auf der Geringschätzung anderer." Verachten heißt, jemandem keine Acht = Aufmerksamkeit, Beachtung, Fürsorge zukommen lassen.

Die positiven und negativen Stimmungen, die jedem Meridian zugeordnet sind, lassen sich von einem Extrem zum anderen auffächern. Murrays Gedanken weisen auf die hohe oder geringe Meinung hin, die wir im Verhältnis zu uns selbst von anderen haben. Hochschätzung und Geringschätzung sind Endpole des Gefühlsspektrums des Lungenmeridians. Der zum Lungenmeridian gehörige Gefühlsbereich liegt zwischen *Überlegenheit* und *Unterlegenheit.*

Hohn

Das Wort Hohn kommt von althochdeutsch „hōna" = Hohn, Schimpf und Schmach. Es geht auf die Wurzel „kau" = „niedrig, erniedrigen, herabsetzen" zurück, und ist mit griechisch kaunos = „schlecht" und gotisch „hauns" = „niedrig, demütig" verwandt.

Geringschätzung

Die Geringschätzung oder Mißachtung wird definiert als „etwas für wertlos halten". Thomas Hobbes sagte: „Wenn ein Mensch den Mitmenschen im Vergleich zu sich selbst für bedeutungslos und wertlos einschätzt, so ist das Geringschätzung." Geringschätzung wurde auch als bitterer Hohn bezeichnet. Johnson definiert: „Verachtung anderer, wenig Achtung, Hohn."

Die Vorstellung von der aggressiven, einschneidenden und zerstörerischen Eigenschaft der Geringschätzung wird im folgenden Ausdruck sehr deutlich: „Geringschätzung durchdringt sogar den Panzer der Schildkröte."

Hochmut

„Wenn einer zu Grund gehen soll, wird sein Herz zuvor stolz, und ehe man zu Ehren kommt, muß man zuvor leiden." (Sprüche 18:12)

Hochmut ist sprachlich offensichtlich mit „hoch" verwandt, also wieder mit der Idee der Überlegenheit, bei der man verächtlich auf andere herabsieht. Hochmut bedeutet sich selbst sehr hoch einschätzen, sich erhaben, stolz, arrogant, überlegen fühlen und benehmen.

Hochmut ruft das Bild eines Menschen vor Augen, der hochnäsig auf andere herabschaut, und auch das ist eine Eigenschaft, die mit dem Lungenmeridian zu tun hat.

Interessant ist, daß das lateinische Wort für hoch „altus" von „alere" = ernähren stammt – und wohlernährt sein bedeutet sehr wohl auch wachsen und großwerden.

Falscher Stolz

Stolz hat zu tun mit „stattlich, prächtig, hochgemut, und bedeutete ursprünglich „steif aufgerichtet". Ehrlicher Stolz, das wahre Gefühl eigener Wertschätzung und Leistung, ist ein ebenso wertvoller wie notwendiger Gefühlszustand, wie wir erkennen werden, wenn es um den Dickdarmmeridian und die ihm zugeordneten Gefühlshaltungen geht. Aber falscher und überheblicher Stolz ist eine negative Emotion, die den Lungenmeridian schwächt. (Jesaja 2:11 – „Denn alle hohen Augen werden erniedrigt werden, und die hohe Männer sind, werden sich bücken müssen. Der Herr aber wird allein hoch sein zu der Zeit.")

Hybris bedeutet „Überheblichkeit, Arroganz", und leitet sich interessanterweise von der hypothetischen indogermanischen Wurzel *„ud"* ab, die „auf, hoch" bedeutet, und uns wieder auf das Bild des hochnäsig auf andere herabschauenden Menschen verweist. Die *New Encyclopedia Britannica* spricht von „gottloser Nichtbeachtung der Grenzen, die dem Tun des Menschen in einem wohlgeordneten Universum gesetzt sind ...", und davon, daß in der griechischen Tragödie diese gewöhnlich den Helden zu Fall bringt.[6] Gilbert Murray meint dazu, daß *Stolz und Strafe* das Herz der griechischen Religion und Tragödien ausmachen.[7] Melanie Klein bezieht sich auf Murrays Definition und sagt: „Die typische Sünde, die alles, was lebt, geht, heißt in der Dichtkunst *Hybris,* und wird üblicherweise mit Unverschämtheit oder Stolz übersetzt ... *Hybris* verlangt nach mehr, durchbricht Grenzen, verwirft Ordnungen. Auf *Hybris* folgt *Dike,* die Gerechtigkeit, die Grenzen und Ordnung wiederherstellt. Diese Aufeinanderfolge von *Hybris* und *Dike,* Stolz und Fall, Sünde und Strafe ist die weitverbreitetste Bürde der griechischen Dichtung und typisch für die griechische Tragödie."[8]

Der griechische Gelehrte E. R. Dodds definiert Hybris als „Arroganz in Wort, Tat oder Denken ... das Urübel, die Sünde, die mit Tod bestraft wird".[9] Adrian Stokes spricht von Hybris als „der großen Sünde des Stolzes, die daher rührt, daß man sich für Gott hält und menschliche und göttliche Gesetze verspottet".[10]

Der Lungenmeridian ist der wichtigste Meridian, und genau dort finden wir die am tiefsten verwurzelten Störungen. Sie wurden schon in frühester Jugend in uns angelegt und begleiten den Menschen ein Leben lang. Die altgriechische Religion war auf die Überwindung des Stolzes ausgerichtet, also auf ein Problem des wichtigsten, des Lungenmeridians. Darin liegt das Fundament der griechischen Tragödie. Vielleicht verstanden die Griechen die menschliche Natur noch besser als später William Shakespeare?

Intoleranz

„Richtet nicht, auf daß ihr nicht gerichtet werdet." –

Matthäus 7:1

Die indogermanische Wurzel *„tel"* bedeutet „heben, stützen, wiegen", und verweist auf die Idee des Messens, Abschätzens und Bezahlens, und damit auch Zoll.

Intoleranz ist von dem lateinischen Verb „tolerare" = „dulden" auch „ertragen, hinnehmen" abgeleitet. Wir sprechen heute z. B. von der Fähigkeit, Schmerzen zu tolerieren.

Eine tolerante Person ist ein Mensch, der unsere Unvollkommenheiten erträgt und seinerseits hofft, daß wir auch seine Schwächen verzeihen. Ein intoleranter Mensch hält sich dagegen für makellos und kann die Mängel anderer nicht ertragen. Intoleranz beruht also wieder auf einem Überlegenheitsgefühl, dem bösen Hochmut.

Mir kommt da ein Patient in den Sinn, der unter schwerem Asthma litt, und, kleingewachsen wie er war, seine Umwelt viele Jahre lang mit hocherhobenem Haupt von oben herab gemustert hatte. Er hatte einen sogenannten Napoleon-Komplex. Er reagierte auf die Schwächen und Fehler anderer Menschen mit Aufgeblasenheit und Intoleranz, so daß die Sekretärinnen in seinem Büro immer wieder kündigten. Der Patient war streitsüchtig und konnte nicht ertragen, daß etwas nicht so klappte wie gewünscht. Sein Lungenmeridian testete immer schwach. Es war eine schwierige Aufgabe, ihn behutsam darauf aufmerksam zu machen, was diese Schwäche bedeutete. Am Ende verstand er jedoch und begann, die entsprechende Affirmation regelmäßig herzusagen. Zu unserer beidigen Überraschung hörten die Asthmaanfälle auf. Er veränderte sich und betrachtete die Leute nicht länger von oben herab. Er verwandelte sich in einen angenehmen, toleranten und liebenswerten Menschen.

Lesen Sie jetzt, wie der Psalmist die negativen Gefühle des Lungenmeridians zusammengefaßt hat: „Unsere Seele ist außerordentlich erfüllt von der Verhöhnung aller Menschen voller Seelenfrieden und der Geringschätzung der Stolzen." (Psalm 123:4)

Vorurteil

Ein Vorurteil ist ein voreilig gefälltes Urteil, eine vorgefaßte Meinungsäußerung und richtet sich gegen einen Menschen oder eine Sache. Vorurteil bedeutet, daß man im voraus zu einer Überzeugung gekommen ist. Statt einen Menschen aufrichtig nach dessen Verdiensten einzuschätzen und danach ein Urteil abzugeben, handelt der mit Vorurteilen behaftete Mensch aus rassischen, religiösen oder anderen Motiven. Seine Entscheidung fällt, bevor der Verstand zu Rate gezogen wird. Das *Oxford English Dictionary* definiert Vorurteil als „vorgefaßte, unlogische Meinung, Voreingenommenheit, ein Urteil, das vor der Untersuchung oder Berücksichtigung der Fakten gefällt wird". Wir können auch von einer starrsinnigen Geisteshaltung sprechen, die schon vorhanden ist, bevor genügend Daten für eine vernünftige und ausgewogene Meinungsbildung verfügbar sind.

Beim Testen läßt sich feststellen, daß Vorurteile eine Schwächung des Lungenmeridians hervorrufen und herausfinden, ob jemand zu Vorurteilen neigt. Zum Beispiel: Schreiben Sie mit Druckbuchstaben auf einen weißen Bogen Papier einen Allerweltsnamen wie „Robert Maier". (Falls die Versuchsperson zufällig jemanden kennt, der so heißt, so erfinden Sie einen anderen Namen, um unerwünschte Assoziationen zu vermeiden.) Wenn die Versuchsperson jetzt den Namen liest, sollte sie stark testen. Nun schreiben Sie unter *„Robert Maier"* noch *„Bankdirektor".* Wahrscheinlich wird die Versuchsperson wieder stark reagieren. Hat sie jedoch eine Anlage zur Schwäche des Lungenmeridians, kann es beim Lesen von *„Roberta Maier, Bankdirektorin"* zu einer schwachen Reaktion kommen.

Ihre Versuchsperson kann mit oder ohne Berührung des Testpunkts für den Lungenmeridian schwach testen. In beiden Fällen ist jedoch der Lungenmeridian betroffen. Wenn Sie den Meridian durch die Affirmation „Ich bin bescheiden" stärken, wird diese Stärke auch anhalten, wenn die Versuchsperson „Roberta Maier, Bankdirektorin" liest. Das heißt, sie ist auf dem Weg, ein Vorurteil zu überwinden.

Es gibt viele andere Vorurteile, die Sie durch einen Test klären können. Natürlich sind nicht alle Vorurteile geschlechtsorientiert. Die meisten Versuchspersonen reagieren z. B. auch schwach, wenn sie das Schild „Robert Maier, Psychiater" lesen. Sogar andere Psychiater reagieren dabei häufig schwach, und verraten damit ein weitverbreitetes Vorurteil gegenüber diesem Beruf. Zahlreiche

Menschen haben auch Behinderten gegenüber unbewußte Vorurteile. Testen Sie selbst, und entdecken Sie ihre eigenen Vorurteile! In jedem Fall läßt sich die beim Test entdeckte Schwäche durch die Affirmation „Ich bin bescheiden" überwinden.

Die positiven emotionalen Attribute des Lungenmeridians sind Toleranz, Demut und Bescheidenheit. Die besten und effektivsten davon sind wahrscheinlich Toleranz und Demut.

Demut

„Es ist besser, niedrigen Gemüts zu sein mit den Elenden, denn Raub auszuteilen mit den Hoffärtigen." (Sprüche 16:19)

Demut wird oft definiert als Sanftmut, das Gegenteil von Stolz und Hochmut. Demut stammt von althochdeutsch „dio-muoti" – dienstwillig. Demut ist also eine dienende Gesinnung und nicht eine, die sich über andere erhebt.

Whateley sagte: „Es ist wahre Demut, wenn man sich selber aus Achtung vor Gottes Größe gering einschätzt."[11] Die negativen Eigenschaften des Lungenmeridians kommen zum Tragen, wenn wir uns überheben und die Nase rümpfen, wenn wir uns stolz und überlegen fühlen und die verachten, die wir für unterlegen halten. Die positiven Attribute von Demut und Toleranz hingegen entstehen mit der Einsicht, daß wir unvollkommen sind, andere nicht an unseren eigenen Maßstäben messen sollen und wenn wir unseren Platz im Leben erkennen.

Bescheidenheit

Eine weitere Affirmation für den Lungenmeridian lautet: „Ich bin bescheiden." Bescheidenheit bedeutet, eine maßvolle Einschätzung seiner Talente, Fähigkeiten und Werte zu haben. Bescheidenheit, vom althochdeutschen „bisceidan", hat mit der Mitteilung eines richterlichen Entscheids zu tun und bedeutet dann auch „belehren, unterweisen". Als bescheiden galten ursprünglich diejenigen, die sich „Bescheid sagen ließen", sich „zu bescheiden wußten", und deshalb als besonnen, einsichtsvoll, klug, verständig angesehen wurden. Erst später wurde das Wort im Sinne von „anspruchslos" und „genügsam" verwendet.

So schrieb einst Samuel Butler: „Nichts macht die Menschen bescheiden, es sei denn ein gerechtes Wissen davon, wie sie sich mit anderen vergleichen sollten." Bescheidenheit verdeutlicht und umfaßt die positiven Eigenschaften des Lungenmeridians, wobei wir uns im Vergleich zu anderen weder über- noch unterbewerten sollen. Es kommt darauf an, sich selbst angemessen und gerecht zu sehen und seine Fähigkeiten und den eigenen Wert im richtigen Maß anzuerkennen. Bescheidenheit ist das Gegenteil von falschem Stolz.

LEBERMERIDIAN

Der Meridian des Glücklichseins

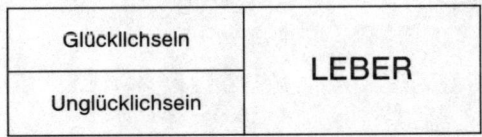

Glücklichsein	LEBER
Unglücklichsein	

Negative Emotion: Unglücklichsein
Affirmationen: Ich bin glücklich.
                      Ich habe Glück.
                      Ich bin fröhlich.

Testbild: Sie sind sehr unglücklich, weil ein geliebter Mensch Sie verlassen hat. Alles wäre vollkommen, wenn dieser Mensch zu Ihnen zurückkehrte.

Glücklich und unglücklich

Die vorherrschenden Gefühle beim Lebermeridian sind Glücklichsein und Unglücklichsein.

Die Herkunft des Wortes Glück ist unbekannt. Definiert wird es als „günstiger Ausgang, guter Lebensunterhalt und vom Schicksal begünstigt" wie in Glückspilz oder Glückskind. Wir fühlen uns glücklich, wenn das Glück uns hold ist, die Götter uns begünstigen, und Verwandte, Eltern, Gott, Fortuna, die Regierung und alle, von denen unser Schicksal abhängt, uns wohlwollen. Es sind

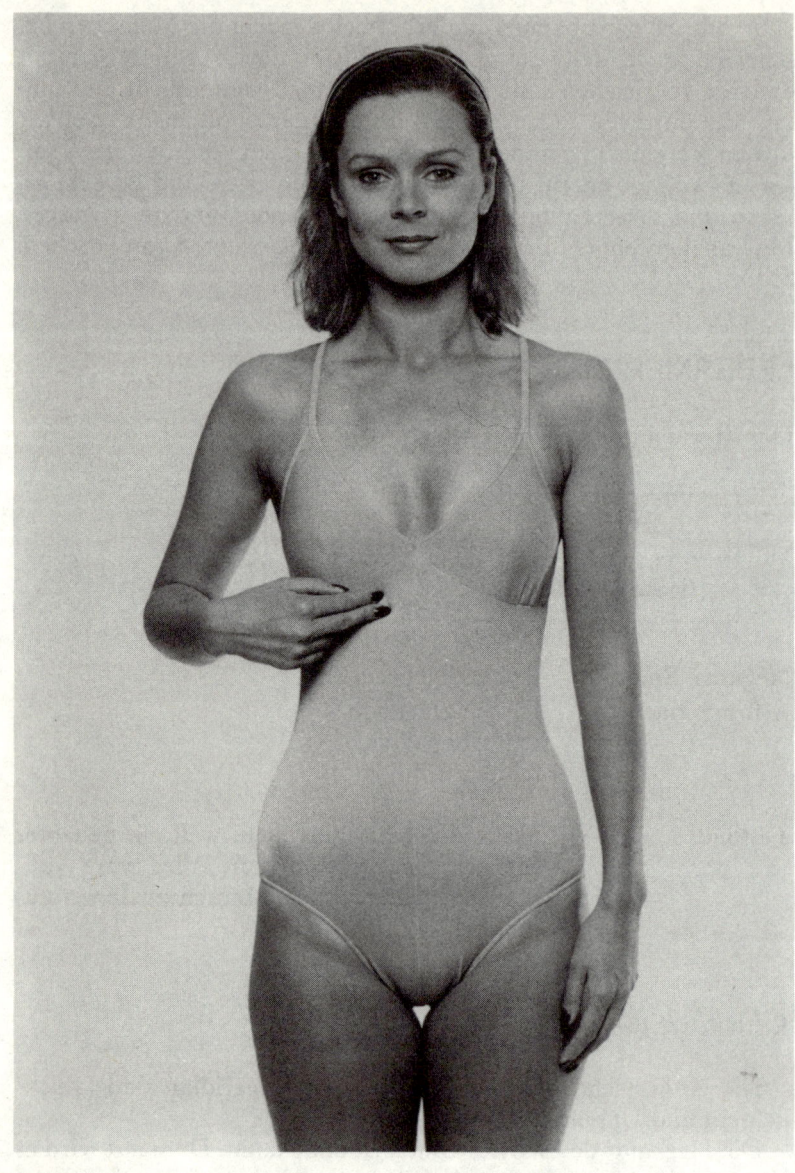

Der Testpunkt für den Lebermeridian liegt in einer Linie mit den Brustwarzen oberhalb des Rippenbogens.

Der Lebermeridian der meisten Menschen testet bei der Betrachtung dieses Fotos schwach. Durch das Aussprechen der Affirmation für den Lebermeridian läßt sich diese Schwäche beheben.

solche äußeren Umstände, die uns glücklich stimmen. Wenn wir aber umgekehrt spüren, daß diejenigen, die uns etwas geben könnten, uns etwas verweigern, fühlen wir uns *unglücklich*.

Wir lesen in Psalm 144:15: „Glücklich ist das Volk, dem es also gehet: ja, glücklich ist das Volk, dessen Gott der Herr ist."

In diesem Zusammenhang schreibt Catullus: „Was können die Götter uns mehr geben als eine glückliche Stunde?"

Es ist wichtig, zwischen Unglücklichsein und Depression zu unterscheiden. In der Psychiatrie herrscht eine beträchtliche Verwirrung im Hinblick auf Depression. Depression ist inzwischen verhältnismäßig akzeptabel geworden, weil es depressionshemmende Medikamente gibt. Unglücklichsein wird jedoch nicht akzeptiert und oft als unreif und kindisch abgewertet.

Viele „Depressive" sind deshalb nicht wirklich depressiv, sondern einfach unglücklich. Ein depressiver Mensch fühlt sich schwer, gedrückt, im wahrsten Sinne des Wortes nach unten gepreßt. Er fühlt auch, daß alles sein eigener Fehler ist und daß er dafür verantwortlich ist, aus diesem Zustand wieder herauszukommen, obwohl er das im allgemeinen für unmöglich hält. „Echte" Selbstmordversuche werden gewöhnlich aus Depression begangen. „Unechte Scheinversuche" erfolgen, wenn jemand unglücklich ist und sich wünscht, daß andere mehr für ihn tun.

Der unglückliche Mensch sucht den Fehler stets bei anderen Leuten: Wenn meine Frau bloß dies oder das getan hätte, wäre ich jetzt nicht zahlungsunfähig! Wenn bloß die Regierung mehr für mich leistete, hätte ich Erfolg im Beruf! Wenn doch nur die Göttin Fortuna mir zugelächelt hätte, dann hätte ich beim Glücksspiel einen Hauptgewinn gezogen! Wenn Gott nur meine Gebete erhört hätte ... Wer sich unglücklich fühlt, empfindet stets die angeblich unterbliebene Unterstützung äußerer Mächte (psychologisch betrachtet immer die Eltern). Hätten sie mir mehr gegeben, wäre ich jetzt erfolgreich und glücklich. Joseph Rattner schrieb: „Wenn wir unter einem Glücksstern geboren werden und das Ideal lieben, so gehört uns die Ekstase des Mystischen in der beseligenden Gottesschau."[12]

Wer sich fortgesetzt darüber beklagt, daß ihm nicht genug gegeben wird, ist unglücklich. Man hört immer wieder: „Es wäre ja alles in Ordnung, *wenn* ich *nur* mehr ... bekommen könnte." Das ist die Redeweise der Unglücklichen. Sie sind keineswegs depressiv. In diesem unglücklichen Zustand greift der Alkoholiker zur Flasche, weil er glaubt, daß diese ihm das fehlende Glück verschafft.[13] Aber der Alkoholkranke ist kein Baby mehr. Er muß seine eigenen Lebensziele, seine eigenen Zielgedanken finden. Er muß seinen Willen zum Gesundsein aktivieren, die Ärmel hochkrempeln und herausfinden, was genau er braucht. Er erreicht überhaupt nichts, wenn er sich in seinem Unglücklichsein hängen läßt und nur auf Unterstützung anderer rechnet.

Viel von unserem gegenwärtigen Denken in sozialen und politischen Bereichen hat mit dem Zustand des Unglücklichseins zu tun. Man hat uns zu verstehen gegeben, daß sich die Regierung um unser Wohlergehen kümmern wird, daß der Arbeitgeber für uns sorgt, oder daß die kapitalistische Gesellschaftsordnung jedem unter die Arme greift. So geben wir oft die Verantwortung für unser Wohlergehen aus der Hand, und erwarten von äußeren, gottähnlichen, glücksspendenden Einrichtungen, daß sie unsere Bedürfnisse befriedigen. Und wenn das nicht eintritt, sind wir unglücklich. Bei der nächsten Wahl wählen wir eine andere Partei, einen anderen Kandidaten, der uns wieder das Blaue vom Himmel verspricht, und den wir in ein paar Jahren wieder abwählen, weil auch er seine Versprechungen niemals einlöst.

Die Werbung spielt fast immer mit unserem Unglücklichsein, denn sie hält uns ständig vor Augen, was uns fehlt und deutet an, daß die Firma, die Institution, der Werbende uns schon glücklich machen, wenn wir nur dafür zahlen. Als bekäme man mehr für sein Geld als die Ware. Wir meinen, das Glück läge im Erwerb und Besitz des neuen Produkts, suchen eine äußere Lösung für ein inneres Problem. Zum Beispiel werden neue Einkaufszentren architektonisch so gestaltet, daß man sich nicht so fühlt wie an einem Ort, wo es um den Tausch von Geld gegen Ware geht, sondern wie an einem Ort des Vergnügens, des Glücks.

Und doch kann eine ehrliche und seriöse Werbung Ihre Lebensenergie stärken. Leider schaut die Praxis anders aus und die meisten Werbemaßnahmen schwächen uns. Dabei ist ehrenhafte Werbung, die gleichzeitig zugunsten unserer Gesellschaft wirkt und zum Kauf angebotener Produkte anregt, durchaus möglich. Solide Werbung könnte uns sogar aufbauen.

Es ist bedeutungsvoll, daß gerade die Leber damit zu tun hat. Viele Ärzte betonen, daß eine tadellose Leberfunktion zur Erhaltung unserer Gesundheit absolut notwendig ist, denn die Leber hat mannigfaltige Aufgaben zu erfüllen. Ich denke hierbei an ein Zitat von Spencer: „Glücklichsein bedeutet zusätzliches Leben, Glücklichsein ist der Lebensspender!" Dr. R. O. Brennan hat oft erklärt: „Wer lange leben will, muß seine Leber lieben." Dem möchte ich hinzufügen: „Und glücklich sein."

Am Anfang dieses Buches berichtete ich, daß es mich unglücklich machte, wenn Patienten nicht gesundeten, weil ich erkannte, daß es ihnen nicht so gut ging, wie es hätte sein können, obwohl ich als Arzt mein Bestes gab. Damals dachte ich oft: „Wenn ich nur etwas mehr Unterstützung erfahren würde ..., wenn ich nur besser ausgebildet wäre ..., wenn nur die Klinik mehr getan hätte ..., wenn nur die Krankenversicherungen großzügiger wären ..., wenn nur die Angehörigen die Patienten in Ruhe ließen usw." Ich suchte nach äußeren Quellen, nach der Glücksfee, nach Beistand von außen, wo ich nicht mehr weiter wußte.

Glück kommt mit der Einsicht, daß wir uns nicht auf andere Menschen verlassen brauchen, daß wir Herr des eigenen Schicksals sind. Auf diese Art reifen und überwinden wir die Abhängigkeit von den Eltern und der Gesellschaft und ihren Institutionen. Wenn wir schließlich unser Unglück bewältigt haben, wird es möglich, die eigene richtige Beziehung zum Glück, zu den Göttern und zu Gott zu entwickeln. Unser Beten scheint heutzutage folgendermaßen abzulaufen: „Wenn Gott bloß mehr für mich täte, wenn er mir mehr zukommen ließe, dann wäre ich glücklich. Deshalb will ich zu ihm beten, damit er mir diese Dinge gibt." – Die Redewendung „wenn nur jemand würde" ist typisch für die Klage des unglücklichen und abhängigen Kindes, nicht des unabhängigen, selbstbewußten Erwachsenen, der als Ziel die persönliche Entwicklung vor Augen hat. Wir brauchen einen unabhängigen und selbständigen Kurs durch unser Leben.

Frohsinn

Auch Frohsinn ist eng verwandt mit dem Glücksgefühl und damit dem Lebermeridian.

DER GALLENBLASENMERIDIAN

Der Meridian der Verehrung

Liebe	GALLENBLASE
Wut, Jähzorn	

Negative Emotionen:	Wut
	Jähzorn
Affirmationen:	Ich gehe liebevoll auf andere zu.
	Ich gehe versöhnlich auf andere zu.
Testbild:	Jemand hat gerade etwas getan, was Sie in Wut versetzt. Er hat Ihre ganz persönlichen Briefe oder Ihr Tagebuch ohne Ihre Zustimmung gelesen. Sie brüllen ihn an und möchten ihn am liebsten verprügeln.

Wut/Jähzorn

Wut, von althochdeutsch wuot, bedeutet „unsinnig, wütend, besessen, rasend". Daneben gibt es eine Verbindung zu „Ton, Stimme, Dichtung" über die altenglische Form wōd, und zu „Dichtung, Dichtkunst" über altisländisch ōdr.

Wut ist als Zorn, der sich äußert, gewissermaßen die Manifestation des Zorns. Man öffnet dem Zorn ein Ventil, und handelt ihm gemäß, oder hat zumindest den starken Wunsch, das zu tun. Zorn drückt sich nicht auf eine bestimmte Weise aus, Wut bedeutet, daß etwas passieren wird.

Es überrascht nicht, daß die positive Umwandlung nicht einfach das Denken an die Liebe ist, sondern die Liebe in einer aktiven Form. Statt von Wut werden die Handlungsweisen von Liebe bestimmt. Die von uns hierfür verwendete Affirmation lautet: „Ich gehe liebevoll auf andere zu" oder „Ich handle liebevoll."

Die Spielbreite emotionaler Verhaltensweisen, die den Gallenblasenmeridian betreffen, erstreckt sich nicht nur von Zorn und Wut zu Liebe und Vergebung wie beim Herzmeridian (siehe Seite 173), sondern vielmehr vom gewalttätigen, aktiven Zorn, dem Jähzorn, zum Ausdruck von Liebe und Vergebung im konkreten Handeln und Zugehen auf eine Person. Wir sagen: „Ich gehe liebevoll auf andere zu, ich gehe versöhnlich auf andere zu." Wenn wir uns dem Positiven zuwenden, sei an den Propheten Hesekiel (21:17) erinnert: „Ich werde meiner Wut Einhalt gebieten."

Galle/Cholerik

Die Galle war einer der vier Körpersäfte in der mittelalterlichen Medizin und symbolisierte bitteren Zorn und Wut. Es gibt eine

141

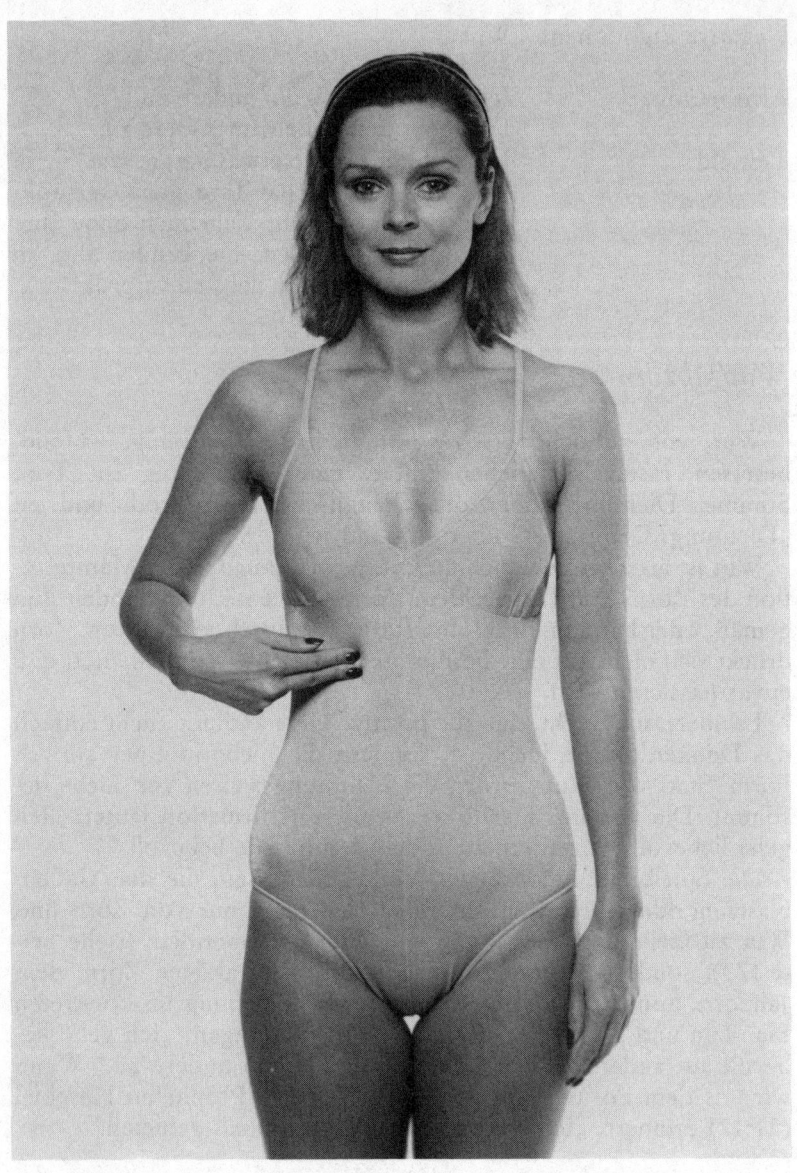

Der Testpunkt für den Gallenblasenmeridian liegt am Ansatzpunkt der 9. Rippe am Rippenbogen oder leicht oberhalb davon.

Der Gallenblasenmeridian der meisten Menschen testet bei der Betrachtung dieses Fotos schwach. Durch das Aussprechen der Affirmation für den Gallenblasenmeridian läßt sich diese Schwäche überwinden.

143

sprachgeschichtliche Verbindung zu dem lateinischen Begriff „cholera" = Gallenflüssigkeit, Zorn und Cholera. „Chol" (siehe Melancholie Seite 196) bezieht sich auf die Flüssigkeit der Gallenblase, von der das Wort *Cholecystektomie*, Entfernung der Gallenblase, herrührt. Gower verwies bereits 1390 in seinen *Confessio Amantis III* auf den Zusammenhang zwischen Galle und Haß, den unsere eigenen Forschungen heute, nach 600 Jahren, bestätigen.

Shakespeare hat in „*Der Widerspenstigen Zähmung*" (4. Akt, 1. Szene) sehr anschaulich die Beziehungen zwischen Wut und Galle ausgespielt. Da wirft Petruchio Essen und Tischzeug auf die Erde, nachdem ihm Hammelbraten serviert wurde: „Es ist verbrannt, und so ist alles Essen: Welch Hundevolk! Wo ist der Koch, die Bestie . . ." – Katharina erwidert ihm: „Ich bitt' dich, lieber Mann, sei nicht so unwirsch. Gut war das Essen, hätt'st du's nur gemocht!" Petruchio: „Nein, Käthchen, es war vertrocknet und verbrannt: Und grade das hat man mir streng verboten, denn auf die Galle wirkt's, erzeugt den Ärger; drum ist es besser, wenn wir beide fasten (denn beide sind wir von Natur cholerisch), als durch zu stark Gebratnes uns verderben . . ."

Er spielt auf den Glauben an, daß zu viel Galle cholerisch macht und zu übermäßigem Zorn führt.

Ich besuchte einmal die Praxis eines Freundes, der als Osteopath arbeitet. Eine Patientin erschien, bei der sich in der vergangenen Nacht eine Handgelenkslähmung entwickelt hatte. Sie legte sich auf den Behandlungstisch, und mein Freund arbeitete eine Stunde lang an Hand und Nacken der Patientin. Obwohl das strukturelle Gleichgewicht dadurch sehr günstig beeinflußt wurde, blieb das Handgelenk weiterhin gelähmt. Er sagte mir dann, daß er im Augenblick nichts weiter tun könne, um den fraglichen Nerv vom Druck zu befreien und die Lähmung zu beseitigen, und fragte mich, ob ich noch einen Behandlungsvorschlag hätte. Ich war ebenfalls ratlos, denn ich hatte noch nie einen solchen Fall behandelt, entschloß mich aber, die Meridiane der Patientin zu testen. Ich entdeckte dabei ein Ungleichgewicht im Meridian der Gallenblase. Während ihrer Behandlung hatte die Frau passiv auf dem Tisch gelegen, als ich sie aber fragte: „Sind Sie wütend über irgendetwas oder jemanden?", richtete sie sich schlagartig auf und antwortete: „Das kann man wohl sagen!" Dann sprudelte eine Flut von Wut, Zorn und Beschuldigungen gegen die Klinik aus ihr heraus, in der ihre Mutter vor wenigen Tagen verstorben war. Jeder Muskel ihres Körpers war in einem Ausdruck konzentrierter Wut angespannt – nur nicht der Muskel ihrer gelähmten rechten Hand.

Der Zornausbruch verrauschte, und die Frau legte sich wieder hin. Mein Freund untersuchte nochmals den Nacken der Patientin, und verzeichnete eine bedeutende Veränderung: Alle Muskeln waren entspannt und locker, Nacken und Schultern beweglich. Etwas hatte sich geöffnet. Der Muskel war zwar noch gelähmt, doch schickten wir die Patientin zunächst nach Hause. Sie sollte sich ausruhen und am folgenden Tag wieder anrufen.

Ich war etwas besorgt, denn aufgrund meiner medizinischen Ausbildung hielt ich diese Patientin für einen schweren Fall. Ich sagte mir: Man müßte die Halswirbel röntgen und das Rückenmark punktieren. Diese Frau gehört ins Krankenhaus. – Aber am folgenden Morgen rief sie an und sagte, sie sei geheilt. Das passierte vor einem Jahr, und es gab keinen Rückfall.

Hier handelte es sich nicht um einen Fall von Hysterie. Sie hatte, wie eine neurologische Untersuchung bestätigte, eine klare Lähmung der Handgelenksmuskulatur. Ich vermute, daß ihre Wut auf das Krankenhaus zu heftigen Muskelverkrampfungen geführt hatte, die dann an den Hals- und Schulterknochen zogen. Dadurch kam es zu einer Störung der Nerven in der Hals-/Nackenregion, welche die Handgelenksmuskulatur versorgen. Die Patientin benötigte osteopathische Hilfe zur Entspannung ihrer Muskulatur, die ihr mein Freund gegeben hatte, aber auch eine Korrektur ihrer Wut, welche schließlich die Wurzel des Übels war. Nach der physischen und psychologischen Behandlung kam es zu einem Nachlassen der Symptome, und langwierige, traumatische, medizinische und neurologische Untersuchungen blieben ihr erspart. Der Osteopath erkannte die Wichtigkeit der psychologischen Behandlung an. Dabei hatte ich nur die Meridiane überprüft, was einfach genug ist, und eine einzige Frage an die Patientin gerichtet. Dazu braucht man knapp eine Minute. Sicherlich hätte ich ohne die Tätigkeit des Chiropraktikers keinen Erfolg erzielt, aber umgekehrt war sicherlich auch der Effekt der osteopathischen Behandlung durch diese einfache, doch sehr wertvolle Methode, erheblich verbessert worden.

Verehrung

Die Überwindung des Zorns läßt sich am besten mit dem Wort *Verehrung* beschreiben. Darunter verstehen wir „einen Akt der Anbetung, bei dem Gott Ehrfurcht erwiesen wird", und „das Bezeigen tiefer Liebe und Achtung". Verehrung überwindet Wut.

Wut ist Zorn in Aktion. Verehrung ist Liebe in Aktion, eine liebevolle Zuwendung zum anderen.

MILZ-PANKREASMERIDIAN

Der Meridian der Zuversicht

Vertrauen in die Zukunft	MILZ – PANKREAS
Angst vor der Zukunft	

Negative Emotion: Realistische Zukunftsängste
Affirmationen: Ich glaube und vertraue auf meine Zukunft.
Ich fühle mich sicher. Meine Zukunft ist sicher.
Testbild: Die Rechnungen für den kommenden Monat stehen an. Sie haben kein Geld, um sie zu bezahlen und sehen keinen Ausweg aus dieser Lage.

Realistische Zukunftsängste

Der Milz-Pankreasmeridian versorgt Milz und Bauchspeicheldrüse mit Energie. Häufig ist festzustellen, daß dieser Meridian eine Rolle bei Patienten spielt, die einen zu niedrigen Blutzuckerspiegel haben. Dies ist heutzutage ein sehr verbreitetes Problem. Der Testpunkt für diesen Meridian liegt beidseitig auf dem freien Ende der elften Rippe.

Bei den Problemen des Milzmeridians handelt es sich überwiegend um reelle Ängste und Sorgen in bezug auf die (nahe) Zukunft. „Wovon soll ich meine Miete für den kommenden Monat zahlen?" – „Wie kann ich mein Studium finanzieren?" – „Wie kann ich die hohen Arztrechnungen meiner Familie begleichen?" – „Werde ich einen Arbeitsplatz finden?" Diese sehr alltagsnahen Probleme scheinen den Milzmeridian zu beeinflussen.

Die Affirmation dafür lautet: „Ich glaube und vertraue auf meine Zukunft." Ich erkenne einen Sinn in meinem Leben, und handle nach besten Kräften in Übereinstimmung mit meinen wahren Zie-

Der Testpunkt für den Milzmeridian liegt an der Spitze der 11. Rippe.

len. Ich weiß, daß es keinen Grund zur Sorge in bezug auf die Zukunft gibt, wenn ich das Richtige tue. Sind meine Motive gut und rein, dann wird mir Gutes beschert. Ich vertraue, ich glaube. Ich komme voran, denn ich weiß, daß das geschehen wird, was sein soll. Durch den Glauben und die Zuversicht, die durch diese Affirmationen aktiviert werden, lassen sich die Probleme des Milzmeridians überwinden. Diese Affirmation wird häufig gebraucht, denn viele Menschen haben Energieprobleme am Milzmeridian. Wir leben in einem Zeitalter der Angst vor der Zukunft. Hinzu kommt, daß die von uns verzehrten raffinierten Nahrungsmittel Störungen des Blutzuckerspiegels verursachen, wodurch die Energie im Milzmeridian ebenfalls aus ihrem Gleichgewicht gebracht wird.

In Johnsons Wörterbuch finden wir „Zuversicht" als „sicher über jeden Zweifel hinaus" erklärt. Zuversichtlich bedeutet aber auch „erfolgssicher, ohne Angst vor einem Fehlschlag".

Sicherheit

Ein Mensch, der in bezug auf seine Erwartungen zuversichtlich ist, fühlt sich sicher. Wer sich sicher weiß, kennt weder Angst, Zweifel noch Besorgnis oder Ungewißheit.

Stellen Sie sich vor, daß Sie hoch über dem Boden an einem Trapez schwingen. Sie sind kurz davor loszulassen, um mit ausgestreckten Armen ein anderes Trapez zu ergreifen, das auf Sie zuschwingt. Wie ängstlich Sie sich in diesem Augenblick fühlen, hängt davon ab, ob unten ein Sicherheitsnetz gespannt ist. Mit Netz macht es nichts aus, wenn Sie fallen. Sie riskieren keine Verletzungen und müssen nach dem Sturz nur wieder die Strickleiter hochklettern und den Versuch wiederholen. Ohne Sicherheitsnetz kann der Absturz tödlich enden.

An jedem Tag unseres Lebens werden wir aufgefordert, eine Trapezstange loszulassen und zur nächsten zu fliegen. Täglich haben wir die Chance, mit Zuversicht und Glauben an die Zukunft das Bisherige loszulassen und die Arme nach einem besseren Leben auszustrecken. Oft haben wir Angst, statt die neuartige Situation zu begrüßen. Wir zögern, weil wir am Vorhandensein des Sicherheitsnetzes zweifeln. Wir fürchten, daß ein Fehlgriff tödlich ist, und deshalb wollen wir uns lieber nicht entwickeln, als den Tod zu riskieren. Wenn Sie aber fühlen, daß die neue Trapezstange auf Sie zuschwingen wird, und ganz gewiß sind, daß das Sicherheitsnetz gespannt ist, dann werden Sie auf das Wagnis eingehen.

Der Milz-Pankreasmeridian der meisten Menschen testet bei der Betrachtung dieses Fotos schwach. Durch das Aussprechen der Affirmation für den Milz-Pankreasmeridian läßt sich diese Schwäche überwinden.

Ich habe viele Kleinkinder beobachtet, die von ihren Müttern in die Luft geworfen und wieder aufgefangen wurden. Manche lachen dabei fröhlich, andere zeigen Reaktionen der Furcht. Manche wissen schon in diesem Alter, daß da ein Sicherheitsnetz ist, dem sie sich anvertrauen können: die Liebe der Mutter. Wenn wir der mütterlichen Liebe ganz sicher sind, fühlen wir uns frei. Wir können überall hinfliegen, Riesensprünge machen, auf Entdekkungsreisen gehen, alles loslassen und warten, bis der rechte Weg sich auftut. Wir sind in Sicherheit. Dieses Sicherheitsnetz verschafft uns nicht nur die Freiheit, die Welt zu entdecken, sondern auch das eigene Innenleben zu erforschen. Es gibt uns den Mut zur Einsicht und zur Betrachtung dessen, was wir wirklich sind.[14]

Wer sich mit reellen Zukunftssorgen auseinandersetzen muß, für den ist es hilfreich, die Affirmation „Ich fühle mich sicher. Meine Zukunft ist sicher" auszusprechen. Mit Hilfe dieses Vertrauensvorschusses wird die Energie Ihres Milzmeridians positiv beeinflußt und Sie haben eine bessere Startposition für konstruktive Entscheidungen und kreative Lösungen.

Das Sicherheitsnetz-Syndrom findet man häufig bei Menschen, die Probleme mit ihrem Blutzuckerspiegel haben. Oft scheinen sie von den reellen Ängsten über die Zukunft wie erdrückt. Viele meiner Hypoglykämie- und Diabetes-Patienten überarbeiten sich bei dem verzweifelten Versuch, materielle Sicherheit aufzubauen. Dieses Verhalten geht in der Regel schon längere Zeit dem Ausbruch der physischen Symptome voran. Sie fürchten, daß bei einem Mißerfolg weit und breit nichts vorhanden ist, was sie auffangen könnte. Sie haben kein Vertrauen in die Zukunft. Sie rackern sich für materielle Dinge, Kapital, Häuser, Chefpositionen usw., ab, um sich vor dem gefürchteten Absturz zu schützen. Es ist, als hätten diese Menschen von der Mutter kein Sicherheitsnetz mitbekommen, so daß sie sich ihr eigenes knüpfen müssen.

Nehmen wir zum Beispiel Brenda, 23 Jahre alt, bei der sich letzten Monat plötzlich Diabetes entwickelte. Ich sprach mit ihr über das Sicherheitsnetz-Syndrom, und sie erkannte viele Parallelen zu ihrem eigenen Leben. Schon seit frühester Jugend fürchtete sie sich vor der Zukunft. Sie hatte Angst, daß etwas schiefgehen würde, daß sie nie genügend Geld, Nahrung, Kleider haben würde. Sobald sie alt genug war, nahm sie Jobs an, um für schlechte Zeiten vorzusorgen.

Erst vor wenigen Jahren jedoch hatte die Patientin den mutigen Entschluß gefaßt. Sie hatte ihre Heimat Griechenland verlassen und war nach Amerika ausgewandert, obwohl dort nur ein Ver wandter lebte. Bei ihm und seiner Familie wohnte Brenda zunächst, er kümmerte sich um Brenda und half ihr bei der Eingewöhnung. Diese Familie wurde ihr Sicherheitsnetz. Dann entschloß sich Brenda, mit ihrem neuen Freund nach New York City umzuziehen. Das Paar fand eine kleine Wohnung und richtete sich ein, aber bald wurde Brenda ängstlich. Ihr Freund fand keine feste Stelle, und sie selber hatte kein besonderes Talent. Schließlich fand sie einen schlecht bezahlten Job. Ständig nagte die Angst, daß sie die Miete nicht bezahlen könne, an ihr. Sie sparte eisern, um zum Monatswechsel die Miete zahlen zu können. Das Finanzproblem lag ganz und gar auf ihren Schultern, denn der junge Mann hatte immer noch keinen festen Arbeitsplatz. „Was passiert, wenn ich krank werde oder die Stellung verliere?" fragte sich Brenda immer wieder. „Es wird nicht genügend Geld für die Miete dasein, und man wird uns auf die Straße setzen!"

Die Besorgnis der Griechin wuchs durch die Tatsache, daß sie bis jetzt noch keine Einwanderungspapiere hatte, und fürchtete, ausgewiesen zu werden. Die größte Sorge aber war ihre Angst, daß sie die Liebe ihres Freundes verlieren könnte, er sie aus der Wohnung verweisen werde, und sie dann völlig allein und mittellos wäre. Eines Abends rief eine Frau an und wollte mit ihm sprechen. Brenda argwöhnte, daß es sich um eine seiner früheren Freundinnen handelte. Plötzlich zerriß ihr Sicherheitsnetz, das sowieso schon sehr dünn war. Vier Wochen später entwickelte sie Diabetes.

Natürlich überleben viele andere Menschen derartigen Streß bzw. ähnliche Kümmernisse ohne zuckerkrank zu werden. Brenda war jedoch körperlich und seelisch so veranlagt, daß es bei ihr dazu kam. Neben der üblichen medizinischen Betreuung habe ich Brenda die Affirmation des Milzmeridians empfohlen: „Ich glaube und vertraue auf meine Zukunft. Ich bin sicher. Meine Zukunft ist sicher".

DER NIERENMERIDIAN

Der Meridian der sexuellen Sicherheit

Sexuelle Sicherheit	NIERE
Sexuelle Unschlüssigkeit	

Negative Emotion:	Sexuelle Unschlüssigkeit
Affirmationen:	Ich fühle mich sexuell sicher.
	Meine sexuellen Kräfte sind im Gleichgewicht.
Testbild:	Sie schlafen mit jemandem, den Sie nicht besonders anziehend finden, von dem Sie aber auch nicht gerade abgestoßen werden.

Sexuelle Unschlüssigkeit

Die negativen Gefühle beim Nierenmeridian stehen mit *sexueller Unschlüssigkeit* in Beziehung. Der Testpunkt für diesen Meridian ist das freie Ende der 12. Rippe. Probleme des Nierenmeridians finden sich häufig bei Menschen, die sich in sexuellen Fragen nur schwer entscheiden können. „Soll ich mit diesem Mann schlafen?" – „Will ich das wirklich?" – „Bin ich bereit, mich auf dieses Verhältnis einzulassen?" Derartige Überlegungen berühren oft den Nierenmeridian.

Die Probleme können sehr hintergründig sein. So habe ich zum Beispiel öfter schwache Testreaktionen bei Männern festgestellt, die Probleme mit ihren Ehefrauen haben und sich vielleicht heimlich eine Geliebte wünschen. Sie treten auf, wenn jemand sexuell unschlüssig ist, was nicht unbedingt sexuell unbefriedigt bedeutet.

Die Umwandlung der sexuellen Unschlüssigkeit erfolgt durch die Affirmation: „Meine sexuellen Kräfte sind im Gleichgewicht." Ich ermutige Patienten mit solchen Problemen, diese Affirmation täglich auszusprechen. Ich sage ihnen: „Da ist irgendeine sexuelle Unschlüssigkeit, die Sie beunruhigt. Ich rate Ihnen, einen Entschluß zu fassen, auch wenn Sie sich dafür entscheiden, vorläufig bis zu einem zukünftigen Zeitpunkt nichts zu beschließen. Sorgen Sie dafür, daß das Problem nicht weiter die Energie in Ihrem Nierenmeridian schmälert. Treffen Sie eine Entscheidung, und lassen Sie die Sache dann auf sich beruhen. Opfern Sie nicht Ihre ganze Zeit, Kraft und Aufmerksamkeit diesem Problem." Meistens befolgen die Patienten meinen Rat. Ich weiß nicht, was sie privat denken oder tun, aber beim nächsten Besuch testen sie üblicherweise stark. Wir haben erfreuliche Veränderungen an den Persönlichkeiten von Patienten und ihren Nierenproblemen festgestellt, sobald eine sexuelle Entscheidung gefallen ist. Der Patient wird zusätzlich gestärkt, wenn er seinen Entschluß mit der Bekräftigung untermauert: „Meine sexuellen Kräfte sind ausgeglichen."

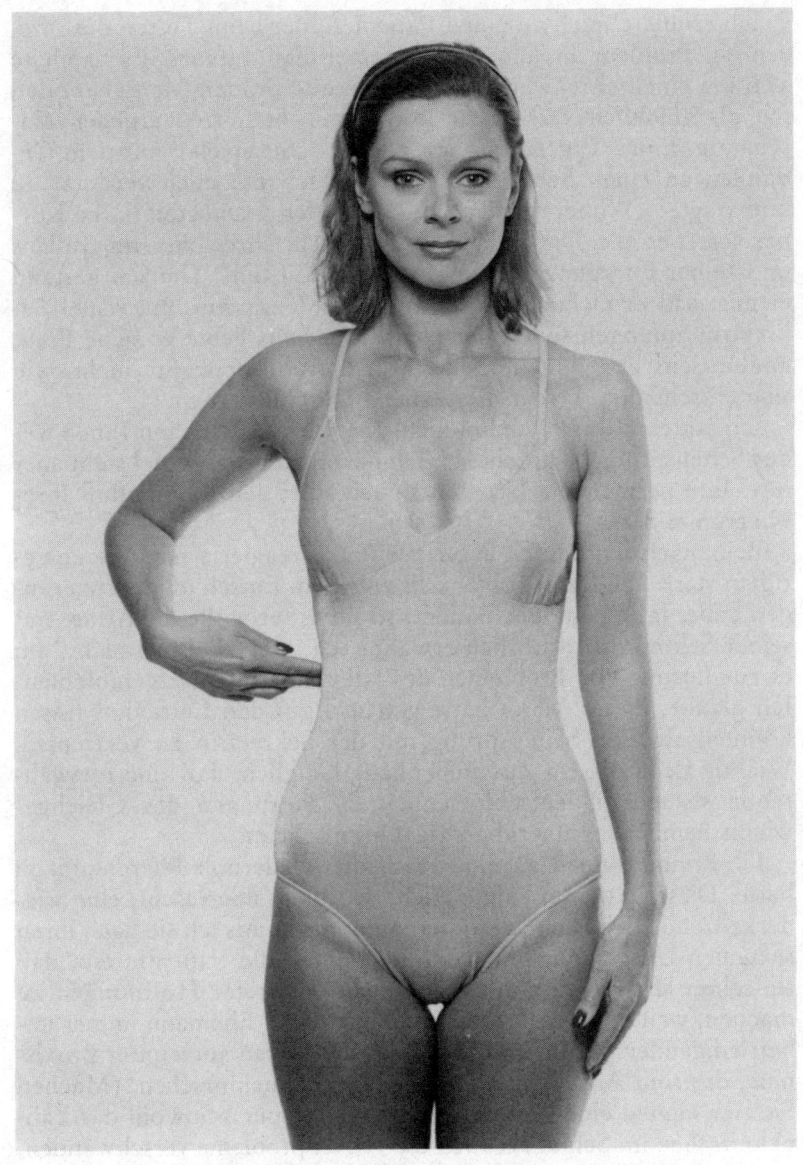

Der Testpunkt für den Nierenmeridian liegt an der Spitze der 12. Rippe.

Ich erinnere mich an einen Patienten, der beim Testen des öfteren ein Problem an seinem Nierenmeridian aufwies. Es handelte sich um einen ehrenwerten, religiösen und prüden Menschen, den ich als glücklich verheiratet und seiner Frau treu ergeben einschätzte. Eines Tages sagte ich zu ihm: „Sie spielen mit dem Gedanken an einen Seitensprung?" – Er schaute mich verdutzt an und fragte: „Woher wissen Sie das?" – Ich antwortete: „Ihr Körper verrät es mir. Die anhaltende Schwäche Ihres Nierenmeridians und seiner Energieversorgung weist darauf hin." Danach gestand er mir, daß er nicht sicher sei, ob er ein Verhältnis mit seiner Sekretärin anfangen solle oder nicht. Einerseits liebte er seine Frau, andererseits zog ihn die Sekretärin an, und er wußte nicht, wie sich entscheiden. Daher die sexuelle Unschlüssigkeit.

Ich sagte zu ihm: „Ich bin nicht Ihr Richter. Ich kann Ihnen weder Seitensprünge empfehlen noch davon abraten. Soviel steht aber fest: Ihre permanente Unschlüssigkeit stört den Energiefluß Ihres Nierenmeridians."

Beim nächsten Besuch in meiner Praxis reagierte sein Nierenmeridian stark. Ich fragte, ob er sich zu einem Entschluß durchgerungen habe. Ja, meinte der Patient, so sei es; er wolle die Affäre mit seiner Sekretärin. Natürlich erwähne ich dieses Beispiel nicht, um es zur Lösung von Problemen des Nierenmeridians zu empfehlen! Ich glaube, dieser Mann hätte genauso gut den Entschluß fassen können, auf den Seitensprung mit der Sekretärin zu verzichten. Wichtig ist in diesem Zusammenhang lediglich, daß eine fortwährende sexuelle Unentschlossenheit zu Störungen des Gleichgewichts beim Nierenmeridian zu führen scheint.

Ich erinnere mich an eine Frau, die wiederholt Nierenkoliken hatte. Diese Patientin zeigte auch, was nicht überrascht, eine wiederkehrende Schwäche des Nierenmeridians. Als ich sie nach ihren sexuellen Unschlüssigkeiten fragte, räumte die Patientin ein, daß sie schon längere Zeit überlege, einem Vertreter Hoffnungen zu machen, weil das Geschlechtsleben mit ihrem Ehemann immer unbefriedigender werde. Im übrigen litt diese Frau auch unter Bruxismus, das sind Anfälle von nächtlichem Zähneknirschen. (Machen Sie sich einmal eine Minute Gedanken darüber!) Sowohl das Zähneknirschen im Schlaf als auch die Nierenprobleme verschwanden, nachdem die Patientin ihre Entscheidung gefällt hatte. Sie verwarf den Gedanken an eine sexuelles Abenteuer mit dem anderen Mann und entschloß sich statt dessen, ihre sexuelle Beziehung zum Ehemann wieder aufzufrischen.

Nicht bei jedem Fall von Nierenleiden spielt zwangsläufig sexu-

Der Nierenmeridian der meisten Menschen testet bei der Betrachtung dieses Fotos
schwach. Durch das Aussprechen der Affirmation für den Nierenmeridian läßt sich
diese Schwäche überwinden.

elle Unschlüssigkeit eine Rolle. In meiner Praxis habe ich aber dieses Zusammentreffen so häufig erlebt, daß es mich überraschen würde, wenn ich einen Fall von Nierenstörung fände, bei dem nicht auch bis zu einem gewissen Grad sexuelle Unschlüssigkeit vorliegt.

Eine Eigenart der Musik Beethovens ist, daß sie ein zugrundeliegendes Nierenmeridianproblem ausdrückt. Nicht zufällig hatte er einen großen Nierenstein.[15]

Viele Werbeanzeigen, vor allem im Bereich von Kosmetika, Toilettenartikeln und bestimmten Kleidungsstücken, neigen dazu, den Energiefluß im Nierenmeridian zu beeinflussen. Diese Wirkung ist gewiß kein Zufall.

DICKDARMMERIDIAN

Der Meridian des Selbstwertgefühls

Selbstwert	DICKDARM
Schuld	

Negative Emotion: Schuldgefühl
Affirmationen: Ich bin von Grund auf rein und gut.
Ich bin es wert, geliebt zu werden.
Testbild: Sie haben gerade etwas getan, das Ihnen heftige Schuldgefühle verursacht. Nehmen Sie ein Beispiel aus dem eigenen Leben.

Schuldgefühl

Melanie Klein entdeckte, daß die Ursprünge von Schuldgefühlen im – wie sie es nannte – „depressiven Stadium"[16] zu suchen seien, das heißt auf der zweiten Stufe der seelischen Entwicklung des Kindes. Die Depression und das daraus entstehende Schuldgefühl sind eine Reaktion des kindlichen Zorns, Hasses und Neides gegenüber der Mutter. Wir finden deshalb oft eine enge Beziehung zwischen dem Meridian der Schilddrüse (Dreifacher Erwär-

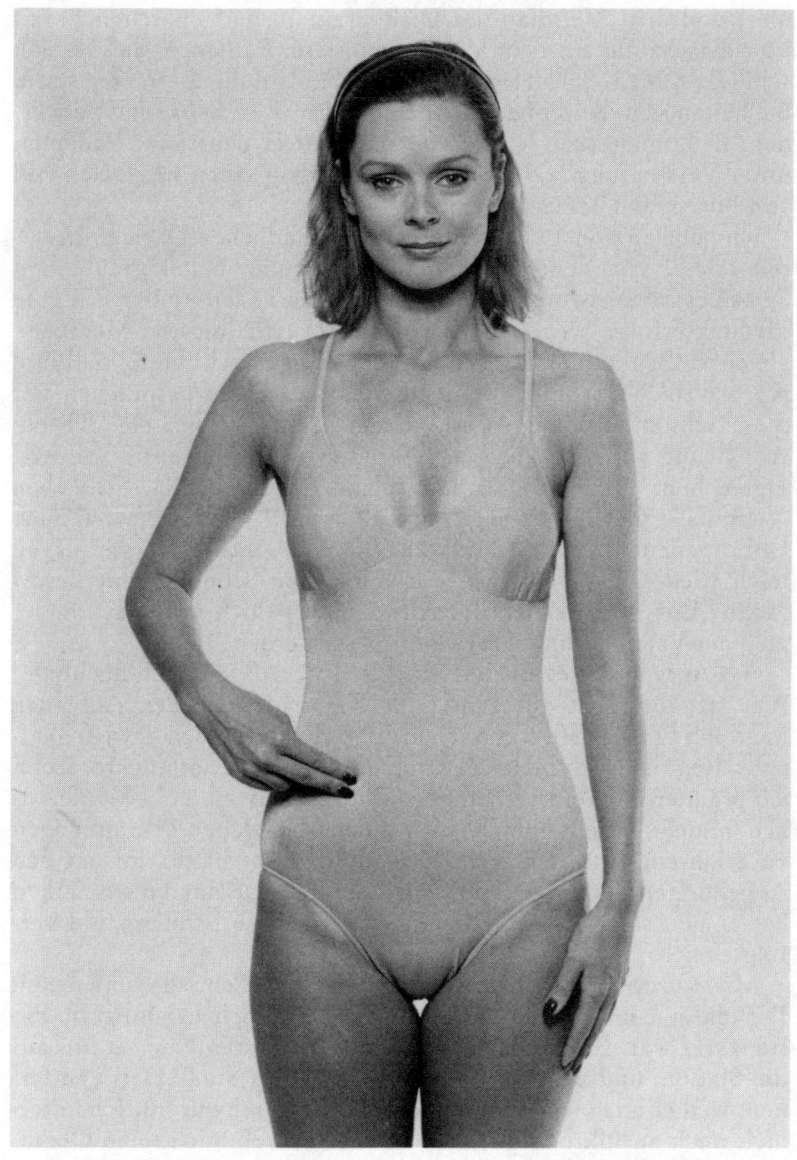

Der Testpunkt für den Dickdarmmeridian liegt etwa 6 cm seitlich und 2 cm unterhalb des Bauchnabels.

mer) und dem Meridian des Dickdarms. In der klinischen Praxis hört man häufig aus dem Mund depressiver Patienten, daß sie sich schuldig fühlen. Bei vielen ist dieses Schuldgefühl übermäßig stark. Sie halten sich dann noch nicht einmal für wert, behandelt zu werden. Es kommt auch häufig vor, daß schwer depressive Patienten unter Verstopfung leiden. Ihre Eingeweide – sagen sie – seien voll von Bösem und Schlechtigkeit.

Ich habe zahlreiche Patienten mit entzündlichen Darmgeschwüren erlebt, von denen jeder ein tiefsitzendes Schuldgefühl und Selbstbestrafungswünsche hatte. In einigen Fällen konnte ich gute Heilungserfolge verzeichnen, nachdem ich diesen Menschen gleich zu Beginn der Behandlung bewußt gemacht hatte, daß ihre Körper solche Schuldgefühle offenbaren. Dann besprachen wir diese Schuldvorstellungen im einzelnen, und ich ließ sie „Ich bin von Grund auf rein und gut. Ich bin es wert, geliebt zu werden" sagen. Sehr oft bestätigen mir solche Patienten: „Ja, Sie haben recht, mein Gewissen bringt mich noch um!" – Häufig rufen mich Colitispatienten an und erklären: „Doktor, meine Därme plagen mich wieder. Da ist etwas, was mir große Schuldgefühle verursacht." Das Aussprechen der Affirmation jedoch führt fast immer zu einer Verringerung ihrer Colitisbeschwerden!

Am Anfang dieses Buches erzählte ich, daß ich mich als junger Arzt oft für nicht gut genug für die bevorstehenden Aufgaben hielt. Ich fühlte, daß, wenn ich mehr wüßte, wenn ich gewissenhafter wäre, wenn ich mehr Zeit für die Patienten aufbrächte, wenn ich präzisere Anamnesen erhoben hätte, wenn ich mehr Konferenzen besucht hätte, um mehr über die verschiedenen Erkrankungen zu erfahren, wenn ich mehr Zeit aufgebracht hätte, um mit den Angehörigen der Patienten zu sprechen . . ., daß dann die Kranken besser genesen würden. Dieses berufsbedingte Schuldgefühl verfolgte mich.

Mir wurde der Zusammenhang zwischen Schuldgefühlen und Dickdarm zum erstenmal bewußt, als ich noch ein junger Assistenzarzt war. Ein junger Bursche von 18 Jahren kam zu uns auf die Station, und man wollte ihm ein größeres Stück Darm entfernen, weil er an einem entzündlichen Darmgeschwür litt. Ich unterhielt mich ausführlich mit dem Patienten, weil mich seine Operation stark beschäftigte. War das Herausschneiden des größten Teils seines Darms wirklich die einzige Hilfe, die wir bieten konnten? Was mir auch bei meinem damals noch naiven psychologischen Verständnis auffiel, war die ungeheure Verantwortung, die dieser junge Mann seiner Familie gegenüber fühlte: Als er erst

Der Dickdarmmeridian der meisten Menschen testet bei der Betrachtung dieses Fotos schwach. Durch das Aussprechen der Affirmation für den Dickdarmmeridian läßt sich diese Schwäche überwinden.

13 Jahre alt war, verstarb sein Vater, und er übernahm die Verantwortung für seine ganze Familie und die Farm. Er überwachte die Erziehung der kleineren Geschwister, erledigte alle Einkäufe für die Mutter, führte die Haushaltskasse, arbeitete anscheinend rund um die Uhr auf der Farm und ging seiner Schulpflicht nach. Als ich den jungen Mann in der Klinik kennenlernte, war er bereits wie ein Familienvater und halb erdrückt von seinen Verantwortungen. Was ich damals noch nicht wußte, daß ein Mensch, der sich solch eine Last aufbürdet, dies aus einem Schuldgefühl heraus tut.

Der Preis dafür war hoch. Die Colitis griff vom Dickdarm auf den Dünndarm über, der Patient mußte nochmals operiert werden und starb nicht lange danach als Opfer seines gewaltigen Schuldgefühls.

Schuld kann zu einem unglaublich mächtigen negativen Gefühl werden. Umgekehrt findet man auch nur selten Menschen, die ohne falschen Stolz oder Selbstgefälligkeit ein Selbstwertgefühl haben und mit gutem Gewissen auf sich selbst und ihr Leben stolz sind. So viele von uns sind anscheinend von Schuldgefühlen geplagt, und so viele leiden unter Darmerkrankungen.

Wenn wir wieder einmal unter Verstopfung oder Durchfall leiden, sollten Sie die Energie Ihres Dickdarmmeridians testen. Wenn er schwach reagiert, sprechen Sie wiederholt die passende Affirmation aus. Dieses Verfahren hat schon zahlreichen Patienten geholfen.

Wir beobachten, daß die negative Haltung beim Dickdarmmeridian, die Schuld, eine Form von Selbstmaß und von geringem Selbstwertgefühl ist. Die von Schuldgefühlen gepeinigte Person gibt die Schuld für ihr mißglücktes Leben und das ihrer Familie und Freunde immer sich selbst. Nach Johnsons Lexikon war „Schuld" ursprünglich die Geldstrafe, die man wegen eines Vergehens zahlen mußte. Später wurde sprachgeschichtlich daraus das Vergehen selbst, die Tat. Nach meiner Meinung ist es nicht nur das Vergehen, sondern auch die geistig-seelische Einstellung des Menschen, die das Vergehen begleitet.

Schuld bedeutet ursprünglich eine rechtliche Verpflichtung zu einer Abgabe oder Dienstleistung. Im Althochdeutschen entstand daraus „Verpflichtung zu Buße" und „Vergehen, Übeltat, Sünde" im rechtlichen und religiösen Sinn. Schuld wird heute definiert als „ein Zustand, der Verurteilung und Gewissensbisse verdient, weil vorsätzlich ein Verbrechen bzw. eine abscheuliche unmoralische Tat verübt wurde". – Oft sagt man: „Wer sich schuldig fühlt, braucht keinen Ankläger." Das bedeutet: Wenn wir uns für schuldig halten, fühlen wir uns wie Kriminelle. Wir meinen, daß man uns bestrafen sollte, weil wir nichts taugen.

Demzufolge sitzt unser Gewissen im Dickdarm, und von dort aus überkommen uns alle primitiven Schuldgefühle. Wenn Sie von jemandem hören, der ein Darmleiden hat, wenn Sie einen Menschen kennen, der immer wieder am Testpunkt des Dickdarmmeridians schwach reagiert, so wissen Sie, daß diese Person ein tief verwurzeltes Schuldgefühl, eine starke Tendenz zur Selbstbestrafung hat und keine Liebe für sich selbst empfindet.

Psychologisch betrachtet neigen Menschen mit Schuldkomplexen zu Zwangsverhalten und fühlen sich nicht sauber genug. Diese schwere Last der Schuld (dieses Drecks) zwingt sie zum Beispiel zu ständigem Händewaschen. Wie Sie sich vorstellen können, finde ich bei solchen Menschen immer Energiestörungen im Dickdarmmeridian. Patienten, die darüber hinaus schwer psychotisch oder schizophren geworden sind, schreien oft heraus, wie „schmutzig sie im Inneren sind, voller Kot und Dreck".

Die Affirmationen gegen Schuldgefühle lauten: „Ich bin es wert, geliebt zu werden", und/oder „Ich bin von Grund auf rein und gut".[17]

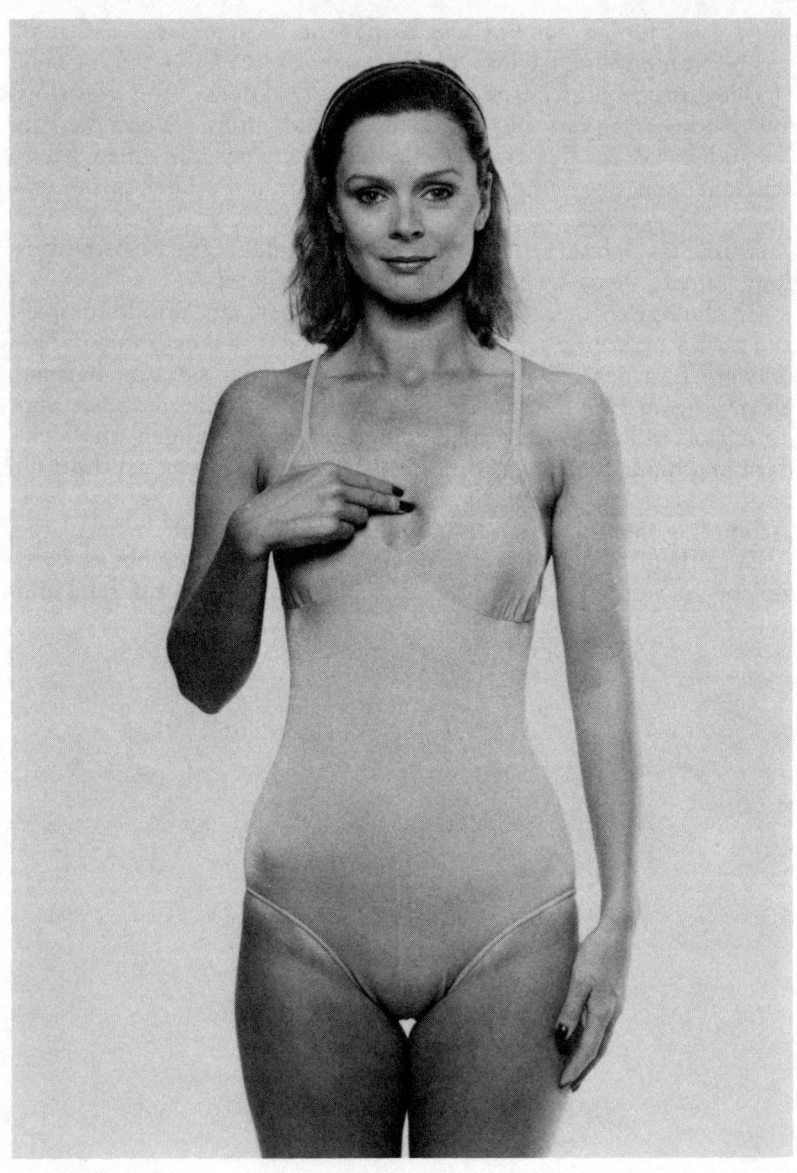

Der Testpunkt für den Kreislauf-Sexusmeridian liegt etwa auf Höhe der Brustwarzen.

Meridiane auf der Körpermitte

Dies sind die Meridiane, deren Testpunkte auf der Mittellinie des Körpers liegen

Kreislauf – Sexus
Herz
Magen
Schilddrüse (Dreifacher Erwärmer)
Dünndarm
Blase

Einer dieser Meridiane wird schwach reagieren, wenn bei der Versuchsperson eine Dominanz der linken Gehirnhälfte vorliegt.

KREISLAUF-SEXUSMERIDIAN

Der Meridian der Entspannung, Großzügigkeit und Entsagung

KREISLAUF-SEXUS	Loslassen der Vergangenheit, Großzügigkeit, Entspannung
	Eifersucht, sexuelle Spannung, Bedauern, Reue

Negative Emotionen:	Bedauern und Reue
	Sexuelle Spannung
	Eifersucht
	Starrsinn
Affirmationen:	Ich lasse die Vergangenheit los.
	Ich bin entspannt, mein Körper ist entspannt.
	Ich bin großzügig.
Testbild:	Sie sind mitten in einem großen Vorhaben, und es sieht so aus, als ob das Projekt nie zum Abschluß kommen wird. Es tut Ihnen aufrichtig leid, jemals damit begonnen zu haben.

163

Sie denken an eine Person, von der Sie sich sexuell angezogen fühlen. Je mehr Sie an diese Person denken, desto erregter werden Sie.

Sie entdecken Ihre(n) Geliebte(n) in Gesellschaft eines(r) Rivalen(in) und überlegen, auf welche Weise Sie Ihre(n) Partner(in) zurückgewinnen können.

Der Kreislauf-Sexusmeridian ist ein sehr komplizierter Meridian, weil er energetisch zwei wichtige Körperorgane versorgt, deren Funktionen sehr unterschiedlich sind: die Nebennieren, die – ähnlich wie die Thymusdrüse – unsere Reaktionen auf physiologischen Streß beeinflussen, und die Geschlechtsdrüsen (Eierstöcke und Hoden) sowie die zugehörigen Geschlechtsorgane. Die mit diesem Meridian verbundenen positiven und negativen Gefühlshaltungen bilden drei Grundtypen. Weil aber diese Typen untereinander nur wenige Gemeinsamkeiten aufweisen, neige ich zu der Auffassung, daß wir es mit einem komplexen Meridian zu tun haben, über den noch nicht alle Erkenntnisse vorliegen. Wahrscheinlich gibt es einige Untergruppen dieses Meridians, die weiterer Forschungsarbeit bedürfen. Vielleicht werden die Nebennieren und Geschlechtsdrüsen vom gleichen Meridian versorgt, weil beide Sexualhormone absondern. Es könnte auch zutreffen, daß tief im Unterbewußtsein die an sich getrennten Gefühle der Eifersucht und des Bedauerns miteinander korrespondieren.

Bedauern

Das erste negative Gefühl des Kreislauf-Sexusmeridians, dem wir uns widmen, ist „Bedauern" und wird definiert als „Kummer oder Enttäuschung aufgrund äußerer Umstände oder Ereignisse". Man sagt auch, daß „Kummer oder Schmerz durch den Gedanken an etwas entstehen, das man getan oder unterlassen hat".[18] Die grundlegende Bedeutung des Wortes Bedauern scheint im Rückblick ein Gefühl des Mißfallens zu sein.

Reue

Reue, von mittelhochdeutsch „riuwe", bedeutet ursprünglich seelischer Schmerz, Kummer und später Schmerz über etwas, das

Der Kreislauf-Sexusmeridian der meisten Menschen testet bei der Betrachtung dieses Fotos schwach. Durch das Aussprechen der Affirmation für den Kreislauf-Sexusmeridian läßt sich diese Schwäche überwinden.

man getan oder unterlassen hat. Es ist ein Gefühl, das uns nach dem Trauma immer noch peinigt, immer noch angreift. Die Vergangenheit schmerzt uns noch. Wir haben sie noch nicht losgelassen.

Fast alle von mir getesteten Menschen, die eine Scheidung hinter sich hatten, ließen beim Test Bedauern und Reue erkennen. Man klammert sich an die Vergangenheit, möchte das Vergangene nicht loslassen, sagt nicht: „Was vorbei ist, ist vorbei. Unsere Wege trennen sich hier; ich gehe den meinen, und sie geht den ihren", sondern klammert sich an Gewesenes und fühlt sich elend. Das ist ein Widerwille, eine Unfähigkeit, die gute Seite zu erkennen, das Böse zu verzeihen, sich mutig der Gegenwart zuzuwenden, die Vergangenheit loszulassen, das Leben von Tag zu Tag anzunehmen. Nur selten haben Menschen, die sich scheiden ließen, die Fähigkeit, die Vergangenheit abzuschütteln.

Bedauern und Reue versinnbildlichen also ein Festkleben an der Vergangenheit. Wenn ich mit Patienten zu tun habe, die eine wiederkehrende Störung des Energiegleichgewichts im Kreislauf-Sexusmeridian aufweisen, dauert es oft lange, bis sie diese Zusammenhänge einsehen und ich ihnen den „Mut zum Loslassen" vermitteln kann. Oft müssen erst Tränen fließen, um diese Trennung von der Vergangenheit, diesen Verzicht auszulösen. Am leichtesten gelingt es mit Hilfe der folgenden Technik: Ich ermutige den Patienten „Ich lasse die Vergangenheit los" zu sagen, während er oder sie langsam ausatmet. Das Ausstoßen der Luft symbolisiert das Loslassen der Vergangenheit.

Das Ungleichgewicht eines Kreislauf-Sexusmeridians kommt oft bei Menschen vor, die sich nie von einer zerbrochenen Liebesbeziehung erholen konnten. Ich erinnere mich an einen Patienten, der über fehlende Energie klagte. Er war stets müde, wie erschlagen, litt häufig unter Halsweh und Erkältungen, fühlte sich rundum miserabel und berichtete überdies von großen Kontaktschwierigkeiten gegenüber Frauen. Er wollte sehr gern eine innige Beziehung mit einer Frau eingehen, aber irgendwie gelang es ihm nie. Beim Test stellten wir ein wiederkehrendes Ungleichgewicht des Kreislauf-Sexusmeridians fest.

Später erzählte er mir, daß er eine unglückliche Liebesgeschichte mit einer Arbeitskollegin erlebt hatte. Er war sehr in sie verliebt, und sie verbrachten ein paar wundervolle Monate zusammen. Dann deutete die Partnerin nach und nach an, daß nicht alles ganz in Ordnung sei und sie die Beziehung lösen wolle. Sie verließ ihn nicht wegen eines anderen Mannes, sondern nur deshalb, weil sie es zusehends schwerer fand, mit ihm klarzukommen. Der Mann war am Boden zerstört. Monatelang analysierte er die Beziehung sorgfältig, um herauszufinden, was er getan hatte, um sie zu ruinieren. Er senkte sich in die Vergangenheit, erinnerte sich nicht nur an die guten Zeiten, die sie zusammen verbracht hatten, sondern suchte nach Anhaltspunkten für das, was sie auseinandergebracht hatte. Sie arbeiteten weiter im gleichen Büro, doch es fiel ihm immer schwerer, an ihrem Schreibtisch vorbeizugehen, ohne sich aufzuregen.

Nachdem ich das Problem mit ihm diskutiert hatte, machte ich ihm einsichtig, daß er die Vergangenheit aufgeben mußte, um in seinem gegenwärtigen Leben weiterzukommen. Er ging darauf ein und affirmierte häufig „Ich lasse die Vergangenheit los". Es war ihm klargeworden, daß seine starre Haltung gegenüber der vergangenen Liebesgeschichte alle künftigen Bemühungen um eine neue Beziehung in der Zukunft blockierte. Schließlich brachte er es fertig, am Schreibtisch der Ex-Geliebten vorbeizugehen und sogar ein paar belanglose Worte mit ihr zu wechseln, ohne sich aufzuregen. Dazu war er seit dem Ende ihrer Beziehung nicht mehr fähig gewesen.

Innerhalb kurzer Zeit nahm seine Lebensenergie zu. Er fühlte sich insgesamt wohler, und seine Beziehung zu Frauen war sehr viel befriedigender. Der ständige Energieverlust durch Energiestörung seines Kreislauf-Sexusmeridians war behoben, und er konnte seine Kräfte schöpferischer und wirksamer einsetzen.

Wir entdecken Unausgewogenheiten in diesem Meridian oft bei Erwachsenen, die sich über die Art ihrer Erziehung im Elternhaus beklagen. Sie äußern etwa: „Ich bedaure es sehr, daß meine Eltern nicht besser für mich gesorgt haben. Ja, hätten sie mir eine andere Schulbildung ermöglicht... wären sie nicht so streng gewesen... wären sie nicht so nachsichtig gewesen... oder was auch immer." Solche Menschen sind Gefangene ihrer Vergangenheit und suchen dort den Grund für ihre Gegenwartsprobleme. Man muß sie ermutigen zu sagen: „Das liegt hinter mir, ist Vergangenheit. Ich werde es loslassen und in der Gegenwart vorankommen!"

Andere, deren Energiefluß im Kreislauf-Sexusmeridian häufig gestört ist, haben in ihrem Leben tragische Situationen oder Unfälle durchgemacht. Diese Menschen sind in einem Netz von Bedauern und Reue verstrickt, wie die Tests immer wieder zeigen. Sobald sie erkennen, daß solche Gedanken die Ursachen ihres andauernden Energieverlusts bilden, und wenn sie beginnen, die Affirmationen zu sagen, kommt es zu einem allmählichen Loslassen der Vergangenheit und zum Entschluß, voranzuschreiten. Auf diese Weise erreichen wir sogar den Zen-Zustand: „Mein Geist ist völlig gelöst von den Dingen der Vergangenheit."

Loslassen der Vergangenheit

Ich habe noch kein Wort gefunden, das genau die Gefühlslage wiedergibt, die den positiven Gegenpol zu Bedauern und Reue bezeichnet. Durch klinische Tests haben wir herausgefunden, daß die passende Affirmation „Ich lasse die Vergangenheit los" lautet. Das bedeutet, man muß die Vergangenheit aufgeben, um diese negativen Gefühlszustände zu beheben. Auf diese Weise können wir unsere ganze Lebensenergie auf die Gegenwart und das Erreichen unseres wahren Ziels konzentrieren.

Vielleicht ist es sogar angebracht, vorzuschlagen, „Normalität" im psychiatrischen Sinn als die Fähigkeit zu definieren, Vergangenes nicht in den Umgang mit gegenwärtigen Problemen hineinspielen zu lassen. Zum Beispiel sollten wir uns nicht über das Verhalten eines Freundes aufregen, weil es uns an etwas Unangenehmes erinnert, das ein anderer Freund vor längerer Zeit in einer vergleichbaren Situation tat. Besonders bei unseren Beziehungen müssen wir daran denken, Probleme aus früheren Verhältnissen nicht in die Gegenwart zu verschleppen.

Stellen Sie sich vor, Sie sind auf der Suche nach einem schwer beschaffbaren Gegenstand. Sie klappern einen Laden nach dem anderen danach ab. Nach mehreren vergeblichen Anläufen werden Sie schließlich auf einen Verkäufer böse, aber eigentlich nicht, weil er das Gesuchte nicht anbieten kann, sondern aus Ärger über all die vorhergegangenen vergeblichen Versuche. Sie haben ihren Zorn aus den anderen Läden mitgebracht. Natürlich sollten Sie sich im letzten Laden genauso verhalten wie im ersten. Und bei einer zwischenmenschlichen Beziehung sollten wir jeden Menschen so behandeln als sei er/sie der/die erste.

So ist es im ganzen Leben. Oft lassen wir uns bei der Bewältigung unserer Gegenwart von den Schatten längst vergangener Probleme beeinflussen. Statt dessen sollten wir in der Lage sein, jede Sache als etwas völlig Neues zu betrachten – also ohne den Ballast von anno dazumal. So ähnlich behandelt auch der Psychiater seine Patienten: Sie sollen die gegenwärtigen Sorgen aus der Perspektive der Gegenwart betrachten und nicht mit Vorurteilen von früher und veralteten Denkmodellen. Wir müssen die Vergangenheit beiseite tun und die Gegenwart so nehmen, wie sie nun einmal ist. Im 1. Buch Mose, Kapitel 19, Vers 17 heißt es: „Errette deine Seele, und siehe nicht hinter dich" und in Lukas 9:62: „Jesus aber sprach zu ihm: Wer seine Hand an den Pflug legt, und siehet zurück, der ist nicht geschickt zum Reich Gottes."

Das Wort, das ich am liebsten für die Bewältigung des Bedauerns verwende, heißt „Abschwören", womit eine feierliche und offizielle Aufgabe einer Sache gemeint ist. Dieses Wort macht den Verzicht, das Loslassen der Vergangenheit noch bestimmter und verbindlicher, denn es beinhaltet das Wort „schwören" und wird auch oft im juristischen Sinn verwendet. Wer bedauert, der klammert sich an die Vergangenheit; wer ihr abschwört, macht sich von ihr frei.

Spannung

Eine weitere negative Gefühlshaltung des Kreislauf-Sexusmeridians, die ich sehr häufig vorfinde, ist die sexuelle *Spannung*. Die Mode von heute beeinflußt diesen Meridian, ganz abgesehen von den aufreizenden Anzeigen in Zeitungen, Zeitschriften und auf Plakatsäulen. (Denken Sie z. B. an die hübschen Mädchen bei der Automobilwerbung.) Viele Anzeigen wurden vielleicht unbewußt so entworfen, daß sie uns in sexuelle Spannung versetzen. In diesem Spannungszustand handeln wir so, daß der erregte Meridian wieder in Ordnung kommt, und damit häufig zugunsten der Werbenden. Ein Marketing-Experte verriet mir, daß die reizvollen Fotomodelle in der Autowerbung als Lockmittel dienen und den potentiellen Käufer zum Kauf anregen, nur daß dieser unbewußt nicht das Auto kauft, sondern die „Geliebte", die mit auf der Anzeige war. Seit neuerem gibt es auch Autoanzeigen mit flotten Männern als Blickfang, weil immer mehr Frauen sich einen eigenen Wagen anschaffen. Ich nehme an, daß solche werbewirksamen Erkenntnisse nicht nur auf das Marketing von Autos beschränkt bleiben.

Die Strafe, die wir für den Nervenkitzel solcher Produktwerbung zahlen, besteht in einer Schwächung des Energieflusses im Kreislauf-Sexusmeridian, die wiederum unsere Nebennieren beeinflußt.

Damit möchte ich nicht sagen, daß jede Spannung sexueller Natur ist, obwohl dies häufiger vorkommt als man vermuten möchte.

Bedenken Sie bitte: Wo Streß wirksam wird, entsteht fast unvermeidbar auch geistig-seelische und/oder physische Spannung, und diese erzeugt auch Streß in den Nebennieren.

Wir leben unter Streß und sind deshalb in einem Spannungszustand. Hinzu kommt noch die ganz besondere sexuelle Spannung, die in unserer modernen Gesellschaft vorherrscht; die Vorstellung, daß wir ständig Angehörige des anderen Geschlechts verführen müssen. Kein Wunder, daß dieser sehr komplexe Meridian im Test häufig Störungen des Energiegleichgewichts anzeigt.

Starrsinn

Die emotionale Qualität des *Starrsinns* bedeutet Steifheit, Unbeweglichkeit, die Weigerung, sich den Verhältnissen anzupassen, nachzugeben und einzulenken. Nehmen Sie als Beispiel den leitenden Angestellten einer Firma, der nach einem bestimmten Plan bedeutende geschäftliche Erfolge erzielte und sich nun weigert, auch nur einen Gedanken daran zu verschwenden, wenn ihm eine noch wirksamere Methode offeriert wird. Diese Unbeweglichkeit und Starrheit resultiert aus einer Spannung und verstärkt sie zudem noch weiter.

Entspannung

Der positive Zustand demgegenüber ist die *Entspannung*. Da Spannung auch Starre bedeutet, ist die positive Affirmation die Rückkehr in einen lockeren und weichen Zustand. Die sexuellen Bezüge sind hier offenkundig. Es ist gewiß kein Zufall, daß diese Gefühle sich auf jenen Meridian beziehen, der den Sexualdrüsen Energie liefert. Die positiven Affirmationen: „Ich bin entspannt" oder „Mein Körper ist entspannt" dienen dazu, das Energiegleichgewicht im Kreislauf-Sexusmeridian wieder herzustellen.

Eifersucht

Hinter der *Eifersucht* verbirgt sich die Vorstellung, daß wir uns voller Eifer bemühen, etwas zu beschützen oder wiederzugewinnen, was uns nach unserer Meinung zu Recht gehört. Das „*Oxford*

English Dictionary" definiert *„Eifersucht"* als „Wachsamkeit im Sichern eines Besitzes": Eifersucht schließt Rivalität mit ein. Man kann sich die Rivalen als Gegner vorstellen, die einander vom gegenüberliegenden Flußufer aus argwöhnisch mustern.[19] Eifersucht impliziert, daß wir den Besitz als „unser" ansehen und dafür nötigenfalls auch kämpfen. (Der Eifersüchtige betrachtet in diesem Zusammenhang seine Ehefrau oder Geliebte als persönliches Eigentum.)

Eifersucht ist immer eine Art Dreiecksverhältnis. Der Ehemann ist auf den Rivalen eifersüchtig, der ihm die Ehefrau weggenommen hat. Deshalb bekämpft er diesen Rivalen nach besten Kräften, um seine Frau zurückzugewinnen. Dieses Verhalten sieht die Frau nicht als eigenständige Person, die selbst über ihr Leben verfügen und entscheiden kann, mit wem sie es verbringen will. Wenn Eifersucht im Spiel ist, wird das, worum gekämpft wird (in diesem Fall die Frau) immer als Eigentum betrachtet, das einem zusteht und das man sich zurückerobert. Die Liebe zu dieser Frau ist viel weniger wichtig, als das Bestreben des Mannes, seinen Besitz wiederzugewinnen. Owen Meredith schrieb dazu: „Es kann keine wahre Liebe geben ohne die schreckliche Strafe – die Eifersucht."[20] Aber Eifersucht ist keine Liebe! Eifersucht entsteht aus Egoismus und dem Gefühl, über bestimmte Eigentumsrechte an einem Menschen zu verfügen, nicht aus einer wahrhaft liebevollen Beziehung zwischen Mann und Frau. Robert Louis Stevenson schrieb: „Die Eifersucht ist in jedem Fall eine der Folgen der Liebe; ob es Ihnen paßt oder nicht – so ist das nun einmal." Ich vertrete eine andere Auffassung. Bei wahrer Liebe gibt es keine Eifersucht. Wir achten die Wünsche des anderen. Aus Liebe zu ihm oder ihr wollen wir jeweils nur das Beste für sie oder ihn bzw. das Beste für uns beide. La Rochefoucauld formulierte es trefflich, als er feststellte: „In der Eifersucht steckt mehr Eigenliebe als Liebe."

Das Kleinkind, das sein Spielzeug nicht mit den Geschwistern teilen will, sich daran klammert und „Es gehört mir!" brüllt, bekundet Eifersucht, die Weigerung etwas zu teilen, das Festhalten am eigenen Besitz um jeden Preis.

Großzügigkeit

Die positive Gefühlslage in diesem Fall ist Großzügigkeit und die Bereitschaft zum Teilen mit anderen. Johnson definiert Großzügigkeit als „etwas Edelmütiges, Offenherziges".

Es überrascht nicht weiter, daß Eifersucht heute eine so dominierende Rolle hat. In unserer Gesellschaft hängt jeder so an seinem Besitz, daß er ihn eifersüchtig behütet. Dies kommt vielleicht daher, daß wir nicht bereit sind, uns von der Vergangenheit zu lösen. Im Gegensatz dazu bedeutet Güte „von freundlicher Natur sein, großzügig, warmherzig, gut". Güte ist eine weitere positive Eigenschaft des Kreislauf-Sexusmeridians.

Kürzlich beobachteten wir ein Beispiel von Eifersucht unter unseren Hauskatzen. Wir bekamen zwei kleine Katzen aus dem gleichen Wurf, als die Tiere zehn Wochen alt waren. Jetzt sind sie schon über sechs Monate alt, spielen zusammen, schlafen gemeinsam und putzen einander. Wenn eine dieser Katzen gestreichelt, auf den Arm genommen oder gefüttert wird, scheint das die andere nicht zu stören, und sie wartet geduldig, bis auch sie an die Reihe kommt. Keine ist eifersüchtig wenn der anderen Aufmerksamkeit gewidmet wird. Natürlich hängt das zum Teil damit zusammen, daß sie zusammen aufwuchsen. Als wir die neuen Kätzchen nach Hause brachten, zeigte unser alter Kater sofort alle Anzeichen von Eifersucht. Er fauchte die Jungen an und versuchte sie aus seinem „Revier" zu vertreiben. Man hatte den Eindruck, als wollte er damit verkünden: „Das hier ist mein Haushalt. Ich werde ihn mit all meinen Kräften verteidigen. Haut ab! Das gehört mir!" Wäre unser Kater ein Mensch gewesen, hätten wir ihn durch gutes Zureden dazu bewegen können, sich großzügig zu erweisen und die Neulinge zu dulden. Weil er aber ein Tier ist, streichelten wir ihn noch mehr, befaßten uns länger als sonst mit ihm und wollten ihn an die Kätzchen gewöhnen. Er ließ sich jedoch nicht beeinflussen, verweigerte empört alle Liebesbezeigungen und weigert sich inzwischen, ins Haus zu kommen.

In manchen Situationen fällt es sehr schwer, Eifersucht und Engstirnigkeit zu überwinden. Bei einem Patienten oder Schüler würden wir in der Lage sein, zu reden und ihm dabei zu helfen, diese negative Gefühlslage durch passende Affirmationen und andere Methoden zu beseitigen. Außerdem würden wir direkt mit seiner ganzen Lebensenergie arbeiten und diese über seine Thymusdrüse so aktivieren, daß er seine Eifersuchtsgefühle loslassen und statt dessen lieben könnte.

Ich hatte einmal einen verheirateten Patienten, der ein Liebesverhältnis mit seiner Sekretärin unterhielt. Ich fragte ihn, ob er glaube, daß diese intime Beziehung sein Verhältnis zu seiner Frau trübe. Er protestierte laut: „Ganz und gar nicht! Es ist genau umgekehrt. Meine Freundin hat meine Liebesgefühle so stark angeregt, daß meine Ehefrau die wirkliche Nutznießerin der neu entflammten Liebe ist!" – Einige Jahre später kam der gleiche Patient weinend in meine Praxis zurück. Er hatte entdeckt, daß seine Ehefrau eine Beziehung zu einem anderen Mann unterhielt, und wollte nun den Rivalen am liebsten töten, weil er in seine Ehe eingebrochen war. Er sagte, er werde mit aller Kraft um seine Frau kämpfen, denn er wolle sie auf keinen Fall verlieren.

Diese Begebenheit veranlaßt mich, noch einmal auf das Zitat von La Rochefoucauld zu verweisen: Eifersucht ist mehr Eigenliebe als Liebe. Nachdem der Patient mit mir alle Einzelheiten der Geschichte diskutiert und ich ihm klargemacht hatte, daß die wilde Eifersucht negative Auswirkungen auf seine Energie haben würde, riet ich ihm zu folgenden Affirmationen: „Ich bin großzügig" und „Mein Körper ist entspannt". Der Patient begriff, daß die Eifersucht und sexuelle Spannung seine Energie schwächten und eine Lösung des Konflikts verhinderten. Kurz darauf brachte er es fertig, sein Problem in den Griff zu bekommen.

HERZMERIDIAN

Der Meridian der Vergebung

HERZ	Liebe, Vergebung
	Zorn, Ärger

Negative Emotionen:	Zorn
	Ärger
Affirmationen:	Ich liebe.
	Ich verzeihe.
	Mein Herz ist versöhnlich gestimmt.
Testbild:	Sie kommen von einem Spaziergang nach Hause und ertappen einen Strolch, der die Luft aus den Reifen Ihres Autos läßt.

Zorn, Ärger

Wie wir bereits erläuterten, ist der *Zorn* der dominierende negative Gefühlsfaktor beim Herzmeridian. Dieses Gefühl und

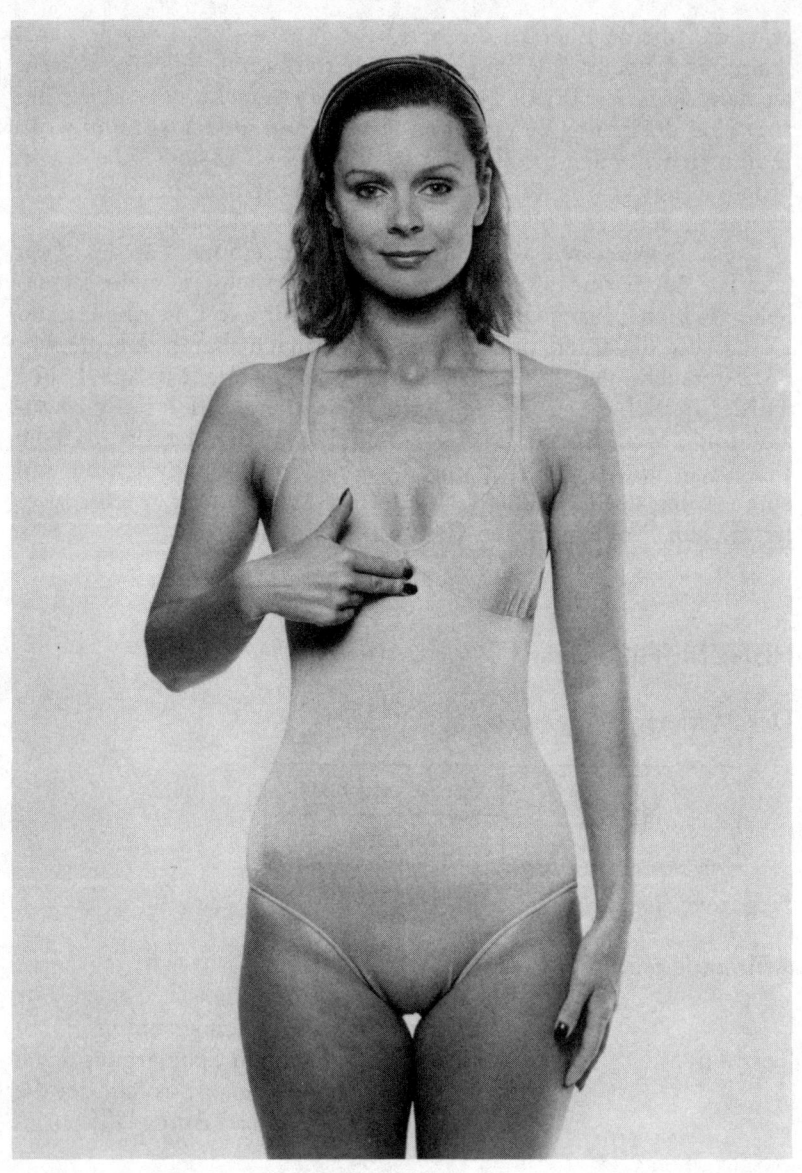

Der Testpunkt für den Herzmeridian liegt am Schwertfortsatz des Brustbeins.

bestimmte Probleme mit diesem Meridian kommen sehr oft bei herzkranken Menschen vor.

Betrachten wir Zorn und Ärger sprachgeschichtlich etwas genauer, so ergeben sich interessante Querverbindungen:

Die indogermanische Sprachwurzel von Ärger liegt bei dem Begriff „angk" (sinngemäß eng) und bedeutet etwa „würgen, bedrükken". Wer unter der Herzkrankheit angina pectoris leidet, spürt eine vernichtende „Brustenge" beim Anfall. Lateinisch „angere" heißt „erwürgen". Das Wort angina entstammt der gleichen Wortwurzel.

Von John Locke wurde Zorn wahrscheinlich am besten beschrieben: „Zorn ist ein Unbehagen des Geistes mit der Absicht nach Vergeltung, nachdem wir verletzt wurden." Lockes Definition läßt deutlich erkennen, daß ein zorniger und ärgerlicher Mensch nach Rache dürstet. Um die negativen Auswirkungen des Zorns zu stoppen, ist als Gegengewicht Versöhnungsbereitschaft erforderlich. Vergeben bedeutet verzeihen. South formulierte: „Zorn ist ein vorübergehender Haß oder ihm zumindest sehr ähnlich." Wir wissen aus unseren Tests, daß Haß eine grundlegende negative Thymuseigenschaft ist, während der Zorn sich auf den Herzmeridian bezieht.

Vergebung

Vergeben bedeutet, etwas nicht mehr übelnehmen und statt dessen versöhnlich reagieren. Robert Burns schrieb: „Gerne möchte ich sagen, vergebt mein schändlich Vergehen!" Vergeben heißt Zorn und Groll aufgeben. Dieses Loslassen verwandelt das, was seither den Herzmeridian und damit das Herz schwächte, in positive Energie um – ein weiteres vorzügliches Beispiel für das, was wir unter Umwandlung von negativen Emotionen verstehen. Aus Zorn wird Liebe und Vergebung; negative, schwächende Energien werden positiv und stärken uns jetzt.

Vergeben bedeutet, aufgeben, weggeben. Wenn wir vergeben, geben wir unseren Zorn auf und unser Handeln wird statt dessen von Liebe bestimmt. Die Bibel sagt dazu: „Denn so ihr den Menschen ihre Fehler vergebet, so wird euch euer himmlischer Vater auch vergeben" (Matthäus 6:14). Johnson beschreibt Vergeben als „Sanftheit, Bereitschaft zum Verzeihen".

Zorn kommt natürlich sehr oft vor. Er wird durch Vergeben geheilt und nicht, wie wir heute häufig annehmen, durch eine Art

Der Herzmeridian der meisten Menschen testet bei der Betrachtung dieses Fotos schwach. Durch das Aussprechen der Affirmation für den Herzmeridian läßt sich diese Schwäche überwinden.

psychologisches Klistier, bei dem wir alles herauslassen, herausschreien, dem Objekt unseres Zorns gehörig die Meinung sagen, den ganzen Ärger loswerden. Beim Testen stellt sich nämlich heraus, daß damit dem Zorn keineswegs abgeholfen wird. Vielmehr wird deutlich, daß nun die Energien der Herzmeridiane sowohl der zornigen Person als auch des Opfers des Zornausbruchs unausgeglichen sind. Letztere Person ist jetzt ihrerseits verärgert, und dieser Ärger strahlt zurück. Zorn läßt sich also nicht heilen, indem man ihn herausläßt, sondern nur dadurch, daß man ihn in Liebe und Vergebung umwandelt. Dies läßt sich sofort erreichen, wenn die Lebensenergie und der Wille zum Gesundwerden aktiviert sind.

Wenn Sie das nächste Mal in einen Verkehrsstau geraten, lassen Sie sich von einem Mitfahrer testen. Sie werden feststellen, daß derartige Situationen fast immer das Gleichgewicht des Herzmeridians stören. – „Ein Geduldiger ist besser denn ein Starker" (Sprüche 16:32).

MAGENMERIDIAN

Der Meridian der Zufriedenheit und Gelassenheit

MAGEN	Zufriedenheit
	Enttäuschung, Ekel, Gier

Negative Emotionen:	Ekel
	Enttäuschung
	Bitterkeit
	Gier
	Leere
	Entbehrung
	Übelkeit
	Hunger
Affirmationen:	Ich bin zufrieden.
	Ich bin gelassen.
Testbild:	Sie schlendern durch die Straßen und beobachten zufällig, wie Ihr(e) Geliebte(r)

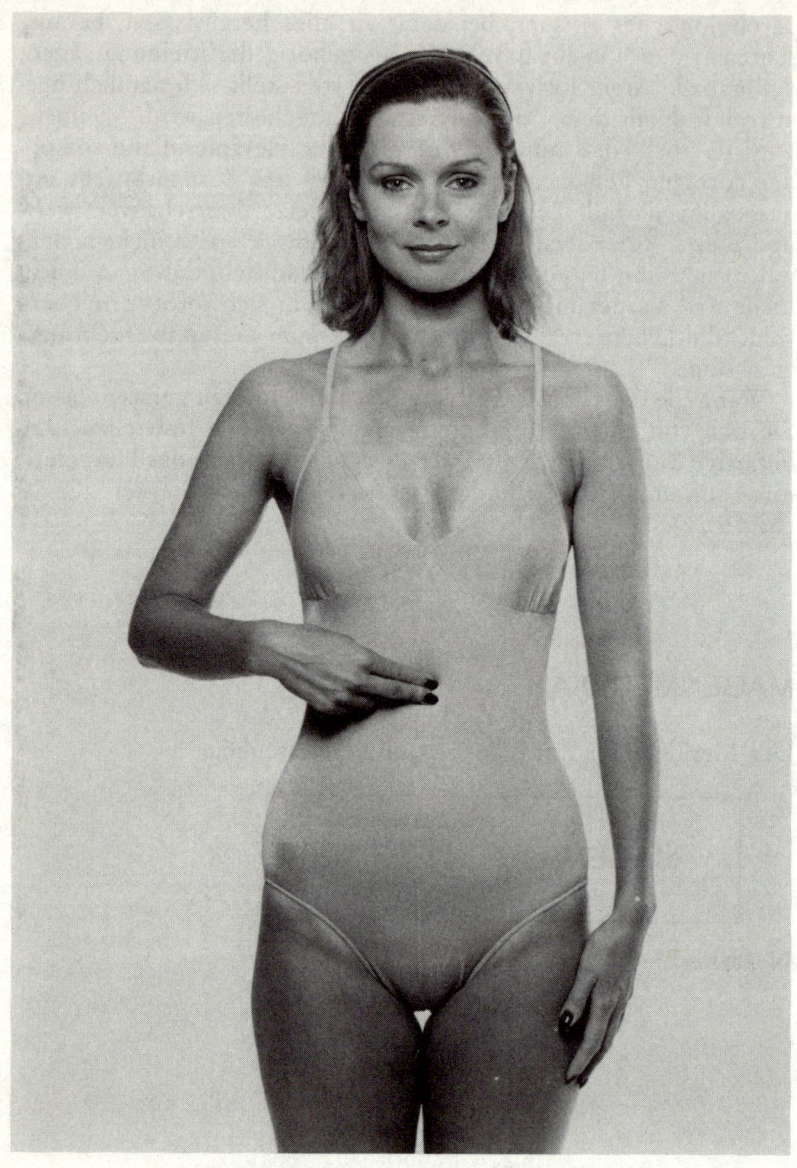

Der Testpunkt für den Magenmeridian liegt auf halbem Weg zwischen dem
Schwertfortsatz des Brustbeins und dem Nabel.

178

Arm in Arm mit einem(r) anderen spazie-
rengeht. Er/sie hat Sie versetzt.
Sie haben längere Zeit auf Beförderung
gerechnet. Als die Position frei wird, bekommt ein anderer die Stelle.
Die Gefühle, die sich auf den Magenmeridian beziehen, wirken
sich offensichtlich auf die Magenfunktion aus.

Ekel

Ekel ist ein „starker Widerwille gegen bestimmte Nahrungsmittel; eine krankmachende, körperliche Abneigung gegen Essen,
Trinken, Schlucken von Arzneimitteln usw. Außerdem Brechreiz,
Abscheu". Ekel wird auch definiert als „starker Widerwille, Aver-
sion oder Abneigung, hervorgerufen durch etwas, das widerwärtig
oder anstößig ist", etwa Fäulnisgeruch, unangenehme Menschen
oder Maßnahmen, enttäuschte Hoffnungen und so weiter.
Ekel bedeutet eigentlich etwas, was schlecht schmeckt, das uns
krank werden läßt, das uns zum Erbrechen reizt, vor dem uns
graut. Johnson definiert das Verb sich ekeln als „Abscheu im
Magen erwecken; Widerwillen empfinden".

Enttäuschung

Enttäuschung wird definiert als „Frustration oder Nichterfüllung
von Erwartungen, Absichten oder Wünschen" und als „Seelenqual
des enttäuschten Glaubens". Das Wort kam erst zu Beginn des
19. Jahrhunderts auf und ersetzte die aus der französischen Sprache übernommenen Fremdwörter „detrompieren und desabusie-
ren". In seiner Zusammensetzung: Ent-täuschung bedeutet es
eigentlich „aus einer Täuschung herausreißen, eines Besseren belehren", wird aber für die unerfreuliche Zerstörung von Hoffnungen und Erwartungen verwendet. Dies ist heute die Grundbedeu-
tung: die Nichterfüllung einer Abmachung, Hoffnung, Erwartung.
Wenn eine Beziehung zerbricht und sich ein Partner einer anderen
Person zuwendet, ist der verlassene Partner enttäuscht, seine (be-
rechtigten?) Erwartungen haben sich nicht erfüllt.
Erinnern Sie sich an die Enttäuschung über meinen Beruf, von
der ich am Anfang dieses Buches erzählte. Alles, was ich gelernt

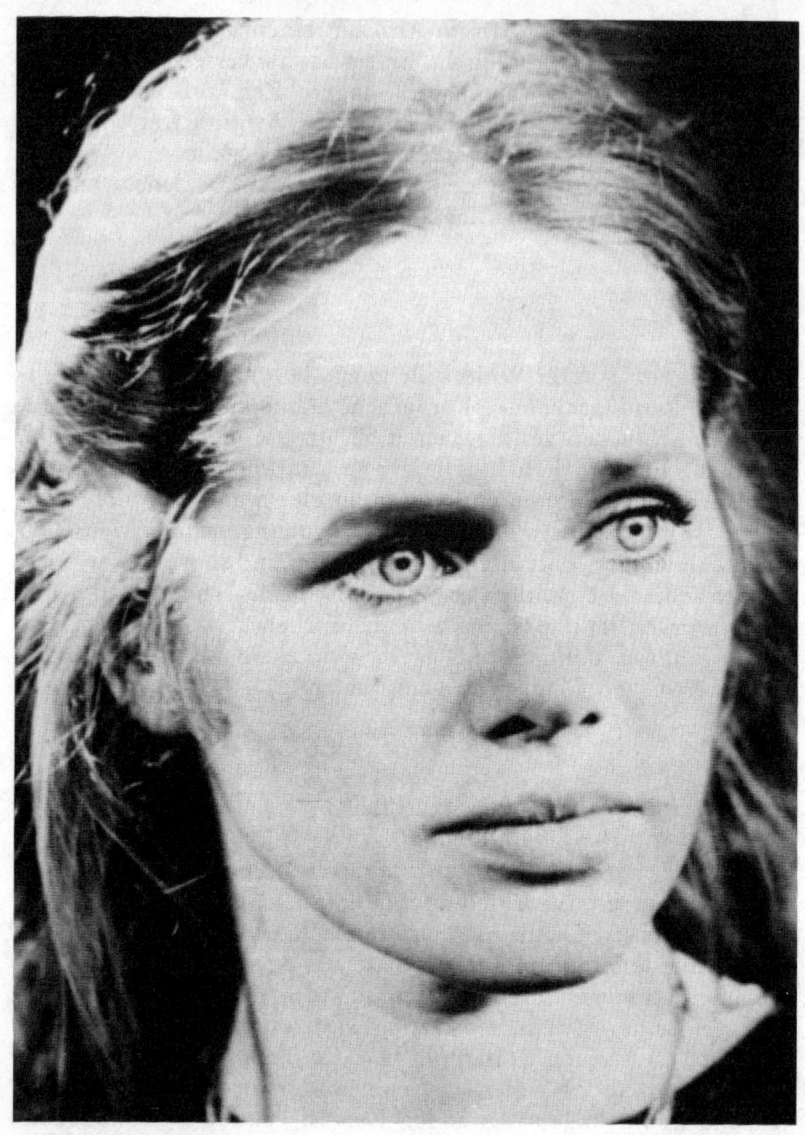

Der Magenmeridian der meisten Menschen testet bei der Betrachtung dieses Fotos schwach. Durch das Aussprechen der Affirmation für den Magenmeridian läßt sich diese Schwäche überwinden.

hatte, ließ mich glauben, daß es meinen Patienten besser ginge, wenn ich das Richtige täte. Daß sie glücklich werden und ein erfülltes Leben führen würden. Genau das erwartete ich, und als es nicht eintrat, war ich zutiefst enttäuscht, ähnlich wie ein Baby enttäuscht ist, wenn die Mutter nicht gleich mit der Flasche kommt, wenn es hungrig ist, weil es argwöhnt, ihre Zuneigung verloren zu haben.

Vielleicht begreifen wir jetzt besser, wie einem Kleinkind zumute ist, wenn es vergeblich auf Essen wartet. Es glaubt, daß die Beziehung zur Mutter abgetrennt wurde. Jemand anderes bekam die Nahrung – wie zuvor den Freund oder die Freundin. Wenn die Nahrung dann endlich eintrifft, können wir eine Überreaktion erwarten: Es entwickeln sich Gier und Freßsucht.

Johnson definiert *enttäuschen* als „Zerstören einer Erwartung" und „Enttäuschung" als „Fehlschlagen einer Erwartung". Enttäuschung tritt nur ein, wenn vorher eine Erwartungshaltung bestand, die dann nicht erfüllt wird.

Eine Patientin erzählte mir, daß sie immer wieder von Männern verlassen wird, sich dann enttäuscht fühlt und sich mit Essen vollstopft, weil sie eine nagende Leere in der Magengrube verspürt. Psychologisch gesehen ist diese Frau von ihrer Versorgung mit Liebe abgeschnitten. Deshalb wendet sie sich als Ersatz dem Essen zu, eine Erinnerung an ihre Babyzeit, als die Mutter sie reichlich mit Nahrung und Liebe versorgte.

Das Urbild dieser Situation ist eine Mutter, die ihr Kind an der Brust stillt. Bemerkenswert ist in diesem Zusammenhang auch die Tatsache, daß viele Magenleiden mit Milch behandelt werden.

Enttäuschung über sich selbst schlägt sich ebenfalls in einem Ungleichgewicht des Magenmeridians nieder. Man mag dabei empfinden, daß man sich und andere im Stich gelassen hat, daß man verdient, abgewertet zu werden, und sich selbst herabsetzt.

Verbitterung

Die *Verbitterung* oder *Bitterkeit* ist ein verwandter Gefühlszustand. Im *Oxford English Dictionary* bedeutet „bitter" soviel wie „widerwärtig für die Sinne; unangenehm und schwer zu schlucken oder zuzugeben". Der Gesichtsausdruck unterscheidet sich auffallend vom Ausdruck des Ekels. Beim Ekel ziehen sich die Mundwinkel nach unten, wie Charles Darwin beobachtet: „Als ob das Kind eine Rinne bildete, durch die das Erbrochene aus seinem Magen austreten und ausgestoßen werden kann."[21] Bei Bitterkeit sind die Lippen oft zusammengepreßt und geschürzt. Ein bitterer Geschmack stellt sich häufig vor dem Erbrechen ein, bevor wir schlecht verdaute Nahrung oder verdorbene Lebensmittel wieder von uns geben. Vielleicht bedeutet das Schürzen der Lippen so etwas wie einen Versuch, das Erbrechen in letzter Minute zu stoppen. Die Bitterkeit könnte demzufolge ein Zwischenstadium zwischen Ekel und dem tatsächlichen Erbrechen sein.[22]

Zahnärzte weisen darauf hin, daß bei Störungen im Kaumechanismus häufig eine Fehlstellung des Unterkiefers zugrunde liegt. Dadurch wird auch der Energiefluß zum Magenmeridian beeinträchtigt. Die Tatsache, daß ungenügend gekaute Nahrung im Mund nicht ausreichend vorverdaut wird, führt zu weiteren Verdauungsproblemen im Magen.

Es hat sich herausgestellt, daß die meisten Nahrungsmittel mit einer Störung des Magenmeridians zusammenhängen. Wir hatten im Lauf der Jahre ziemlich guten Erfolg beim Behandeln von Nahrungsmittelallergien durch die Aktivierung des Magenmeridians und die entsprechenden Affirmationen in Verbindung mit den Affirmationen für die Thymusdrüse.

Wie passend ist es doch, im Zusammenhang mit diesem Meridian von „bitterer Enttäuschung" zu reden.

Gier

Wenn wir das Gefühl haben, von anderen nicht genug zu empfangen, oder wenn wir in der Vergangenheit auf vielfältige Weise enttäuscht wurden und ähnliche Enttäuschungen sich immer wieder einstellen, wenden wir uns einer Quelle der Befriedigung zu und möchten alles auf einmal erhaschen. Gierige Menschen verhalten sich, als seien sie niemals sicher, daß die nächste Mahlzeit kommt. Folglich überladen sie sich beim gerade verfügbaren Essen und hamstern alles, was sie erwischen können.

Hanna Segal verweist darauf, daß die Gier „auf den Besitz alles Guten zielt, das aus dem jeweiligen Objekt herausgeholt werden kann, ohne Rücksicht auf die Folgen".[23] Trotz der unangenehmen Folgen wird sich ein gieriger Mensch immer wieder überfressen. Es geht sogar so weit, daß der Gierige einem anderen etwas wegnimmt, nur um seine Gier zu stillen. Der gierige Mensch fühlt ungefähr so: „Ich bin schon oft enttäuscht worden. Wenn ich etwas brauchte, war nichts da. Also muß ich jetzt die Gelegenheit nutzen und vorsorgen wie ein Kamel, das an der Oase reichlich Trinkwasser säuft, um längere Durststrecken in der Wüste zu überleben. Ich weiß ja nie, wann ich wieder von der Versorgung abgeschnitten werde." Er äußert das im gleichen Gefühlszustand, den wir alle erlebt haben, als wir während der Ölkrise Benzin hamsterten. In solchen Situationen erlebt man Autofahrer, die an der Tankstelle halten, um nachfüllen zu lassen, obwohl sie nur vier oder fünf Liter benötigen – sie wollen sicher sein, einen vollen Tank zu haben, wenn die Lage prekär wird.

Gier kommt von althochdeutsch girī = begehrend, verlangend. Man darf sie nicht mit Hunger verwechseln. In der britischen Zeitschrift „Punch" war einmal folgende Karikatur abgebildet: Ein Lord sitzt im Speisesaal, während der Butler ein üppiges Mahl auftischt. Daraufhin sagt der Lord zum Butler: „Hungrig bin ich nicht, aber gottlob gierig."

Wir wissen, daß die meisten Menschen das störende Ungleichgewicht bei allgemeinen Problemen des Magenmeridians am häufigsten durch den Versuch, sich durch Nahrung Befriedigung zu verschaffen, zu beheben suchen. Der Betroffene möchte seinen Streß durch orale Befriedigung aus der Welt schaffen. Theodor Reik schrieb dazu: „Übermäßiges Essen dient der Tröstung und Kompensation dieser emotionalen Frustrationen."[24] Dies kommt vor allem bei Enttäuschungen und Entbehrungen vor. Die meisten Menschen mit Eßzwängen geben bereitwillig zu, daß sie gar nicht hungrig sind, jedoch dem ständigen Verlangen nach Nahrung nicht widerstehen können. Reik erläutert weiter, daß es sich bei dieser Gier um eine übertriebene Abwehrreaktion handelt und die Patienten zu verhungern fürchten. Er sagt: „Diese Elementarangst läßt sich in folgender Formel umreißen: Iß oder du wirst verhungern." „Friß oder stirb", wie der Volksmund lakonisch sagt.

Natürlich muß sich Gier nicht unbedingt durch Freßsucht bemerkbar machen. Jedes maßlose Zugreifen (Nahrung, Kleidung, sonstige Objekte, Hamsterkäufe usw.) ist ein Zeichen von Gier und unausgewogener Energie im Magenmeridian. Melanie Klein stellte in ihrem Buch „Envy and Gratitude" („Neid und Dankbarkeit") unter anderem fest, daß die Gier ein heftiges und unersättliches Verlangen ist und alles übersteigt, was der Mensch benötigt und was das Objekt geben kann bzw. zu geben bereit ist. Auf unbewußter Ebene zielt Gier hauptsächlich darauf, etwas völlig auszuschöpfen, auszusaugen und zu verschlingen.

Häufig gibt es einen deutlichen Hinweis auf aggressives Verhalten, wenn wir es mit Gier zu tun haben. Ein besonders gieriges

Baby kann die Mutterbrust regelrecht attackieren, um aus Leibeskräften alles herauszusaugen, bis zu dem Punkt, an dem die Intensität des Saugens die Mutter schmerzt. Ein gieriger Mensch kann versuchen, seine eigenen Wünsche ohne Rücksicht auf die Folgen für andere zu befriedigen – blindlings und unüberlegt.

Nationen können ebenfalls gierig sein. Wie ich las, wurde der Burenkrieg in Südafrika vor allem aus Habgier geführt. Mehr als 100 000 Menschen mußten ihr Leben für die Eroberung der Goldminen lassen.

Leere

Enttäuschte Menschen erzählen oft, daß sie sich innerlich *leer* fühlen. Leer wurde definiert als „nahrungsbedürftig, hungrig". Wie der Säugling, der von seiner Mutter abhängig ist. Im *„American Heritage Dictionary"* findet man „leer" definiert als „ohne Inhalt". In der englischen Sprache ergibt diese Formulierung einen doppelten Sinn: „Void of content" kann sowohl „ohne Inhalt" als auch „ohne Zufriedenheit" bedeuten.

Entbehrung, Deprivation

Entbehrung verweist auf eine Enteignung, einen Verlust. In einem Wörterbuch ist Deprivation definiert als „jemanden seines Amtes entheben". Daraus können Sie ersehen, welche Beziehung zur Enttäuschung besteht. Kein Wunder, daß beide Gefühlslagen sich auf den Magenmeridian beziehen.

Die Herkunft des Wortes ist sehr interessant. Im Lateinischen bedeutet *„de"* soviel wie „vollständig". *„Privus"* bedeutet „privat, individuell" und *„privatus"* soviel wie „amtsenthoben". Das erinnert mich hier an einen Politiker, der vom Volk aus seinem Wahlamt vertrieben wurde.

Die indogermanische Sprachwurzel ist ebenfalls von beträchtlicher Bedeutung. *„Per"* hatte einst die Bedeutung von „vorwärts", und dies entwickelte sich zu *„prei-wo"*, was bedeutete „vorwärts vom Rest" – isoliert von den übrigen, auf sich allein gestellt, nicht mehr Teil der Menge. Unsere privaten Gedanken sind diejenigen, die nicht mit anderen Menschen geteilt werden – sie sind getrennt und gehören nur uns allein. Wenn wir enteignet worden sind, so hat man uns von einer Beteiligung getrennt und entsprechend isoliert. Das Fremdwort „Deprivation" kommt in der modernen psychologischen und soziologischen Fachliteratur oft vor. So spricht man auch von „mütterlicher Deprivation" – ein Begriff, den der britische Psychoanalytiker John Bowlby geprägt hat. Er beschrieb damit das psychische Trauma kleiner Kinder bei der Trennung von ihren Müttern, vor allem bei Krankenhausaufenthalten. Er beobachtete dabei verschiedene Stadien dieses klinischen Syndroms.[25] Wir wissen inzwischen, daß vergleichbare Symptome von mütterlicher Deprivation auch außerhalb von Krankenhäusern auftreten und daß sie bis zu einem gewissen Grade bei den meisten psychischen Erkrankungen von Kindern eine Rolle spielen. Die dadurch hervorgerufenen Schwächungen können einen Menschen das ganze Leben lang zeichnen.

So erkennen wir, wie wundervoll und genau Entbehrung sich auf den Magenmeridian bezieht – jenen Meridian, der in erster Linie mit Liebe und Nahrung von der Mutter zu tun hat. Es ist der Meridian des Stillens, und wenn wir die Mütter entbehren müssen, bedeutet das, daß wir nicht gesäugt werden, daß wir von unseren „Liebesvorräten" getrennt werden, und wir empfinden dabei einen Verlust, wir fühlen uns beraubt, entthront und enttäuscht. Es überrascht nicht, daß die positive Gefühlslage hierfür die Zufriedenheit und ausreichende mütterliche Zuwendung ist. Wir spüren im wesentlichen, daß „sie mir genug gegeben hat, um mich geistig und körperlich bei allen meinen Aktivitäten zu stützen. Durch ihre Liebe hat sie mich ernährt. Ich bin zufrieden."

Übelkeit

Menschen, die häufig unter Übelkeit und Problemen des Magenmeridians leiden, stellen sich so dar, als ob sie sich psychologisch von etwas angewidert fühlten. (Der Ursprung des englischen „nausea" ist sehr interessant. Er verweist auf das griechische Wort „naus" und damit auf Begriffe wie „nautical = nautisch" und „nausea", ursprünglich = „Seekrankheit".) Das Oxford English Dictionary beschreibt „nausea" als ein Gefühl von Kranksein, mit heftigem Widerwillen gegen Nahrung und einer Neigung zum Erbrechen. Es ist auch ein starkes Gefühl von Ekel. Wenn uns der Geschmack von etwas nicht zusagt, ruft dies leicht körperlichen und seelischen Ekel hervor.

Hunger

Die beste Definition für *Hunger* ist vielleicht „ein starker Wunsch, ein Begehren". Ursprünglich bezog sich Hunger in der Wortentwicklung und unserer eigenen persönlichen Entwicklung auf ein dringendes Bedürfnis nach Nahrung und auf die unbehagliche oder schmerzliche Empfindung, die durch das Verlangen nach Nahrung verursacht wurde. Später wurde der Begriff mehr verallgemeinert und wird heute für jeden starken Wunsch oder jedes heftige Verlangen verwendet.

Anfänglich waren unsere Hungergefühle nichts als das körperliche Verlangen nach Muttermilch, durch die die unangenehmen körperlichen Empfindungen im Magen befriedigt und der Magenmeridian besänftigt wurde. Dann aber schufen wir eine Verbindung zur Liebe der Mutter. Wir hungerten nicht nur nach Nahrung oder Milch, sondern auch nach der Wärme und Liebe, welche die Mutter uns zuteil werden ließ. Demzufolge verlangen diejenigen, die nach Nahrung hungern, ebenso nach Liebe und Zufriedenheit.

Liebeshungrige Menschen reagieren beim Test oft schwach, wenn sie zum Abschluß einer Mahlzeit sagen: „Ich fühle mich satt und zufrieden." Wenn sie aber sagen: „Ich könnte immer weiter essen", so testen diese Menschen stark.

Bei den meisten Süchtigen entdecken wir ungestillten Hunger und Unzufriedenheit. Sie sind unglücklich, weil sie nicht genug Zuwendung und Liebe erfahren, um diesen Hunger zu besänftigen und zufrieden zu werden.

Zufriedenheit

Die positive Affirmation, die die Energiezufuhr zum Magenmeridian wieder ins Gleichgewicht bringt, lautet: „Ich bin zufrieden."

Zufriedenheit ist einer der wichtigsten positiven Gefühlszustände für diesen Meridian. Denken Sie daran, daß alle positiven Gefühle in diesem Zusammenhang auf das Säugen an der Mutterbrust zurückgehen, wobei die Muttermilch als die erste „Liebesgabe" verstanden wird. (Der Gedanke, mit „Milch von zufriedenen Kühen" zu werben, ist ziemlich genial.)

Das grundlegende Gefühl hinter der Affirmation „Ich bin zufrieden" ist: „Ich habe zwar nicht alles, was ich mir wünsche oder was für mich angenehm wäre, aber ich habe genug. Was ich habe ist ausreichend." Sir Edward Dyer drückte es so aus:

„Zufriedensein im Leben, daran halt' ich mich,
ich such' nicht mehr als grad vonnöten . . ."

Der Mensch, der sich überißt, der unbefriedigt ist, ist nicht mit dem zufrieden, was er hat. Er sucht immer noch mehr.

Wenn wir die positive Affirmation „Ich bin zufrieden" aussprechen, sollten wir an die Redensart denken: „Ein zufriedener Geist ist ein ständiges Fest." Hier erkennen wir wiederum den Zusammenhang zwischen Zufriedenheit und Essen. Wenn wir zufrieden sind, fühlen wir Frieden.

In der Bibel steht bei Philipper 4:1: „Nicht sage ich das des Mangels halben; denn ich habe gelernet, bei welchen ich bin, mir genügen lassen." – Zufriedenheit ist ein Zustand oraler Befriedigung, des Genughabens: genug Liebe von der Mutter, genug Liebe von den uns nahestehenden Personen. Wir sind dankbar für das, was wir haben, selbst, wenn wir gerne noch mehr davon hätten. Im Brief an die Hebräer (13:5) heißt es: „Laßt euere Rede ohne heftiges Verlangen sein, und seid zufrieden mit den Dingen, die ihr besitzt."

Wie schon erwähnt, kommen Nahrungsmittelallergien in der klinischen Praxis ziemlich oft vor. Man kann durch einfache Tests feststellen, daß bestimmte Lebensmittel unsere Lebensenergie reduzieren. Nach meiner Erfahrung ist bei fast allen Fällen von Nahrungsmittelallergien der Magenmeridian mit im Spiel. Wird die positive Affirmation während des Essens ausgesprochen, wirkt sich die Nahrungsmittelallergie meistens wesentlich weniger stark aus.

Ein Großteil der modernen Werbung spricht uns über den Magenmeridian an. Wenn wir Anzeigen betrachten, werden wir oft unzufrieden mit unserem Schicksal. Wir meinen, wir seien zu kurz gekommen und wünschen uns mehr. Schauen Sie sich verschiedene Anzeigen an und lassen Sie deren Wirkung auf Sie von jemandem testen. Prüfen Sie, ob Sie von Ihrem eigenen Los enttäuscht sind oder unzufrieden, weil Ihr Leben nicht so ist, wie in der Anzeige dargestellt. Je mehr Anzeigen Sie studieren, desto gereizter, unzufriedener werden Sie.

Ein Artikel unter der Überschrift „The Me Degeneration" („Die Immer-nur-ich-Entartung") beginnt mit folgendem Text:

„Maurice Sendak schrieb eine Geschichte über einen verwöhnten Hund. Das Tier hatte seine eigenen Kissen, Kamm und Bürste, einen Pullover aus roter Wolle, zwei Fenster zum Hinausschauen, zwei Freßnäpfe und einen liebevollen Herrn. Trotzdem lief dieser Hund von zuhause weg und klagte: „Ich bin unzufrieden. Ich möchte etwas, das ich noch nicht besitze. Es muß doch mehr im Leben geben, als alles zu besitzen!"[26]

Gelassenheit

Bei unseren Untersuchungen haben wir herausgefunden, daß auch der durch Lärm erzeugte Streß den Magenmeridian berührt. Straßenlärm oder anderer unnötiger Krach stören oft das Energiegleichgewicht im Magenmeridian. Die positive Affirmation: „Ich bin gelassen" stärkt uns, auch wenn wir vorher beim Berühren des Testpunktes für den Magenmeridian schwach waren. Shakespeare erkannte (in „Othello") die Beziehung zwischen Zufriedenheit und Gelassenheit, als er schrieb: „Lebe wohl, gelassener Geist; lebe wohl, Zufriedenheit . . ."

DER MERIDIAN DER SCHILDDRÜSE (KLASSISCH: „DREIFACHER ERWÄRMER")

Der Meridian der Hoffnung

SCHILDDRÜSE	Leichtigkeit, Beschwingtheit
	Schwere Depression

Negative Emotionen:	Depression
	Verzweiflung
	Trauer
	Hoffnungslosigkeit
	Niedergeschlagenheit
	Einsamkeit
	Abgeschiedenheit
Affirmationen:	Ich bin leicht und beschwingt.
	Ich bin hoffnungsfroh.
Testbild:	Sie sind zuhause, haben zu nichts Lust und keinerlei Antrieb. Sie fühlen sich schwer und bedrückt. Ihnen ist einfach alles zu viel.

Depression

Die *Depression* herrscht als negatives Gefühl beim Schilddrüsen-meridian vor. Es gibt zahlreiche unterschiedliche Auslegungen und Kontroversen darüber, was man unter Depression versteht, und viele gelehrte psychiatrische Fachbücher wurden zu diesem Thema verfaßt. Für mich ist es ganz einfach.

Über Jahre hinweg stellte ich eine Liste aller Merkmale zusammen, die mir von Patienten berichtet wurden, wenn sie sich deprimiert bzw. depressiv fühlen. Alle diese Patienten fühlten sich buchstäblich gestoßen, gedrückt, nach unten gezogen. Sie erzählten beispielsweise, daß sie sich flach oder plattgewalzt fühlten, als ob ein Gewicht auf ihrem Rücken laste. Mitunter pflegten sie zu berichten, daß sie sich zu schwer fühlten, um sich auch nur zu bewegen und einfach nicht genug Kraft hatten, um sich aus einem Sessel zu erheben. Das verstehen wir unter „Depression". Sie kann natürlich nur schwach ausgeprägt sein. Wir fühlen uns oft bedrückt an Tagen, an denen uns alles zuviel wird und die Bürde unseres Tagewerks so schwer auf uns lastet, daß schon das Aufstehen zuviel verlangt scheint.

Stokes spricht im Zusammenhang mit „Depression wegen eines Verlustes" von einem „Anfall von Trübsal". Tatsächlich berichten viele deprimierte bzw. depressive Patienten, daß sie sich in einem „trüben Zustand" befinden, „Trübsal blasen" oder „völlig am Boden zerstört sind".

Der Verfasser von Psalm 69:20 bezog sich auf die Depression, als er schrieb: „Der Tadel hat mein Herz gebrochen, und ich bin voller Schwere."

Vom Standpunkt der Psychiatrie aus betrachtet, ist der Gegenpol zur Depression die gehobene Stimmung, das Gefühl der Leichtigkeit, Beschwingtheit, des Schwebens, des Getragenwerdens. Wenn der Schilddrüsentest schwach ausfällt und wir dann „Ich bin leicht und beschwingt" affirmieren und uns das auch vorstellen, testen wir daraufhin stark.

Der Gefühlsbereich, der sich auf den Schilddrüsenmeridian bezieht, hat mit der Körpermasse zu tun und mit unserem Selbstbild davon.

In der klinischen Praxis kommen sehr viele Fälle von leichter Unterfunktion der Schilddrüse vor. Nach meiner Schätzung zeigen mindestens 70 Prozent meiner Patienten Anzeichen einer derartigen Unterfunktion. Einer der feineren Tests – Sie können ihn selbst ausführen – besteht darin, daß Sie jeden Morgen vor dem

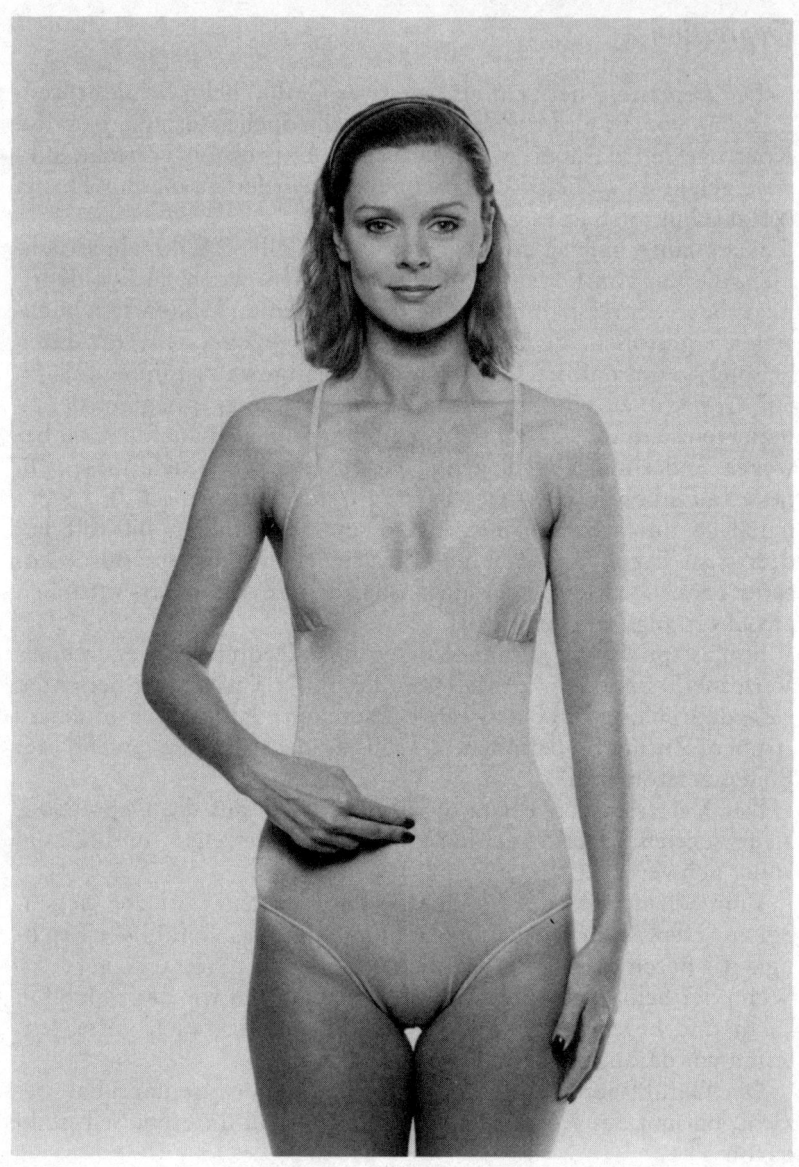

Der Testpunkt für den Schilddrüsenmeridian liegt auf einer gedachten Linie zwischen Nabel und Schambeinfuge etwa ⅓ unterhalb des Nabels.

Aufstehen Ihre Temperatur messen. Das Thermometer sollte ca. 10 Minuten lang in die Achselhöhle gesteckt werden. Normalerweise mißt man eine Temperatur von 36,5 bis 37 Grad Celsius. Liegt sie allgemein niedriger, läßt dies auf eine Unterfunktion der Schilddrüse schließen. Sobald sich die Funktion der Schilddrüse normalisiert hat, steigt auch die Morgentemperatur. Kein Wunder, daß die meisten Patienten mit Schilddrüsenunterfunktion dem Arzt immer wieder berichten, wie müde und schwer sie sich am Morgen fühlen, denn dann ist ihre Körpertemperatur am niedrigsten. Wir können die Schilddrüse gewissermaßen als den Thermostat des Körpers ansehen. Wenn die Temperatur „heruntergedreht" ist, liegt eine Unterfunktion vor.

Oft ist festzustellen, daß Menschen, deren Schilddrüsenmeridian schwach testet, ihren Kopf zur Seite neigen. Ein klassisches Beispiel dafür stellt die Venus von Botticelli dar. Sobald die Versuchsperson ihren Kopf und Hals geradestellt, testet der Schilddrüsenmeridian dann stark. Durch das Neigen des Kopfes wie bei der Venus von Botticelli, übermitteln Künstler häufig die Botschaft, daß die dargestellte Frau ein abhängiges, hilfloses Geschöpfchen ist, das zum Überleben unsere Fürsorge braucht. Wenn eine Frau auf solche Art den Kopf zur Seite neigt, werden in uns oft mütterliche oder väterliche Gefühle geweckt und wir wollen sie beschützen.

Eine Schwäche im Meridian der Schilddrüse kommt oft bei Doppelbindungen vor.[27] Wenn Sie meinen, daß Sie an einer Unterfunktion der Schilddrüse leiden, dann denken Sie wie folgt: „Zur Zeit bin ich gespaltener Meinung über die wichtigste Person oder Sache in meinem Leben. Im großen und ganzen ist zwar alles in Ordnung, aber ich bin doch gespaltener Meinung." (Sie sind damit einen Schritt von der grundlegenden positiven Thymushaltung entfernt.)

Die sogenannte Doppelbindung mag im Zusammenhang stehen mit der Tatsache, daß Menschen mit einer schwachen Reaktion des Schilddrüsenmeridians oft Brillenträger sind. Dies kann davon herrühren, daß ihre Brechungsfehler und häufig auch ihre Schwierigkeiten beim Lesen, die oft grundlegender sind als die Brechungsfehler (damit meine ich die Legasthenie, unter der so viele dieser Menschen leiden), aus der gleichen Quelle stammen. Das heißt: Wenn diese Personen etwas lesen, sind sie sich nicht ganz sicher, was sie lesen. Bei ihnen liegt ein zentrales Verarbeitungsproblem vor, und deshalb neigen solche Menschen oft ihre Köpfe seitwärts, als ob sie so besser sehen oder lesen könnten. Obwohl es

Der Schilddrüsenmeridian der meisten Menschen testet bei der Betrachtung dieses Fotos schwach. Durch das Aussprechen der Affirmation für den Schilddrüsenmeridian läßt sich diese Schwäche überwinden.

nicht ausschließlich der Fall ist, werden Sie mit einer gewissen Wahrscheinlichkeit feststellen, daß Menschen, die ihre Köpfe schräg halten und Brillenträger sind, Probleme am Schilddrüsenmeridian haben und bis zu einem gewissen Grad bewußt oder unbewußt depressiv sind.

Wir beobachten häufig, daß Männer, deren Schilddrüsenmeridian langfristig schwach testet, eine Tendenz zu Haarausfall und Glatzenbildung zeigen, was offenkundig auf eine Unterfunktion der Schilddrüse zurückzuführen ist.

Lassen Sie mich diese komplizierten Zusammenhänge an einem Beispiel deutlich machen. Ein Patient, anfangs 30, litt unter starkem Haarausfall. Jeden Morgen fand er ganze Haarbüschel auf seinem Kopfkissen, und beim Duschen gingen ihm noch mehr Haare aus. Dieser Mann hatte eine sehr niedrige Morgentemperatur von nur ca. 35,5° C, und von den zahlreichen Präparaten und Medikamenten zur Aktivierung seiner Schilddrüse hatte bislang keines eine Besserung seines Zustandes gebracht. Natürlich erkundigte ich mich, ob er unter Depressionen leide. Der Patient erwiderte, daß ihn die Beziehung zu seiner Freundin manchmal tatsächlich sehr bedrücke. Die junge Frau versetzte ihn immer wieder in Zwiespalt; gab sich manchmal feurig und dann wieder abweisend kühl. Einmal versicherte sie ihm, wie sehr sie ihn liebe und begehre und wie gern sie ihn heiraten würde, aber beim nächsten Treffen sagte sie, daß sie beschlossen hätte, doch nicht zu heiraten und daß sie nicht einmal wisse, ob sie ihn überhaupt weiterhin sehen wolle. So ging das immer weiter. An vielen Abenden stritten sie darüber, und der Patient testete dann schwach. Schließlich sagte ich zu dem jungen Mann: „Hören Sie, das muß jetzt aufhören! Entweder sie macht mit Ihnen in einer positiven Beziehung weiter oder Sie trennen sich. Das ewige Hin und Her greift Sie nur an." Der Patient antwortete: „Ja, Sie haben recht. Ich werde meiner Freundin alles erkären. Sie muß eine klare Entscheidung fällen." Am folgenden Tag rief er mich an und sagte: „Mir ist nicht ganz klar, was passiert ist. Ich habe zwar noch nicht mit ihr gesprochen, aber nachdem ich diesen Entschluß gefaßt habe, fühle ich mich schon viel besser. Ich bin überhaupt nicht mehr deprimiert." Dann fügte er hinzu: „Erstaunlicherweise war heute morgen zum ersten Mal meine Temperatur normal und was fast noch unglaublicher ist, ich habe letzte Nacht nicht ein Haar verloren." – Seit diesem Tag hatte er keinen Haarausfall mehr. Und die Beziehung entwikkelte sich langsam aber sicher zu ihrer gegenseitigen Zufriedenheit.

Ich erinnere mich an eine andere Patientin, eine Witwe, die ihren Mann vor 20 Jahren verloren hatte und unter einer chronischen Unterfunktion der Schilddrüse litt. Sie berichtete, daß sie seit dem Tod ihres Mannes schon jahrelang depressiv sei. Ich erkundigte mich, seit wann sie ihren Kopf schräg halte, denn zur Zeit unserer Unterredung war er ständig in einem außerordentlich großen Winkel zur Seite geneigt. Sie erinnerte sich nicht, aber als ich ihre Tochter fragte, erwiderte diese: „Praktisch seit dem Tag nach dem Tod meines Vaters." Als sie sich der Behandlung unterzog, beobachtete ich, daß sie, als ihre Depression nachließ und die Schilddrüsenfunktion sich verbesserte, ihren Kopf nicht mehr zur Seite geneigt hielt.

Übrigens neigen die meisten Flötenspieler ihre Köpfe zur Seite. Ich habe herausgefunden, daß fast alle von ihnen zu einem gewissen Grad eine Schilddrüsenunterfunktion aufweisen und zu Depressionen neigen.

Beim Betrachten der Venus von Botticelli wird Ihr Schilddrüsenmeridian schwach testen, was nicht weiter verwunderlich ist. Wenn Sie das Bild aber so drehen, daß, obwohl der Kopf im Verhältnis zum Körper geneigt bleibt, die Augen aus Ihrer Sicht parallel stehen, dann nehmen Sie den Kopf nicht mehr als schrägstehend wahr und Ihr Schilddrüsenmeridian testet nun stark.

In den späten fünfziger Jahren kamen die ersten modernen Antidepressiva auf den Markt und es wurden bei schweren Depressionen sehr gute Resultate erzielt. Die Fälle, mit denen wir in den frühen Tagen der Antidepressiva arbeiteten, waren jene, die man als psychotisch Depressive bezeichnet, jene, die sonst mit Elektroschock behandelt worden wären und praktisch ausnahmslos an die Klinik gefesselt waren. Jedoch kann nur ein geringer Prozentsatz der Patienten einer psychiatrischen Praxis und selbstverständlich auch nicht ein besonders großer Teil der Bevölkerung als schwer depressiv eingestuft werden.

Als die Antidepressiva auftauchten, wurde die Depression plötzlich achtbar. Viele Menschen, die an nicht-psychotischen Krankheiten litten, wurden plötzlich als depressiv bezeichnet. Und man sagte, sie litten an der Krankheit „Depression". Einer der Gründe dafür war, daß man nun allmählich auch mildere Formen von Depression als vorher üblich, wahrnahm – eine sehr wertvolle „vorbeugende" Maßnahme. Außerdem hatte man nun ein schönes klinisches Etikett, das man all den armen, unglücklichen Menschen anhängen konnte, für die man vorher keine Diagnose gehabt hatte. Schließlich konnten wir den Patienten endlich etwas *anbieten.* Sie hatten bisher weder auf Barbiturate noch auf Tranquilizer angesprochen, weil sie weder ängstlich noch schizophren waren und die Psychiater hielten immer Ausschau nach der Wunderpille. Als Folge des allgemeinen Trends im ärztlichen Berufsstand und der Werbung der Arzneimittelindustrie kam es so zu einer Umorientierung der Denkweise und mit der Zeit wurden immer mehr Antidepressiva an Leute ausgegeben, die im klinischen Sinn überhaupt nicht depressiv waren. Der Umsatz an Antidepressiva stieg sprunghaft und es ist kein Ende dieser Entwicklung abzusehen. Immer mehr Menschen wurden als „depressiv" eingeordnet. Depression war „in". Es war plötzlich keine Schande mehr, depressiv zu sein. Es war ein anerkannter Krankheitszustand.

Es ist wichtig, klarzustellen, daß die meisten Menschen, die sich depressiv fühlen und deren Schilddrüsenmeridian schwach testet, nicht unter einer Depression im klinischen Sinn leiden. Und ganz gewiß sollte nicht jeder Mensch mit einem schwachen Schilddrüsenmeridian Antidepressiva einnehmen.

Wir sehen inzwischen, daß zwar die Depression „gesellschaftsfähig" wurde, nicht aber andere emotionale Zustände. Wenn ich beispielsweise dem Hausarzt eines Patienten schriebe: „Herr Schmidt hat die folgenden Symptome ... Er leidet unter einer Depression, für die ich ihm Antidepressiva verschrieben habe", wären alle mit Ausnahme des Patienten damit zufrieden. Wenn ich dem Arzt aber geschrieben hätte: „Herrr Schmidt leidet darunter, daß er unglücklich ist", so hätte der Mediziner zwei Schlüsse daraus gezogen: 1. Dieser Psychiater ist kein ernstzunehmender Kollege, denn „Unglücklichsein" ist keine schulmedizinisch anerkannte Krankheit. – 2. Wozu sollte diese Diagnose gut sein, da es doch keine Medikamente gegen Unglücklichsein gibt. Seit über 20 Jahren beobachte ich, wie leichtfertig der Begriff „Depression" verwendet wird und wie dadurch der Gebrauch einer Unzahl von Antidepressiva hervorgerufen wurde.

Melanie Klein beschreibt den ersten Abschnitt der seelischen Entwicklung des Kindes als paranoid-schizoid, den zweiten als depressives Stadium. Die paranoid-schizoide Haltung korrespondiert mit dem Lungenmeridian und die depressive Haltung zum Teil mit dem Meridian der Schilddrüse. Wie Sie später erfahren werden, besteht eine direkte Beziehung zwischen dem Lungenmeridian und dem Schilddrüsenmeridian. Außerdem ist der Lungenmeridian der Primärmeridian, denn durch ihn fließt Energie in Form von Atem in den Körper. Es gibt eine Entwicklung von Problemen mit dem Lungenmeridian während der ersten Lebenstage zu späteren Problemen am Schilddrüsenmeridian. Außerdem beziehen sich Probleme des Lungenmeridians auf die rechte Gehirnhälfte und Probleme des Schilddrüsenmeridians auf die linke. Wir verzeichnen also einen Übergang von mehr Aktivität in der rechten, zu mehr Aktivität in der linken Hemispähre. Erst wenn das Kind die von Melanie Klein zuvor beschriebenen Stadien seiner seelischen Entwicklung ganz durchlaufen hat, ist es in gewissem Sinne integriert und kann andere Menschen in ihrer Ganzheit erfassen, Kontakte von Mensch zu Mensch anknüpfen und sie wirklich lieben. Diese liebende Haltung entspricht einer hohen Thymusaktivität. Diese wird nur dann erreicht, wenn ein Gleichgewicht zwischen den beiden Gehirnhälften herrscht. Das kommt zustande, wenn die Meridiane der Lunge und Schilddrüse ausgewogen sind. Diese Erkenntnisse sind in grundlegender Übereinstimmung und bekräftigen in der Tat die fundamentalsten Lehrsätze der Kinderpsychoanalyse.

Melancholie

Schwermut oder Melancholie ist ein Zustand der Depression.[28] Lateinisch bedeutet „*melancholia*" wörtlich „schwarzer Gallenfluß". Im *Oxford English Dictionary* heißt es unter anderem: „Früher wurde darauf verwiesen, daß die wichtigsten Merkmale ... eine Neigung zu grundlosem Zorn und Wutausbrüchen sind", während später von einer düsteren seelischen Verfassung und von Traurigkeit die Rede ist. Melancholie wird manchmal in einem etwas leichteren Sinn gebraucht, so etwa in dem Schlager: „Come to me, my melancholy baby" – wobei das „Baby" am Weinen ist und in den Arm genommen werden will, sich also kaum im Zustand echter Melancholie befindet.
Bereits 1485 wurde die Melancholie als eine Bedrückung des menschlichen Geistes beschrieben, als ein Zustand düsteren Brütens und der Niedergeschlagenheit. In seinem Buch über „Trauer und Melancholie" verweist Sigmund Freud darauf, daß sich die ersten Anzeichen von Melancholie als zutiefst schmerzhafte Niedergeschlagenheit zu erkennen geben. Die grundlose und ungestüme Neigung zu Wutausbrüchen – wie im *Oxford English Dictionary* zitiert – ist jedoch eher dem Choleriker und der gelben Galle zuzuschreiben. Der Zustand der Depression wird indessen der schwarzen Galle zugeordnet.
„*Choler*" und „*Galle*" wurden abgeleitet aus der indogermanischen Sprachwurzel „ghel", die ursprünglich „glänzen" bedeutete

und sich auf glänzende Stoffe wie „gelbes Metall" = Gold und goldene, gelbe Flüssigkeit = Galle, bezog. (Andere Ableitungen aus der gleichen Sprachwurzel sind glimmern, glitzern, glühen, glücklich, glänzen.)

Verzweiflung

Verzweiflung bedeutet den Verlust jeglicher Hoffnung. Zweifel, von althochdeutsch „zwīfal", setzt sich zusammen aus „zwei" und „falten". Zweifel bedeutete also ursprünglich eine Unsicherheit bei der Entscheidung zwischen zwei Möglichkeiten. (Erinnern Sie sich an die Situation der Doppelbindung.) Und wen diese Unsicherheit so aus dem Gleichgewicht bringt, daß er gar nicht mehr ein noch aus weiß, der ist *verzweifelt.* Wie bereits erläutert, verweisen Verzweiflung, Hoffnungslosigkeit, Depression, Mutlosigkeit und Niedergeschlagenheit auf „eine bedrückte Geisteshaltung".

Trauer

Eine weitere mächtige, negative Gefühlslage im Zusammenhang mit dem Schilddrüsenmeridian ist *Trauer.* Trauer wird in der psychologischen Fachliteratur als nahe Verwandte der Depression bezeichnet, als Zustand des Trauerns nach dem Verlust eines geliebten Menschen. Wer trauert, der ist betrübt, bedrückt, fühlt sich belastet und schwer.

In der Bibel finden wir bei Hiob 6:2 dieses Zitat: „Oh, daß man meine Trauer gänzlich wöge!"

Hoffnungslosigkeit

Auch *Hoffnungslosigkeit* wird als negative Gefühlshaltung dem Meridian der Schilddrüse zugeordnet. Der positive Zustand dazu ist natürlich die Hoffnung. Sprachgeschichtlich gibt es wahrscheinlich einen Zusammenhang mit „hüpfen", so daß die ursprüngliche Bedeutung etwa mit „vor Erwartung zappeln, hüpfen" wiedergegeben werden kann. Nach Eric Partridge wäre „die Grundidee ein Springen aus Erwartungsfreude".[29] Wer hofft, der fühlt sich hochgehoben, getragen, beschwingt, schwebt über den Dingen des Alltags, über allem, was sonst drückt. Deshalb lautet die beste Affirmation: „Ich bin beschwingt und hoffnungsfroh."

Ich möchte Ihnen ein Beispiel vermitteln: Wenn man mit sich selbst über etwas nicht einig ist, so berührt das die Energie des Schilddrüsenmeridians und führt zu Depression. Ich traf kürzlich einen Geistlichen, der seit vielen Jahren unter einer schweren Depression litt. Er war sehr träge, sehr müde und fühlte immer, daß er „ganz unten" und „kraftlos" war. Er hatte keine Energie, dachte nicht an die Zukunft und war ohne die geringste Hoffnung. Er spielte oft mit Selbstmordgedanken. Beim Testen entdeckten wir eine Schwäche des Schilddrüsenmeridians. Ich erläuterte dem Patienten die Bedeutung dieser Tatsache und wie Hoffnung seine Depression beseitigen könnte. Ich erzählte ihm, wie häufig ich beobachtet hatte, daß Personen, die zu Problemen beim Schilddrüsenmeridian neigen, sich nicht schlüssig werden und entscheiden können. Als er eine Woche später wieder in die Praxis kam, sagte er: „Wissen Sie, ich fühle mich so viel besser! Ich habe mir immer wieder gesagt: „Ich habe Hoffnung, ich bin leicht und beschwingt." Was Sie mir über die Unschlüssigkeit und innere Uneinigkeit erklärt haben, hilft mir aber am meisten. Jedesmal, wenn ich z. B. eine Frau treffe und mit ihr rede, dann komme ich mir gespalten vor. Nicht wegen der Sexualität, sondern wegen der Überlegung, ob ich mit einer Person des anderen Geschlechts näher vertraut werden soll oder nicht. Ich bin wegen solcher Gedanken immer unsicher und unentschlossen. Ich weiß noch nicht genau, wie ich solche Situationen in den Griff bekommen kann, aber Sie hatten recht, mich darauf hinzuweisen. Seit ich dies letzte Woche erkannt habe, fühle ich mich viel wohler."

Ich schlug vor: „Lassen Sie uns doch herausfinden, ob Sie wirklich eine Beziehung zu einer Frau wünschen." – Er antwortete: „Es gab unlängst zwei Frauen in meinem Leben. Die eine heißt Vivienne, die andere Laura." Ich bat den Patienten, seine Frage sehr genau zu formulieren und er sagte: „Ich möchte Laura häufiger sehen." Er testete stark. Als er sagte: „Ich will Laura nicht wiedersehen", testete er schwach. Mit Vivienne war es genau umgekehrt. Der Geistliche versicherte: Das hätte ich zwar nicht gedacht, kann es aber nach diesen Testergebnissen leicht verstehen und akzeptieren. Aber was passiert jetzt?"

Ich zeigte ihm, daß sein Schilddrüsenmeridian stark reagierte, seitdem er hoffnungsvolle Gedanken in sich trug und um Klärung seines Dilemmas mit den beiden Frauen bemüht war. Allerdings reagierte sein Nierenmeridian jetzt schwach. Deshalb bat ich ihn nun, nachdem klar war, mit welcher Frau er häufiger zusammen sein wollte, sich zu fragen, ob er auch sexuelle Beziehungen wünsche. Daraufhin antwortete er: „Diese Frage kommt etwas zu früh für mich, können wir sie zurückstellen?" – Als er anschließend die positive Bekräftigung für den Nierenmeridian „Meine sexuellen Kräfte sind ausgeglichen" aussprach, testete er stark.

Wir sprachen über die Tatsache, daß wir uns im Laufe der nächsten paar Monate mit dem Makrokosmos seines Problems beschäftigen würden. Sowie der Patient seine gespaltenen Gefühle gegenüber Intimität und seine Depression überwindet, ist die Kernfrage fällig: „Möchte ich eine sexuelle Beziehung eingehen oder nicht?" Auch dies kann untersucht und gelöst werden.

Niedergeschlagenheit

Im *Oxford English Dictionary* wird die Niedergeschlagenheit als Depression oder Bedrückung umschrieben. Man verweist auf den Unterschied zur Verzweiflung, weil der niedergeschlagene Mensch immer noch einen Rest Hoffnung hegt. Niedergeschlagen sein kann „unter seelischer Bedrückung leiden" beschrieben werden.

Einsamkeit

Nancy und Wayne sind seit 20 Jahren miteinander verheiratet, sie sind einander ergeben und sehr nah, vielleicht auch deshalb, weil sie keine Kinder haben. Jeden Tag kann Nancy es kaum erwarten, bis Wayne von der Arbeit heimkehrt. Verspätet er sich nur ein wenig, wird sie bereits unruhig. Und jeden Abend ist sie da, um ihn mit einem breiten Lächeln zu begrüßen. Es sieht idyllisch aus, aber da gibt es noch eine andere Seite: Nancy fühlt sich seit dem ersten Tag nach den Flitterwochen, als sie allein zu Hause war, tagsüber sehr verlassen.

Wenn Wayne am Morgen das Haus verläßt, schaltet Nancy ihr Radio ein, nicht so sehr um Musik und Nachrichten zu hören, sondern eher wegen der Menschen, die über den Äther zu ihr ins Zimmer kommen. Die Stimmen von Rundfunksprechern leisten ihr tagsüber Gesellschaft. Schaltet Nancy das Radio einmal aus, so führt sie Selbstgespräche. Sie kann es nicht ertragen, allein zu sein. Um sich nicht einsam zu fühlen, erfindet Nancy Fantasiegestalten und stellt sich vor, daß andere Menschen mit im Raum seien. Und wenn sie das Radio einschaltet oder Selbstgespräche führt, stellt sie sich vor, sie hätte Gesellschaft.

Manchmal, wenn die Einsamkeit überwältigend und zu bedrükkend wird, fängt Nancy heimlich zu trinken an. In ihrer Fantasie bewirtet sie Gäste und prostet ihnen zu. So ist jeder Tag trotz der Schönheit und Annehmlichkeiten ihres Heims ein Tag der Einsamkeit und Niedergeschlagenheit. Nancy sehnt die Heimkehr ihres Mannes nicht nur aus Liebe, sondern auch weil dies ihre schreckliche Einsamkeit beendet.

Ich schlug dem Ehepaar vor, daß der Mann doch mittags zum Essen nach Hause kommen solle, denn sein Büro war nicht weit vom Wohnhaus entfernt. Das würde beiden Partnern Entspannung vermitteln. Nancy sprang vor Freude in die Höhe, klatschte in die Hände und kicherte wie ein Kind, als sie meine Anregung hörte. Jetzt erkannte ich, wie einsam sie war und was ihr das für einen Auftrieb geben würde.

Inzwischen geht es ihr wesentlich besser. Zum Teil, weil sie zum ersten Mal offen eingestand, daß sie sich einsam fühlt und deshalb trinkt. Zum Teil aber auch, weil Wayne, der seither geglaubt hatte, daß sie ihn nur aus Liebe immer um sich haben wolle, erkannte, daß dieses Bedürfnis auch aus Einsamkeit entsteht. Seither ruft er sie mehrmals täglich an und fährt nach Möglichkeit zum Mittagessen nach Hause. Er liebt sie keineswegs weniger, sondern hat jetzt mehr Mitgefühl und Verständnis für sie.

Nancy wurde aber auch dadurch geholfen, daß sie zur Kräftigung des Schilddrüsenmeridians jeden Morgen nach dem Abschied vom Ehemann sagt: „Ich bin leicht und beschwingt" und diesen Satz wiederholt, wann immer sie sich einsam fühlt. Nancy zieht es nach wie vor vor, Wayne bei sich zu haben. Aber sie hat auch gelernt, allein zurechtzukommen, ohne das Radio einzuschalten oder sich vorstellen zu müssen, daß andere Personen bei ihr sind.

Wir leiden sehr an dieser Angst vor dem Alleinsein. Dazu schrieb P. G. Hamerton: „Wehe demjenigen, der niemals allein ist und nicht die Einsamkeit zu ertragen vermag, der unter der Angst vor seiner Einsamkeit sich festklammert, aus Angst vor dem eigenen Ich, nackt vor sich selbst im Angesicht Gottes."

Einsamkeit verweist auf „eins", „eins-sein", „allein-sein". Wenn wir ganz allein sind, fühlen wir uns einsam. Das *Oxford English Dictionary* erklärt Einsamkeit als Niedergeschlagenheit aus Mangel an Gesellschaft, das Gefühl des Abgetrenntseins, des Ganzauf-sich-selbst-gestellt-seins.

Man kann allein sein, ohne sich einsam zu fühlen. Einsamkeit bezeichnet ein Gefühl der Niedergeschlagenheit. – Alleinsein braucht sich durchaus nicht nachteilig auswirken. Es kann sogar sehr willkommen sein. Erst die krankhafte Reaktion auf den Zustand des Alleinseins ist ein besonderes Gefühl der Niedergeschlagenheit, das vom Schmerz der Trennung herrührt – genannt Einsamkeit.

Abgeschiedenheit

Abgeschiedenheit läßt sich sowohl positiv als auch negativ bewerten. „Sie ist ein Zustand des Alleinseins oder Alleinlebens", welcher nicht von vornherein irgendeine Form von Depression oder Niedergeschlagenheit einschließt. Sie wird auch als ein Zustand von Einsamkeit definiert. Lady Montagu schrieb einmal: „Ihre Briefe ... sind die einzigen Freuden meiner Abgeschiedenheit."[30]

Wenn man diesen Zustand als Tugend betrachtet, wie Aldous Huxley, so bewahrheitet sich sein Ausspruch: „Je mächtiger und ursprünglicher ein menschlicher Geist ist, deso mehr wird er sich der Religion der Abgeschiedenheit zuwenden." Und Henry Thoreau sagt in „Walden": „Ich fand nie einen Gefährten, der so gesellig war wie die Abgeschiedenheit."

Die Antwort auf Abgeschiedenheit besteht darin, daß man sich niemals „allein" fühlt, sondern vielmehr die Stunden der Stille und Besinnung willkommen heißt! Epictetus sagt dazu in seinen „Abhandlungen": „Wenn du deine Türen zugemacht hast, wenn dein Zimmer verdunkelt ist, so denke stets daran, daß du nicht allein bist. Gott ist bei dir." Und Cicero formulierte ebenso knapp wie treffend: „Ich bin nie weniger allein, als wenn ich allein bin."

Hoffnung

Hoffnung ist „die Erwartung von etwas Wünschenswertem, also Wunsch kombiniert mit Erwartung". Die therapeutischen Kräfte der Hoffnung sind seit langer Zeit bekannt. Beispielsweise schrieb Sophokles: „Nur die Hoffnung hält die meisten Menschen am Leben." Oder zitieren wir Cowley: „Hoffnung! Bei allen Krankheiten, die Menschen erdulden, ist Hoffnung die einzige billige und universelle Kur."

In seinem Buch „The Art of Preserving Health" („Die Kunst gesund zu bleiben") wies John Armstrong auf die heilenden Vorzüge der Hoffnung hin und stellte ihr das grundlegend negative Gefühl der Angst gegenüber: „Unser wertvollster Schatz, auf den wir am wenigsten verzichten können, ist die Hoffnung. Das schlimmste aller Übel ist die Angst."

Die Vorstellung, daß Hoffnung den Menschen erhebt und hilft, unsere deprimierten und niedergeschlagenen Gemüter aufzurichten, wird am besten und einfachsten von Milton formuliert: „Hoffnung erhebt."

Hochstimmung (Elation) ist das Gegenteil von Depression. Depression bedeutet, daß man nach unten gedrückt wird, Elation verbindet sich mit einer Erhebung. (Lateinisch *e* = über etwas hinaus; *latus* = getragen; deshalb *elatus* = hinweggetragen oder hochgehoben.) Deswegen wird Elation definiert als „Aufschwung bekommen, erhebende Gemütsbewegung, Spannkraft".

DER DÜNNDARMMERIDIAN

Der Meridian der Freude

DÜNNDARM	Freude
	Kummer, Leid, Traurigkeit

Negative Emotionen:	Traurigkeit
	Kummer
	Leid
Affirmationen:	Ich bin voller Freude.
	Ich hüpfe vor Freude.
Testbild:	Die Tränen stehen Ihnen in den Augen.
	Sie könnten jeden Augenblick losheulen.

Traurigkeit

Der vorherrschende negative Gefühlszustand beim Dünndarmmeridian ist Traurigkeit. Es fällt schwer, diesen Begriff genau zu umreißen. Trauern kommt von althochdeutsch „*trūrēn*" und hat zu tun mit „fallen, sinken, matt und kraftlos werden". Seine Bedeutung wäre also etwa „den Kopf hängenlassen, die Augen niederschlagen".

Nach meiner psychiatrischen Erfahrung liegt die Vermutung nahe, daß Traurigkeit soviel bedeutet wie „voller Tränen". Wenn ich jemanden treffe, der ein Gesicht macht, als ob er gleich in Tränen ausbrechen könnte, frage ich einfach: „Ist Ihnen traurig zumute?" und er fängt an zu weinen. Manchmal sagt er auch: „Ich bin froh, daß Sie das angesprochen haben, denn ich konnte es nicht loswerden, obwohl mir die Tränen bis hier standen." Dann deutet der Patient üblicherweise auf seine Wangen knapp unterhalb der Augen. Traurigkeit kann demnach vorliegen, wenn wir von etwas genug haben, wenn uns alles bis zum Hals steht, wenn wir in Tränen ertrinken und es nicht fertigbringen, einfach loszuheulen. Der Psalmist drückte seinen Dank in Psalm 116:8 aus: „Denn du hast meine Seele aus dem Tode gerissen, meine Augen von Tränen befreit."

Milton sagte: „Die Schutzengel stiegen empor, stumm und traurig wegen der Menschen."

Kummer, Leid

Ein ähnliches negatives Gefühl in Verbindung mit dem Dünndarm ist Kummer. Kummer, von mittelhochdeutsch „Kumber", bezeichnet zunächst „Schutt und Müll", später auch „Belastung, Mühsal, Not, Gram".

Die Beziehung zwischen Kummer und Weinen wird am besten von Jean Ingelow ausgedrückt: „Wenn Sperlinge nisten und die Bäume ausschlagen, erwacht mein alter Kummer und weint." Und Thomas Moore schrieb: „Weine nur! Und während die Leiden fließen, werde ich den Luxus des Kummers schmecken." Johnson sagt: „Kummer wird allgemein nicht als Folge von gegenwärtigem Bösen, sondern eher als Verlust des Guten verstanden." Mit anderen Worten: „Es hat keinen Sinn, über verschüttete Milch Tränen zu vergießen" (englisches Sprichwort).

Mit unserem Testverfahren können wir sowohl zwischen Gefühlslagen als auch zwischen den Worten, die sie wiedergeben, unterscheiden. Nicht einmal Wörterbücher können so genau sein. Zum Beispiel: Kummer kann „ein Fall oder die Ursache von Trauer oder Traurigkeit sein". Beim Testen erkennen wir, daß Kummer, Leid und Traurigkeit sich auf den Dünndarmmeridian beziehen, während Trauer mit dem Schilddrüsenmeridian zusammen-

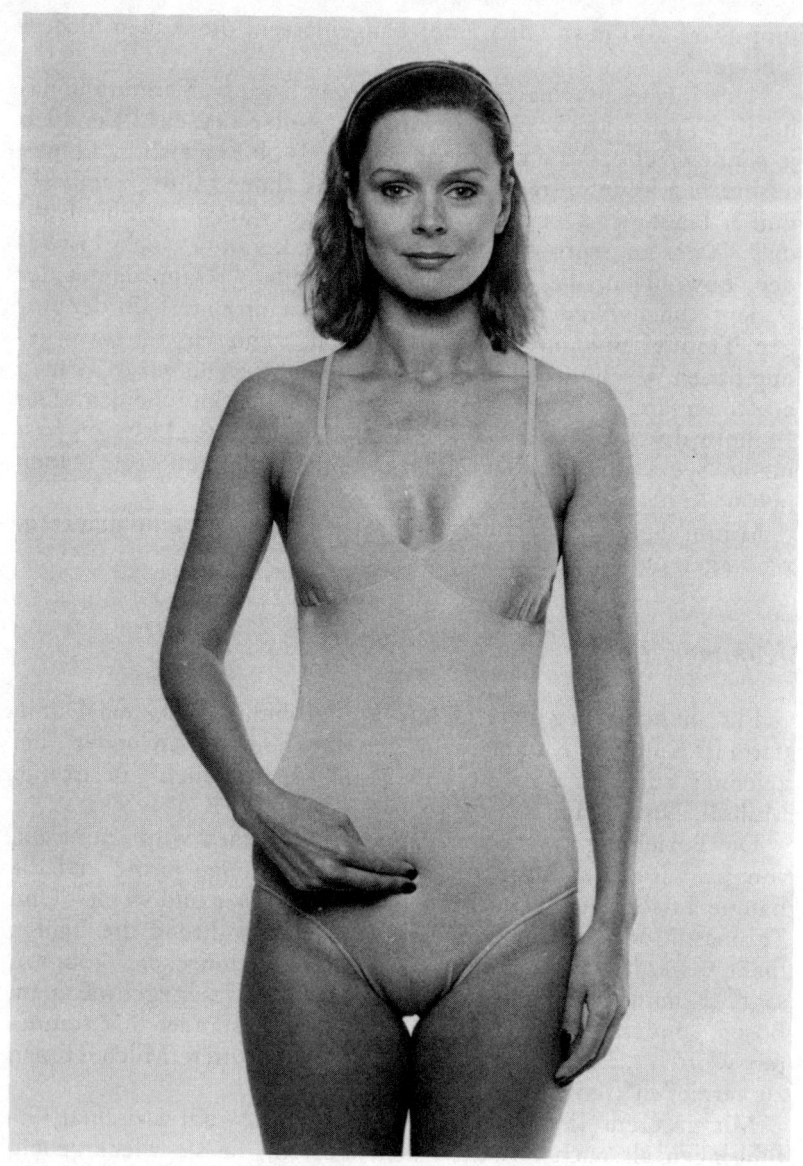

Der Testpunkt für den Dünndarmmeridian liegt auf einer gedachten Linie zwischen Nabel und Schambeinfuge etwa ⅔ unterhalb des Nabels.

Der Dünndarmmeridian der meisten Menschen testet bei der Betrachtung dieses Fotos schwach. Durch das Aussprechen der Affirmation für den Dünndarmmeridian läßt sich diese Schwäche überwinden.

hängt. Kummer, Leid und Traurigkeit sind mit der Trauer verwandt, unterscheiden sich aber deutlich davon.

Der Dichter Keats gibt uns ein Beispiel von der Beziehung zwischen Kummer und Tränen: „Sie sagte nichts, ganz bleich und sanft / Erhob und kniete sich vor ihn / Weinte einen Regen voller Kummer bei seinen Worten!"

Und Pope schrieb: „Ein Kummerstrom floß seinen rechten Bart hinunter." Shakespeare hat die gleiche Vorstellung im Zusammenhang von Leid und Tränen: „Wo sie das wechselseitige Leid beobachteten / Das Leid, das freundschaftliche Seufzer noch zu trocknen suchten . . ."

Freude

Die beiden negativen Gefühlslagen des Dünndarmmeridians haben mit Tränen zu tun. Die positive Emotion dazu ist Freude. Freude geht zurück auf „froh", was soviel bedeutet wie „hurtig, erregt, bewegt, lebhaft, schnell", und erst später im Sinne von „freudig, gestimmt, heiter, vergnügt" verwendet wird.

Freude wird also inzwischen als großes Vergnügen oder Entzücken empfunden. „Die Freude des Herzens macht das Gesicht fröhlich." Bei Hiob 41:22 finden wir einen Satz, der die ganze Bandbreite der auf den Dünndarmmeridian bezogenen Gefühle ausdrückt: „Leid ist vor ihm in Freude verwandelt."

Beachten Sie, daß das *Oxford English Dictionary* die Freude „als eine lebhafte Emotion des Vergnügens bezeichnet, die sich aus einem Gefühl des Wohlbefindens oder der Befriedigung ergibt". Hier werden wir an das Gegenteil erinnert, an „sad" (im englischen), was ursprünglich aber „sated" oder „satisfied" (= befriedigt) bedeutete.

Ich erinnere mich noch gut an eine Studentin, die am Dünndarmmeridian schwach testete. Als ich ihr erklärte, was das heißt, brach sie in Tränen aus und weinte und weinte. Schließlich faßte sie sich wieder und erzählte mir, sie hätte sich am gleichen Morgen schwermütige Gedanken darüber gemacht, daß Gott ihr keinen reizvollen Körper geschenkt habe und sie deshalb nie heiraten könne. Daraufhin erinnerte ich diese Studentin an ein Zitat von Coverdale: „Wer mit Tränen sät, wird voller Freude ernten." Sie benutzte die positive Affirmation eine Zeitlang und schilderte mir später, daß sich ihr Gefühlszustand wesentlich gebessert habe und wie sehr es ihr geholfen habe, die Unzufriedenheit über ihren Körper zu überwinden.

Es ist großartig, daß wir jetzt genau bestimmen können, welche Gefühlslagen uns bekümmern und dann genau und exakt wissen, welche Worte und Gedanken dem abhelfen. Wenn früher ein Patient weinte, war mir die genaue Gefühlsregung nicht bekannt. Ich wußte nicht was sagen, noch welche Worte ihm helfen würden. Jetzt aber weiß ich, daß es für jemanden der weint am besten ist, an Freude zu denken, weil Freude das Gegenteil für Tränen ist, und ich frage mich: „Wie kann ich ihm dabei helfen, seine Tränen des Kummers in Tränen der Freude zu verwandeln?"[31]

DER BLASENMERIDIAN

Der Meridian des Friedens und der Harmonie

BLASE	Frieden, Harmonie
	Ruhelosigkeit, Ungeduld

Negative Emotionen: Ruhelosigkeit
Ungeduld
Frustration

Affirmationen: Ich bin friedvoll.
Ich bin ausgeglichen.
Alle Uneinigkeiten und Konflikte in meinem Innern sind geklärt.
Ich habe mein Gleichgewicht gefunden.

Testbild: Sie stecken in einem Verkehrsstau. Der Bus kommt nur ganz langsam voran. Sie haben es sehr eilig nach Hause zu kommen und werden immer aufgeregter.

Ruhelosigkeit, Ungeduld und Frustration

Die Gefühle, die das Energiegleichgewicht des Blasenmeridians hauptsächlich beeinflussen, sind *Ruhelosigkeit, Ungeduld und Frustration.* Haben Sie schon einmal einen kleinen Jungen beobachtet, der unruhig und ungeduldig wird? Manchmal hält er sein Ge-

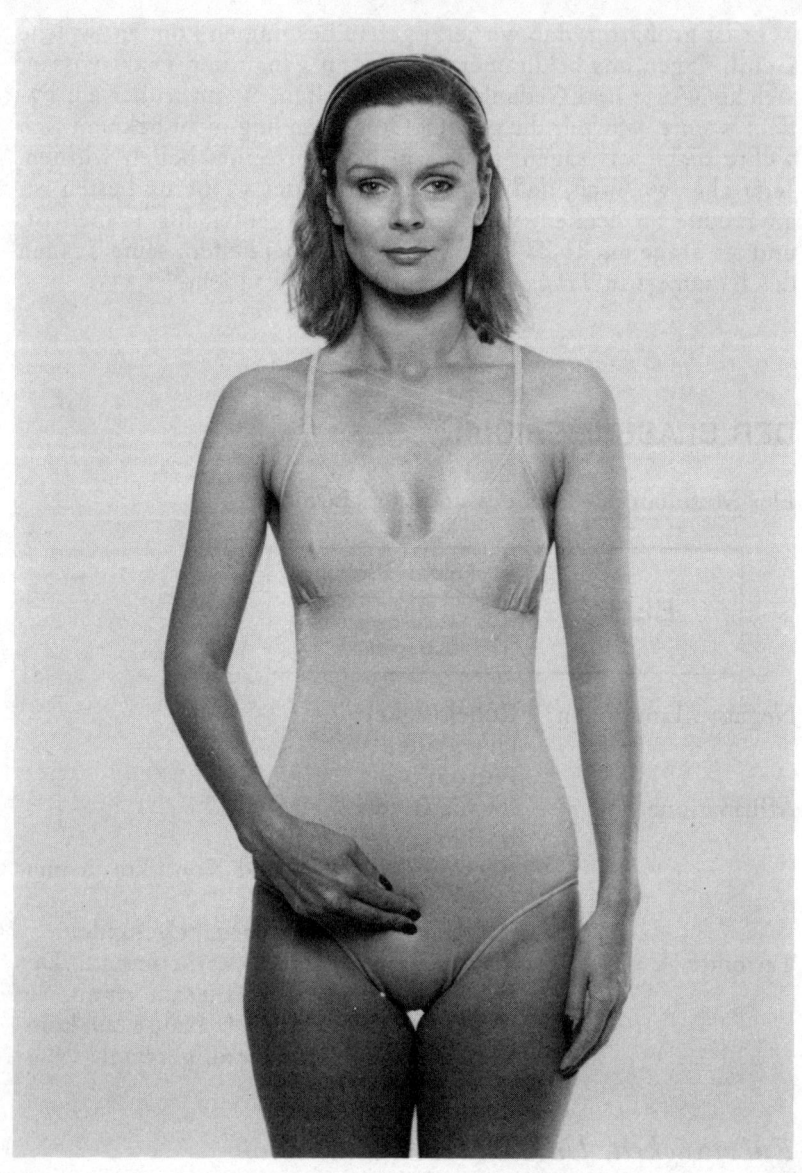

Der Testpunkt für den Blasenmeridian liegt direkt über der Schambeinfuge.

Der Blasenmeridian der meisten Menschen testet bei der Betrachtung dieses Fotos schwach. Durch das Aussprechen der Affirmation für den Blasenmeridian läßt sich diese Schwäche beheben.

schlechtsteil, als wolle er das Urinieren verhindern. Sie kennen gewiß auch Leute, die, wenn sie ruhelos sind, immer wieder die Toilette aufsuchen, dort aber jeweils nur wenige Tropfen Urin lassen können. Es handelt sich hierbei um Personen, die schnell ungeduldig werden und dabei oft mit den Beinen zappeln. Sie haben große Mühe, ruhig und friedlich zu sein. Sie leiden unter einer sogenannten „Reizblase".

Johnson definiert „ruhelos" als einen Zustand „ohne Frieden" und auch als „nicht still". *Frustration* kommt von dem lateinischen Begriff *„frustrare"* und bedeutet soviel wie „etwas hinausziehen". Verwandt ist frustrare mit *frustra* = vergeblich. Wieder wird das Erreichen eines Ziels verhindert. Es scheint einen Zusammenhang zu geben zwischen geduldigem Ausharren und der Frustration, wenn sich die Dinge hinausziehen. Aus dem Lateinischen erfahren wir, daß eine Sache solange verschleppt werden kann, bis ihre Erledigung schließlich sinnlos erscheint. Und bei unserem Testbild können wir uns vorstellen, daß der Bus solange im Stau steckenbleibt, bis unser Plan durchkreuzt ist.

Geduld

Geduld wurde als die Fähigkeit stiller Ausdauer beschrieben. Denken wir dabei noch einmal an den Omnibus im Verkehrsstau. Es ist genau diese Qualität, mit deren Erfahrung wir uns so schwer tun.

Patience als Geduld(spiel) ist vom Kartenlegen allen bekannt. Im Lateinischen bedeutet *pati* = leiden. Geduld ist also die Fähigkeit, für eine gewisse Zeitlang etwas ertragen zu können. Deswegen stille Ausdauer. Ungeduld wäre demnach die Unfähigkeit, etwas solange ruhig hinzunehmen, bis das Ziel erreicht ist. In *„Troilus und Cressida"* heißt es: „Zwischen meinem Willen und allen Kränkungen steht der Wächter der Geduld." Man zitiert auch: „Ausdauer ist vornehmer als Stärke, und Geduld ist stärker als Schönheit." Schon 1560 schrieb Thomas Wilson: „Geduld ist ein Heilmittel für jede Krankheit."

Frieden

Schon Shakespeare hat in Heinrich IV. auf den Grundgedanken des Friedens hingewiesen: „Der Friede hat etwas von einer Eroberung / Denn beide Parteien sind vornehm unterworfen / Und keiner steht jetzt als Verlierer da."

„Friede" entstand aus der indogermanischen Wurzel „prāi" = „schützen, schonen, gernhaben, lieben", und bedeutete ursprünglich „Schonung, Freundschaft". Es besteht auch ein Zusammenhang mit altindisch „prītí-h" = Freude, Befriedigung".

Wir können uns vorstellen, daß Frieden entsteht, nachdem eine Einigung der streitenden Elemente in unserem Inneren erzielt wurde. So zum Beispiel bei unserem zuvor erwähnten Testbild, wenn Teile in uns zur schnellen Heimkehr drängen und nichts anderes als gerade das von Bedeutung zu sein scheint. In jedem von uns schlummern Sehnsüchte und Wünsche, die wir zu verwirklichen trachten, und trotzdem werden wir daran gehindert, unsere Ziele zu erreichen. In unserem Inneren entwickelt sich eine Aufruhr, und bestimmte Teile bekämpfen andere Teile. Wenn diese inneren Parteien sich untereinander einigen, sich gegenseitig schonen und gernhaben, entsteht Friede.

Bei Hiob 22:21 lesen wir: „So vertrage dich nun mit ihm, und habe Frieden; daraus wird dir viel Gutes kommen."

Harmonie

Als positives Gefühl gehört auch *Harmonie* zum Blasenmeridian. Das Wort bedeutet „eine Übereinkunft der Empfindungen". Sie entsteht, wenn sich alle einzelnen Elemente zum Allgemeinwohl zusammentun. Wo Friede und Harmonie herrschen, kann es auch Fortschritt geben, Harmonie wurde beschrieben als „eine Kombination von Teilen, um ein beständiges und geordnetes Ganzes zu bilden: Übereinkunft".

In Harmonie steckt die Sprachwurzel *„ar"* mit der Bedeutung: zusammenpassen, ein fest verbundenes Ganzes bilden. Anders gesagt: friedlich sein. In Heinrich VI. schrieb Shakespeare: „Wie verdrießlich ist diese Musik für mein Herz! / Wenn solche Saiten kratzen, wo bleibt da die Harmonie?"

Wenn wir innerlich unstimmig und unausgewogen sind, können sich weder Friede noch Harmonie einfinden.

Musikalisch betrachtet ist Harmonie die Auflösung der Dissonanz. Dies läßt sich auch auf unser Leben übertragen, auf Seele, Geist und Körper.

Der Dichter Byron sagte: „Wo alles Harmonie verströmt, ist's ruhig und still."

Heiterkeit

Auch *Heiterkeit* steht als positive Gefühlslage im Zusammenhang mit dem Meridian der Blase. Heiter gehört zu der indogermanischen Wurzel *„kāi"* = „scheinen, leuchten", auch „hell, deutlich, herrlich, wolkenlos". Später entwickelte sich daraus „fröhlich" und „aufmuntern". Heiterkeit steht für klar, fein und ruhig, und verweist auch auf einen klaren, ruhigen, trockenen Tag oder Abend – also eine Situation voller Heiterkeit, Frieden und Harmonie.

Ruhe

Weiterhin bezieht sich das positive Gefühl der *Ruhe* auf den Blasenmeridian. Die indogermanische Wurzel ist „er-", „re" = ruhen. Diese findet sich auch in Griechisch *„erōe"* = Nachlassen, Ruhe".

Wir beobachten häufig, daß ruhelose Menschen beim Test ein Energieungleichgewicht des Blasenmeridians aufweisen. Beim Aussprechen der Affirmationen denken die Patienten oft an Abendstimmungen oder das friedliche Bild ruhender Herden. Mit dieser Visualisation testen sie dann stark.

Konzeptions- und Gouverneursgefäß

Diese beiden Meridiane beziehen sich nicht in erster Linie auf Organe, obwohl man annimmt, daß das Gouverneursgefäß dem Gehirn Lebensenergie zuführt. Das Konzeptionsgefäß und das Gouverneursgefäß sammeln vielmehr Energien, die bereits das Organ- und Meridiansystem durchflossen haben. Die entsprechenden Testpunkte finden Sie auf den Bildern Seite 213/214. Beim Konzeptionsgefäß liegt der Punkt etwas unterhalb der Mitte der Unterlippe, beim Gouverneursgefäß etwas oberhalb der Mitte der Oberlippe.

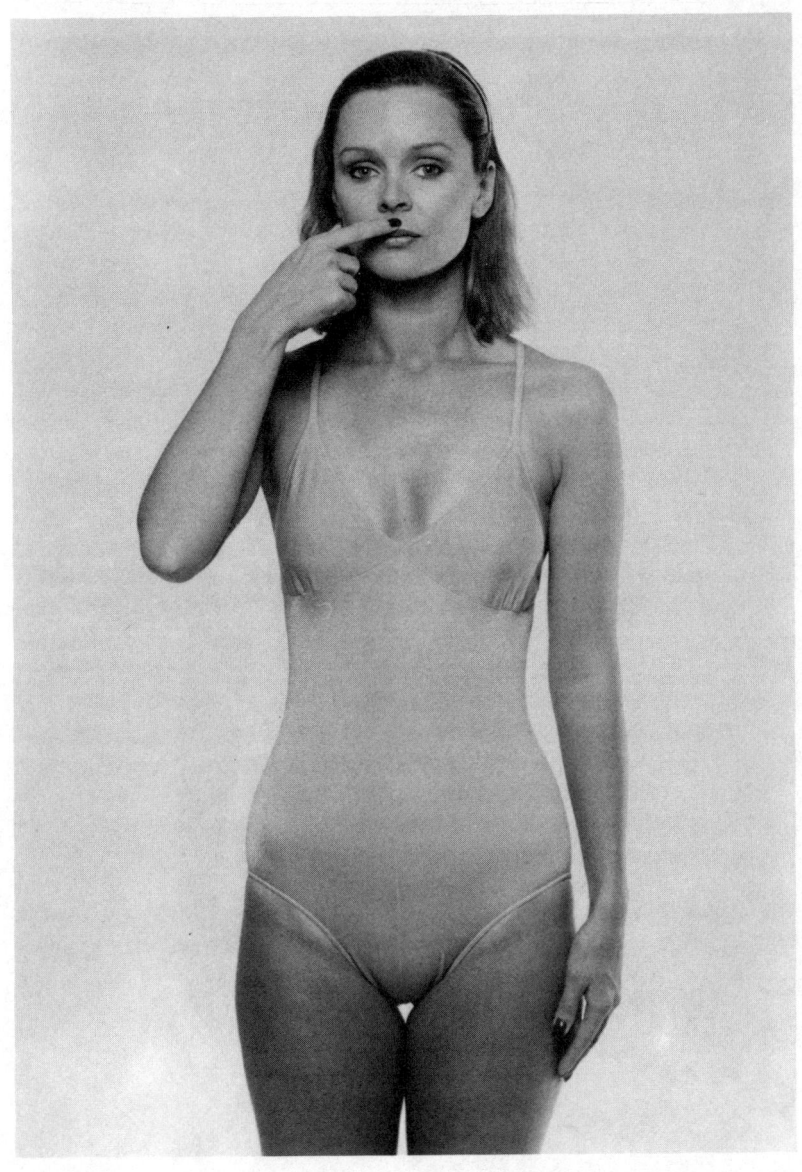

Der Testpunkt für das Gouverneursgefäß liegt über der Mitte der Oberlippe.

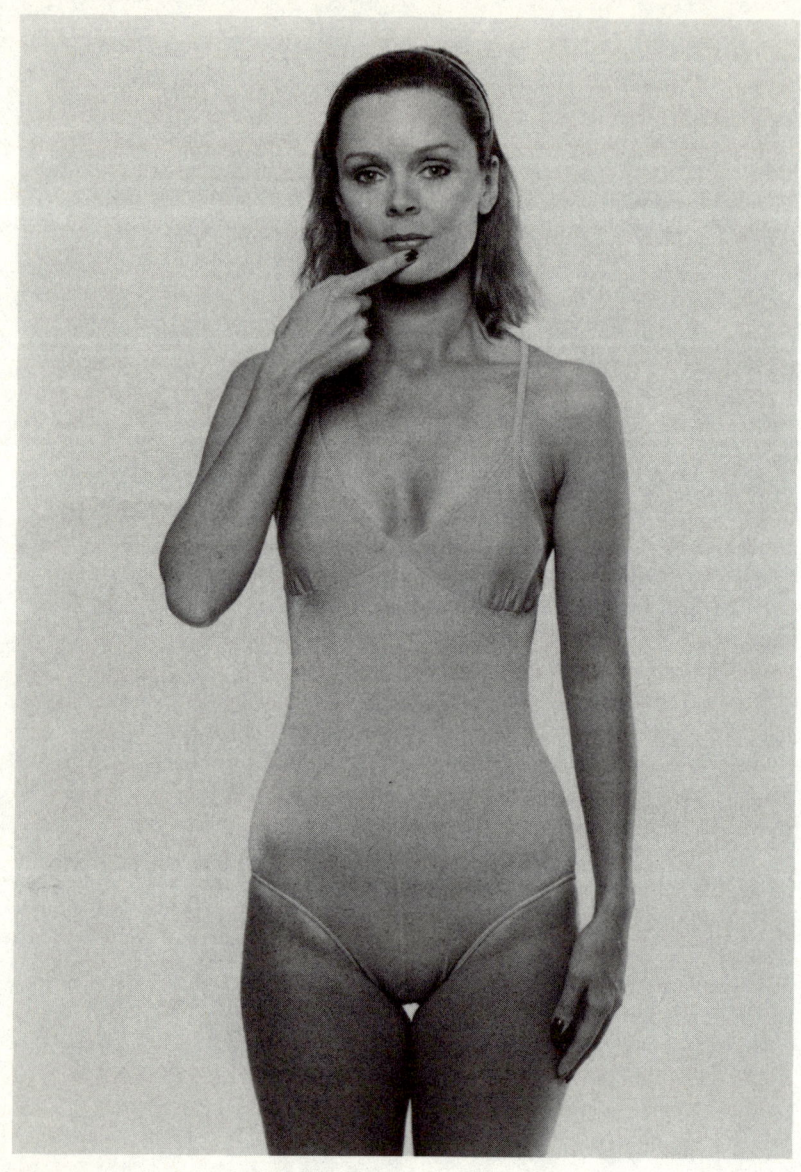

Der Testpunkt für das Konzeptionsgefäß liegt etwas unter der Mitte der Unterlippe.

MERIDIAN TESTPUNKTE

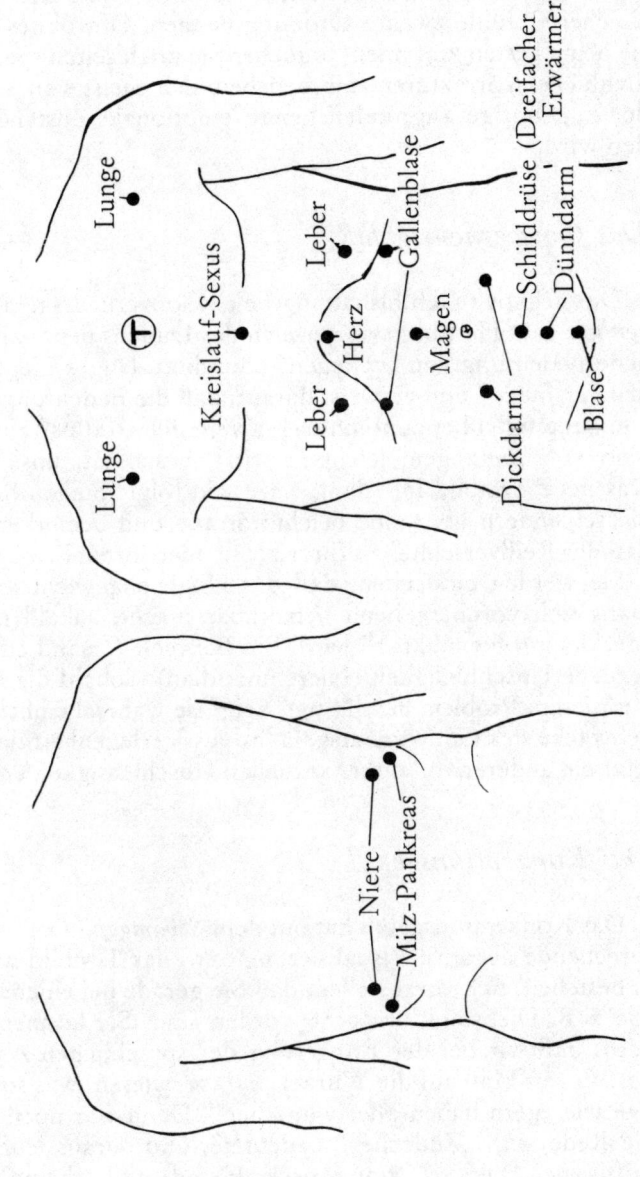

Die emotionalen Muster im Zusammenhang mit diesen Meridianen sind nicht von der gleichen Art wie z. B. Schuldgefühle, noch sind es grundlegende Emotionen wie Liebe und Haß. Wir können sie eher Gefühle zweiter Ordnung nennen. Obwohl es wichtig ist, sie beim Testen zu finden, brauchen sie doch selten spezifische, individuelle Korrekturen. Sie beheben sich meist von selbst, wenn der zugehörige zugrundeliegende emotionale Zustand überwunden wird.

Das Gouverneursgefäß

Die negative Gefühlshaltung beim Gouverneursgefäß ist *Verlegenheit*. Das Herkunftswörterbuch des Dudens nennt als ursprüngliche Bedeutung von „verlegen" „durch zu langes Liegen in Trägheit versinken" und verweist darauf, daß die Bedeutungsgeschichte von „untätig" über „unschlüssig, zweifelhaft, ratlos" zum heutigen Sinn von „befangen, leicht verwirrt, beschämt, unsicher" führt. Das neue Testbild im Alltag wäre wie folgt: Stellen Sie sich vor, Sie schlendern über eine belebte Straße und bemerken plötzlich, daß der Reißverschluß an Ihrer Hose oder Ihrem Rock offensteht.

Sie werden entdecken, daß das Ungleichgewicht dieses Meridians sich vorübergehend bemerkbar macht, sobald ein anderes Meridianproblem aktuell wird. Ein Beispiel: Jemand enthüllt seine sexuelle Unschlüssigkeit (Nierenmeridian). Sobald die Person sich mit diesem Problem beschäftigt, zeigt sie wahrscheinlich auch eine Schwäche des Gouverneursgefäßes aus Verlegenheit darüber, daß jetzt ein anderer von dieser sexuellen Unschlüssigkeit erfahren hat.

Das Konzeptionsgefäß

Das Konzeptionsgefäß hat mit dem *Schamgefühl* zu tun. Die entsprechende negative Visualisierung bzw. das Testbild würden darin bestehen, sich vorzustellen, daß Sie gerade bei einem Vergehen, wie z. B. Diebstahl, erwischt worden sind. Sie können sich erinnern, daß wir bei der Erörterung der sprachlichen Abstammung des Wortes Haß auf die Wurzel „*kar*" verwiesen, was soviel bedeutete wie „gern haben oder wünschen". Dann war noch von „*kam*" die Rede, was „Zudecken" bedeutete, und daraus leiten sich Begriffe wie „chemise" (französisch: Hemd) und „shame" (englisch: Scham) ab. Es gibt schon sehr lange die Vorstellung, daß wir uns aus Schamgefühl mit etwas bedecken, daher die englische Redensart „nackt und schamlos". Wir benutzen unser Unterhemd, um unsere Scham zu bedecken. Wenn wir voll erröten, kann jeder erkennen, daß wir etwas Unrechtes getan haben. Wir sind auf frischer Tat ertappt worden. Scham ist gewissermaßen die öffentliche Zurschaustellung, das öffentliche Eingeständnis dessen, was wir als unsere „Sünde" empfinden. Scham und Verlegenheit werden wieder in Ordnung gebracht, wenn wir das Gefühl der „Sünde" bewältigt haben. Man wird dabei an Ausdrücke erinnert wie etwa „schamrot" oder „Ach, du Schande". In Jesaja 47:3 lesen wir: „... daß deine Blöße aufgedeckt und deine Schande gesehen werde."

Johnson definiert Scham als „die Gemütsbewegung, die wir empfinden, wenn unser Ansehen offenkundig ruiniert wird, die Gemütsbewegung, die manchmal durch Erröten ausgedrückt wird".

Anthropologen nehmen an, daß in primitiven Gesellschaften ein Kind die Bedeutung des Wortes Scham dann verstanden hat, wenn es anfängt, seine Geschlechtsteile zu bedecken. Das Schöne bei dieser Arbeit ist die Verbindung von sprachgeschichtlichen und psychologischen Forschungen, die uns Zusammenhänge zwischen Wörtern wie „Scham", „Chemise" (französisch = Hemd) und „shirt" (englisch = Hemd) aufzeigt. Moderne psychologische Methoden und sprachgeschichtliche Untersuchungen lassen uns erkennen, wie psychologische Konzepte und deren physikalischer Ausdruck im Wort über Jahrtausende hinweg in unserer Seele noch verbunden geblieben sind. Psychologen sowie Etymologen wissen, daß Wörter mit gemeinsamer Sprachwurzel auch heute noch miteinander in Verbindung stehen und daß diese Wurzeln bis in unsere Seele reichen.

Scheu ist ebenfalls eine negative Gefühlshaltung des Konzeptionsgefäßes. Scheue Personen verstecken sich oft, damit ihre Scham nicht gesehen wird. Der Zusammenhang zwischen Scham und Scheu wurde von Sydney Smith so ausgedrückt: „Der seltsamste Sprößling der Scham ist die Scheu."

Bernhard Shaw schreibt in *„Man and Superman"* („Mensch und Übermensch"): „Wir leben in einer Atmosphäre der Schamhaftigkeit. Wir schämen uns über alles, was an uns echt ist; über uns selbst, unsere Verwandten, unser Einkommen, unsere Unfälle, unsere Meinungen, unsere Erfahrungen, so wie wir uns unserer nackten Haut schämen."

Ängstlichkeit und Mißtrauen sind vielleicht deshalb so charakteristisch für den scheuen Menschen, weil er, wenn die vermeintliche Sünde durch die Scham bloßgestellt wird, Strafe fürchtet.

Der Naturforscher Darwin schrieb in seinem Werk „*The Expression of Emotions of Animals and Man*" („Der Ausdruck von Gefühlen bei Mensch und Tier"): „Unter einem dringenden Schamgefühl liegt ein starkes Verlangen nach Geheimhaltung." Und beim Propheten Jeremia 51:51 lesen wir: „Wir waren zu Schanden worden, da wir die Schmach hören mußten, und die Scham unser Angesicht deckte."

Zusammenfassung des Testverfahrens

Das Testverfahren ist wirklich unglaublich einfach. Tausende von Medizinern und Laien arbeiten inzwischen erfolgreich damit. Genaues und zuverlässiges Testen erfordert allerdings Übung und Erfahrung. Und so gehen Sie vor:

1. *Das Testen der Thymusdrüse.* – Wenn die Thymusdrüse stark reagiert, so wissen Sie, daß die Versuchsperson (VP) hohe Lebensenergie hat. Die VP wird im Augenblick von den meisten Streß-Situationen nicht beeinflußt. Sie brauchen den Test in diesem Fall nicht fortzusetzen: Wenn nämlich die Thymusdrüse stark reagiert, sind gleichzeitig die beiden Gehirnhälften ausgeglichen, und die VP ist jetzt kreativ, produktiv und fähig, ihre Probleme zu lösen. Die Emotionen der VP sind ausgeglichen und harmonisch. Die Lebensenergie wird im Augenblick nicht durch negative Gefühle beeinträchtigt. (Sie haben anhand unserer Fotografien erkannt, wie der Gesichtsausdruck eines Menschen den jeweiligen Betrachter beeinflussen kann. Deshalb müssen Sie sich selbst bei Durchführung des Tests neutralisieren.)

Achtung! Es gibt Fälle, in denen der Test eine Reihe falscher, scheinbar positiver Ergebnisse hervorruft und die VP stark reagiert, obwohl sie eigentlich schwach sein müßte. In Extremfällen testen manche Menschen sogar auf weißen Zucker stark! Oder jemand könnte bei haßerfüllten Gedanken stark und paradoxerweise bei liebevollen Gedanken schwach werden. Solchen falschen Resultaten ist leicht vorzubeugen, wenn man die VP vor Beginn des Tests eine Tablette mit Ribonucleinsäure zerkauen läßt. Irreführende positive Ergebnisse sind zwar relativ selten, aber wer ganz sicher gehen möchte, sollte immer vorher eine dieser Tabletten geben. Ich verwende sie stets in meiner Praxis. (Für mehr Einzelheiten dazu siehe „The Umbilicus Test" in John Diamond, *offected Papers*, Band II.)

2. Wenn die Thymusdrüse schwach reagiert, machen Sie den *Test für die Gehirnhälften*. Er zeigt an, welche Gehirnhälfte zur Zeit dominiert. Die VP weiß dann, daß bestimmte Maßnahmen nötig sind, um dieses allgemeine Ungleichgewicht ins Lot zu bringen.

3. Gleichzeitig erkennen Sie durch den Test der Gehirnhälften, welche Meridiantestpunkte überprüft werden sollten. Wenn die VP eine Dominanz der linken Gehirnhälfte aufweist, testen Sie die Meridianpunkte auf der Körpermitte. Ist die VP rechtshemisphärendominant, so testen Sie die beidseitigen Punkte. (Dabei brauchen Sie im allgemeinen nur eine Seite zu testen. Nur wenn Sie auf einer Seite gar nichts finden, müssen Sie auch die andere Seite überprüfen.)

4. Nachdem Sie die jeweilige Meridianschwäche gefunden haben, lassen Sie Ihre VP mehrmals die passende Affirmation visualisieren und mit Gefühl aussprechen.

5. Wiederholen Sie den Test, und sie werden feststellen, daß der Meridian nun energetisiert ist und die Gehirnhälften ausgeglichen sind. Die VP ist demzufolge kreativ, und ihr Thymus testet stark. Die Blockierung im Fluß der Lebensenergie ist behoben.

Das ist alles, was Sie tun müssen, um die vorherrschende Gefühlshaltung einer Versuchsperson zum Testzeitpunkt herauszufinden und zu überkommen. Ist das nicht einfach und von lebenswichtiger Bedeutung?

Wie schon gesagt, sind Erfahrungen und Übungen erforderlich, um das Testverfahren zuverlässig und genau auszuführen. Es ist einfach, erfordert aber Genauigkeit. Es gibt eine Reihe von Variablen, die kontrolliert werden müssen, zum Beispiel ob Sie unter einer Leuchtstoffröhre stehen oder sitzen, oder ob ein Fernsehgerät oder ein Radio eingeschaltet ist, während Sie testen, oder auch andere Einflüsse aus der Umgebung.

Als Beispiel für eine verborgene, aber wichtige Variable möchte ich Ihnen folgenden Vorfall erzählen: Amy hatte nie einen wirklichen Freund, ist aber zur Zeit in einen jungen Mann aus Ihrer

Klasse verliebt. Obwohl sie schon drei Jahre in der gleichen Klasse sitzen, kam es nie zu einer Verabredung zwischen den beiden. Deshalb faßte Amy endlich Mut und schickte dem jungen Mann einen Zettel mit dem Vorschlag für ein Rendezvous. Jetzt fragt sie sich, ob das ein bißchen zu keck war und er diese Botschaft vielleicht mißversteht und denkt, sie wolle Sex mit ihm, was nicht ihre Absicht ist. Ich testete Amy auf: „Ich mag Tom", und sie reagierte schwach. Dann bat ich sie auszusprechen: „Ich kann Tom nicht leiden", und diesmal reagierte Amy stark. Sie protestierte. „Aber das ist doch unmöglich, natürlich mag ich ihn. Weshalb sonst habe ich ihn denn um ein Rendezvous gebeten?" – Dann erinnerte ich mich an ihre Besorgnis, daß er mit ihr eine sexuelle Beziehung haben solle, und bat sie um folgenden Satz: „Ich möchte Sex mit Tom." Noch bevor ich sie testete, sagte sie: „Aber das will ich ganz bestimmt nicht!" Obwohl ich spürte, daß sie die Wahrheit sagte, reagierte sie auf diese Aussage stark. Alles war verdreht! Der Test zeigte genau das Gegenteil von allem an, nämlich, daß sie Tom nicht mochte, aber trotzdem mit ihm schlafen wollte. Plötzlich fragte mich Amy: „Meinen Sie, daß wir andere Ergebnisse bekommen, wenn ich meine Digitaluhr ablege?" – Gewohnheitsmäßig lasse ich alle meine Schüler und Versuchspersonen die Armbanduhren ablegen, bevor wir mit den Tests beginnen. Bei Amy hatte ich dies übersehen, weil ihre Uhr von dem zugehörigen Schmuckarmband verdeckt war. Nachdem sie die Uhr abgelegt hatte, bekamen wir die umgekehrten Ergebnisse. Sie reagierte stark auf „Ich mag Tom" und schwach auf „Ich möchte Sex mit Tom". Wir überprüften daraufhin frühere Testergebnisse und stellten fest, daß durch die Digitaluhr alle verdreht gewesen waren.[32]

Man kann die Unterfunktion eines Meridians auch testen, indem man die Versuchsperson die positive Affirmation für jeden Meridian *einmal* aussprechen läßt. Der problematische Meridian ist derjenige, auf dessen Affirmation die Versuchsperson schwach reagiert. Testen Sie dazu den Indikatormuskel, bis Sie auf eine Aussage hin eine schwache Reaktion erhalten. Das Beispiel „Ich bin bescheiden" (stark), „Ich bin glücklich" (stark). „Ich bin zufrieden" (schwach) zeigt, daß es sich in diesem Fall um den Magenmeridian (Unzufriedenheit) handelt.

Die Meridiane, ihre zugehörigen Organe und negativen Gefühlszustände

Meridian	Organe	Negative Gefühlslagen
Lunge	Lungen	Verachtung, Hohn, Geringschätzung, Hochmut, falscher Stolz, Intoleranz, Vorurteil
Leber	Leber	Unglücklichsein
Gallenblase	Gallenblase	Wut, Jähzorn
Milz-Pankreas	Milz, Bauchspeicheldrüse	Realistische Zukunftsängste
Niere	Nieren, Augen, Ohren	Sexuelle Unschlüssigkeit
Dickdarm	Dickdarm, Rektum, Blinddarm	Schuldgefühl
Kreislauf-Sexus	Nebennierendrüse, Geschlechtsdrüsen	Bedauern, Reue, Eifersucht, sexuelle Spannungen, Starrsinn
Herz	Herz	Zorn/Ärger
Magen	Magen, Nebenhöhlen	Ekel, Enttäuschung, Bitterkeit, Gier, innere Leere, Entbehrung, Hunger, Übelkeit
Schilddrüse (Dreifacher Erwärmer)	Schilddrüse Herzbeutel	Depression, Verzweiflung, Hoffnungslosigkeit, Trauer, Einsamkeit, Niedergeschlagenheit, Abgeschiedenheit
Dünndarm	Zwölffingerdarm, Dünndarm	Traurigkeit, Kummer, Leid
Blase	Harnblase, Harnröhre	Ruhelosigkeit, Ungeduld, Frustration

Die Meridiane, ihre zugehörigen Organe und positiven Gefühlszustände

Meridian	Organe	Positive Gefühlslagen
Lunge	Lungen	Demut, Toleranz, Bescheidenheit

Leber	Leber	Glücklichsein, Frohsinn
Gallenblase	Gallenblase	liebevolles und verzeihendes Zugehen auf andere, Verehrung
Milz-Pankreas	Milz, Bauchspeicheldrüse	Glaube und Vertrauen in die Zukunft, Sicherheit
Niere	Nieren, Augen, Ohren	sexuelle Gewißheit
Dickdarm	Dickdarm, Rektum, Blinddarm	Selbstwertgefühl
Kreislauf-Sexus	Nebennierendrüse, Geschlechtsdrüsen	Loslassen der Vergangenheit, Entspannung, Großzügigkeit, Abschwören
Herz	Herz	Liebe, Vergebung
Magen	Magen, Nebenhöhlen	Zufriedenheit, Gelassenheit
Schilddrüse (Dreifacher Erwärmer)	Schilddrüse Herzbeutel	Hoffnung, Leichtigkeit, Beschwingtheit, gehobene Stimmung
Dünndarm	Zwölffingerdarm, Dünndarm	Freude
Blase	Harnblase, Harnröhre	Friede, Harmonie

Die Meridiane und ihre jeweiligen Testbilder

Lunge   – Sie sind in Gesellschaft eines Menschen, den Sie als dumm und unwissend einschätzen. Sie fühlen sich viel klüger als der andere und erkennen deutlich den Unterschied zwischen seiner Dummheit und Ihrer Genialität. Sie fühlen sich haushoch überlegen.

Leber   – Sie sind sehr unglücklich, weil ein geliebter Mensch Sie verlassen hat. Alles wäre vollkommen, wenn dieser Mensch zu Ihnen zurückkehrte.

Gallenblase	– Jemand hat etwas getan, was Sie in Wut versetzt. Er hat Ihre ganz persönlichen Briefe oder Ihr Tagebuch ohne Ihre Zustimmung gelesen. Sie brüllen ihn an, und möchten ihn am liebsten verprügeln.
Milz – Pankreas	– Die Rechnungen für den kommenden Monat sind bald fällig. Sie haben kein Geld, um sie zu bezahlen und sehen auch keinen Ausweg aus dieser Lage.
Niere	– Sie schlafen mit jemandem, den Sie nicht besonders anziehend finden, von dem Sie aber auch nicht gerade abgestoßen werden.
Dickdarm	– Sie haben gerade etwas getan, was Ihnen heftige Schuldgefühle verursacht. Nehmen Sie ein Beispiel aus dem eigenen Leben.
Kreislauf – Sexus	– Sie sind mitten in einem großen Vorhaben, das viel Zeit beansprucht. Es sieht so aus, als würde das Projekt nie abgeschlossen. Es tut Ihnen aufrichtig leid, jemals damit begonnen zu haben.
	– Sie denken an eine Person, von der Sie sich sexuell angezogen fühlen. Je mehr Sie an diese Person denken, desto erregter werden Sie.
	– Sie entdecken Ihre(n) Geliebte(n) in Gesellschaft eines(r) Rivalen(in) und überlegen, auf welche Weise Sie Ihre(n) Partner(in) zurückgewinnen können.
Herz	– Sie kommen von einem Spaziergang nach Hause und ertappen einen Strolch, der die Luft aus den Reifen Ihres Autos läßt.
Magen	– Sie schlendern durch die Straßen und beobachten zufällig, wie Ihr(e) Geliebte(r) mit einem(r) anderen spazierengeht. Er/sie hat Sie versetzt.
	– Sie haben längere Zeit auf Beförderung gerechnet. Als die Position frei wird, bekommt ein anderer die Stelle.
Schilddrüse	– Sie sind daheim, haben zu nichts Lust und keinerlei Antrieb. Sie fühlen sich schwer und bedrückt. Ihnen ist einfach alles zuviel.
Dünndarm	– Die Tränen stehen Ihnen in den Augen und Sie könnten jeden Augenblick losheulen.

Blase	– Sie stecken in einem Bus, der wegen eines Verkehrsstaus nur ganz langsam vorankommt. Sie haben es sehr eilig nach Hause zu kommen und werden immer aufgeregter.

Wechselbeziehungen zwischen den Meridianen

Jeder beidseitige Meridian korrespondiert mit einem Meridian der Körpermitte und umgekehrt:

Beidseitige Meridiane	*Meridiane auf der Körpermitte*
Lunge	Schilddrüse
Leber	Magen
Gallenblase	Herz
Milz – Pankreas	Blase
Niere	Kreislauf – Sexus
Dickdarm	Dünndarm

Die folgende Fallstudie veranschaulicht, wie diese Beziehungen zwischen den Meridianen auftreten können.[33] Bills Ehefrau rief mich eines Morgens an und berichtete, er sei vor wenigen Stunden mit dem Krankenauto in die Klinik gebracht worden. Bill hatte zuvor über Schmerzen im Oberbauchbereich und in der Brust geklagt und schien in ziemlich schlimmer Verfassung zu sein. Ich erklärte der Ehefrau, daß Bill aufgrund seiner langen Vorgeschichte von angina pectoris wahrscheinlich eine Herzattacke erlitten hatte, worauf die junge Frau erwiderte: „Nein, die Ärzte konnten keinerlei Anzeichen eines Herzanfalls feststellen. Sie vermuteten vielmehr eine Unterleibserkrankung."

Diese Diagnose wurde 24 Stunden lang aufrechterhalten, dann fanden sich doch Beweise für einen Verschluß der Herzkranzgefäße, oder vielleicht waren diese auch in der Zwischenzeit entstanden und wurden deshalb gefunden.

Ich war überrascht, daß meine Kollegen nicht sofort einen Koronarverschluß diagnostizieren konnten, denn Bills Geschichte als Herzpatient war hinlänglich bekannt. Warum hatten die Ärzte zumindest anfänglich darauf beharrt, daß es sich nicht um ein Herzproblem, sondern um eine Unterleibserkrankung handelte? Und danach wies er offenkundige Zeichen eines Herzinfarkts auf und wurde entsprechend behandelt.

Einige Monate danach telefonierte Bills Frau erneut und sagte, ihr Mann hätte wieder einen ähnlichen Anfall. Ich fuhr sofort zu ihrer Wohnung und kam aus mehrerlei Gründen zu dem Schluß, daß kein Infarkt vorlag. Das EKG war unverändert, und Bills Herzmeridian testete stark. Als ich Bills Bauch abtastete, spürte ich eine muskuläre Verspannung im Bereich des rechten Hypochondriums. Als ich tiefer hineindrückte, fand ich einen sehr schmerzhaften, empfindlichen Punkt. Bill hatte eine Gallenkolik! Wir fuhren zum Herzspezialisten. Er bestätigte, daß auch seiner Meinung nach kein Herzinfarkt vorlag. Durch weitere Bemühungen löste sich die Empfindlichkeit der Gallenblase, was zu einer bedeutenden Besserung von Bills Wohlbefinden führte.

Ohne Zweifel hatte Bill auch eine Gallenkolik, als er zum ersten Mal in die Klinik transportiert worden war. Ich bin sicher, daß die große Angst Bills und die angsterregende Situation im Krankenhaus dazu beitrugen, daß er anschließend auch einen Herzinfarkt erlitten hatte. In einem medizinischen Fachbuch fand ich später diese Erläuterungen: „Wenn das Herz als Ursache einer akuten oder latenten Störung in Frage kommt, können Vagusreflexe einer erkrankten Gallenblase die Blutzirkulation in den Herzkranzgefäßen verringern und Herzrhythmusstörungen und sogar Herzstillstand hervorrufen ... das ‚Gallenblasen-Herz‘." So etwas muß Bill zugestoßen sein. Aufgrund seiner jahrelangen Durchblutungsstörungen hatte er eine Veranlagung zum Herzinfarkt. Doch war die Gallenblase wahrscheinlich der auslösende Faktor. Das medizinische Fachbuch verriet außerdem: „Abweichungen beim EKG ohne sonstige Beweise einer Herzkrankheit verschwinden oft wieder, nachdem dem Patienten die Gallenblase entfernt wurde. Auch Patienten mit angina pectoris und pseudo angina pectoris finden dadurch Erleichterung."[34]

Der dem Herzmeridian zugeordnete beidseitige Meridian ist der Gallenblasenmeridian. Es gibt fundierte psychologische Gründe, warum das so ist. Die negative Gefühlslage im Zusammenhang mit dem Herzmeridian ist Zorn/Ärger, beim Gallenblasenmeridian ist es Wut/Jähzorn. Der Unterschied zwischen den beiden besteht darin, daß Jähzorn und Wut der Ausdruck von Zorn und Ärger sind. Zorn und Ärger mögen versteckt sein, aber Jähzorn wird nicht nur empfunden, sondern auch ausgedrückt. In gewissem Sinn ist der Gefühlszustand der Gallenblase, der Jähzorn, die primitivere Ausführung des Herzmeridians, und die beiden sind eng miteinander verbunden.

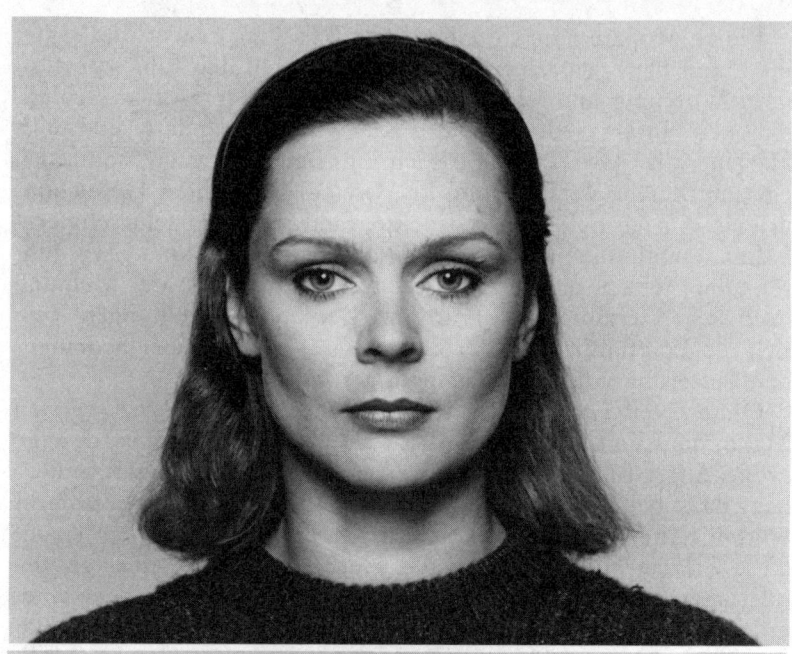

Der Gesichtsausdruck scheint auf allen Fotos gleich zu sein, weist aber feine Unterschiede auf und beeinflußt unterschiedliche Meridiane, weil das Fotomodell sich

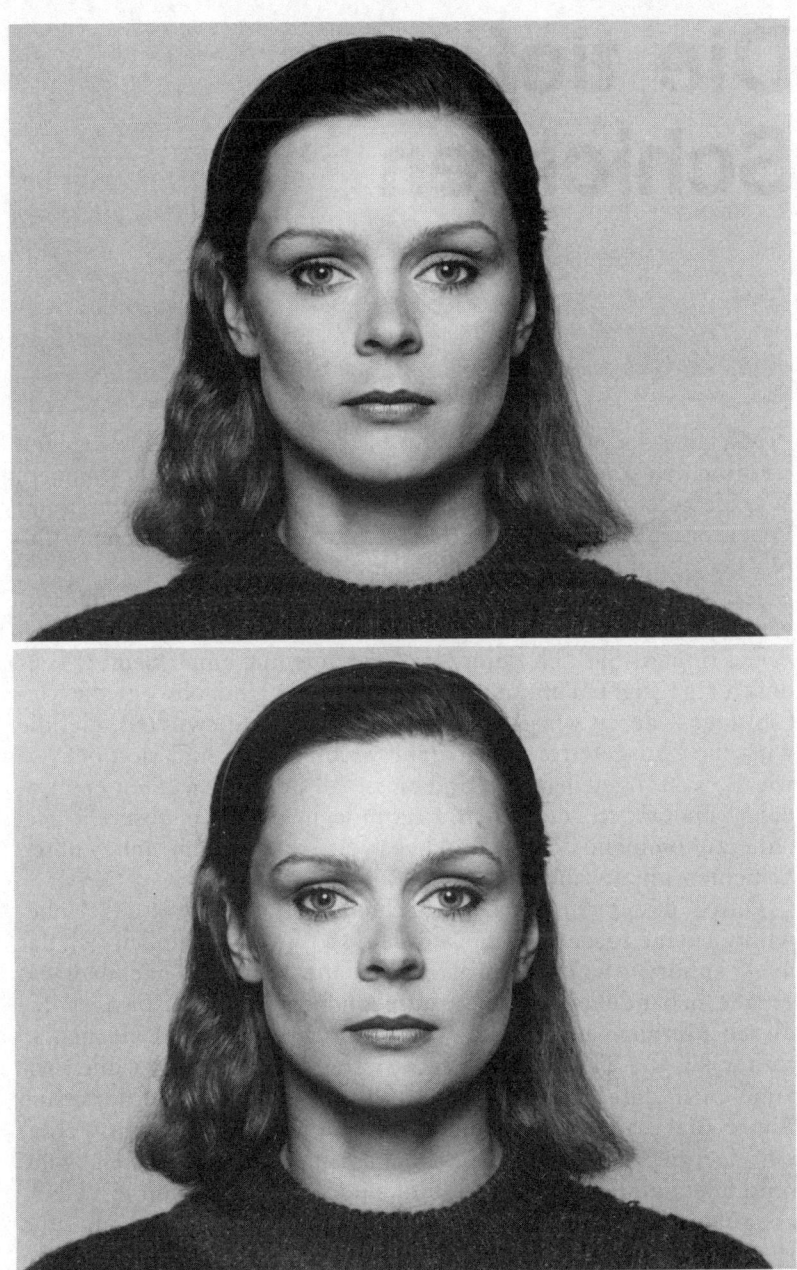

bei den Aufnahmen auf unterschiedliche negative Gedanken konzentrierte.

Die tieferen Schichten

Mit dem bisher Gelernten sind Sie jetzt imstande, Ihre eigenen emotionalen Zustände und die Ihrer Bekannten zu bestimmen. Wie Sie gesehen haben, ist dies zum Erreichen des Ziels von hoher Lebensenergie, Gesundheit, Kreativität und ausgeglichenem Gefühlsleben außerordentlich hilfreich.

Jetzt können wir die Technik noch weiterführen und die tieferliegenden, unbewußten Haltungen und deren Einfluß auf uns entdecken. Erinnern Sie sich daran, daß wir uns nur eines kleinen Teils unserer geistigen Funktionen bewußt sind. Und obwohl die Gefühlslagen, deren wir gewahr sind, d. h. die vorbewußten, die, die wir schon ausgetestet haben, sehr wichtig sind, sind sie doch, so wie sie sich darstellen, die Ergebnisse all der unbewußten emotionalen Haltungen, die ihnen zugrunde liegen. Um unserem Ziel näherzukommen, ist es wünschenswert, diese tiefen unbewußten Schichten umzuwandeln.

Durch dieses Austesten der Schichten können wir das Unbewußte zutage fördern. Dabei werden, so unwahrscheinlich sich das auch anhört, zunächst starke Meridiane schwach, nachdem ein gerade behandelter Meridian ausgeglichen ist. Dann bringen Sie diesen Meridian in Ordnung, testen noch einmal und machen so weiter, bis die Thymusdrüse stark testet. Zum Beispiel wollen wir annehmen, daß Sie bei der Durchführung des Tests auf der ersten Ebene (das ist die Ebene, die in diesem Buch beschrieben wurde) ein Energieproblem am Milz-Pankreasmeridian entdecken, während alle anderen Meridiane stark sind. Wenn Sie dann mit Überzeugung die Affirmation für den Milzmeridian „Ich glaube und vertraue auf meine Zukunft" laut aussprechen, testet Ihr Milzmeridian wie erwartet stark, aber nun wird wahrscheinlich ein anderer, vorher starker Meridian sich als schwach erweisen. Erst nachdem die erste Schicht erkannt und behoben wurde, zeigt sich das zweite Problem überhaupt. Dies geschieht in einer ganz bestimmten Reihenfolge. Vielleicht hat die zweite Schicht erkennen lassen, daß sie unglücklich sind (Lebermeridian). Vielleicht fühlten Sie, daß Ihre Zukunftsängste und -sorgen darauf beruhten, daß Sie sich von einer anderen Person Hilfe wünschten und diese nicht bekamen, und Ihr unbewußtes Gefühl war „Wenn er/sie mir doch nur (Leber) geben würde, was ich brauche, dann hätte ich keine Sorgen wegen der bald fälligen Mietzahlung" (Milz).

Um die Störung im Lebermeridian auszugleichen, sagen Sie und fühlen Sie „Ich bin glücklich". Danach kann es sein, daß sich eine weitere Störung an einem anderen Meridian bemerkbar macht. Diese kann jetzt, nachdem das Gefühl des Unglücklichseins behoben wurde, ins Bewußtsein bzw. Vorbewußtsein aufsteigen. Es könnte sich zum Beispiel dabei um den Schilddrüsenmeridian handeln. Vielleicht sind Sie im tiefsten Herzen deprimiert und fühlen sich schwer und hoffnungslos. Dies ist ein noch tieferes Gefühl als das Unglücklichsein an der Oberfläche. Sie überwinden es mit der Affirmation „Ich bin leicht und beschwingt". Wenn Sie jetzt testen, ist die Thymusdrüse und sind alle Meridiane, d. h. Milz → Leber → Schilddrüse → Thymusdrüse, stark.

Mit dieser Technik können Sie das Unbewußte schnell erreichen und die verschiedenen Schichten bearbeiten, genau wie es in der Psychotherapie und Psychoanalyse geschieht. Ist es nicht wunderbar, wie die einzelnen Schichten zutage kommen? Jede von ihnen taucht erst dann auf, wenn das darüberliegende Ungleichgewicht behoben ist. Wie in der Psychotherapie gelangt man immer tiefer und weiter zurück. Ich staune jedesmal von neuem, wenn das geschieht, und bin jedesmal wieder darum begeistert. Diese Technik ist ein wunderbares Werkzeug, mit dessen Hilfe wir viel über unseren Körper und Geist lernen können.

Der letzte oder tiefste Meridian, derjenige, dessen Störung behoben wird, bevor die Thymusdrüse ins Gleichgewicht kommt, ist auch derjenige, der sie am meisten beeinflußt. Meist ist diese Art Störung schwieriger zu überwinden als die anderen, denn hier haben wir den wunden Punkt gefunden, den Faktor, der am tiefsten liegt, am wenigsten bewußt ist und Sie gegenwärtig (das kann sich ändern) am meisten behindert. Es wird sich dabei häufig um den Lungen- oder Schilddrüsenmeridian handeln, weil, wie schon erwähnt, diese beiden grundlegenden Meridiane mit unserer frühen Entwicklung zu tun haben. (Der Lungenmeridian bezieht sich auf

Melanie Kleins erstes Stadium – das der Mißgunst und des Neides – und der Schilddrüsenmeridian auf das zweite – die Depression.) Deshalb ist der Lungenmeridian der grundlegendste Meridian, und wenn er ins Gleichgewicht gebracht wurde, können auch andere Veränderungen eintreten.

Die Grundbedingung ist dabei, daß Sie die Energiestörungen der Meridiane durch Affirmationen ausgleichen und dann so lange weitertesten, bis Sie den Meridian finden, der noch tiefer liegt. Und wenn Sie die Schichten abgetragen haben wie die Häute einer Zwiebel, gelangen Sie an einen Punkt, an dem die Thymusdrüse stark testet und damit anzeigt, daß Sie sowohl bewußt als auch unbewußt im Gleichgewicht sind und Ihre Lebensenergie wirklich hoch ist.

(Gelegentlich, aber nicht sehr häufig, kommt es vor, daß mehr als ein Meridian gleichzeitig schwach testet. In diesem Fall kommt es nur auf einen der beiden wirklich an. Der andere ist statisch im System und läßt sich leicht durch zwei oder drei tiefe Atemzüge ausgleichen. Wenn diese oberflächliche Statik also durch ein paar entspannte Atemzüge verschwindet, wissen wir, welcher der Meridiane der bedeutsame ist.)

Auch hierzu wieder ein Beispiel: Eine meiner Patientinnen, eine sehr attraktive ledige Mitdreißigerin, hatte ein Liebesverhältnis mit einem verheirateten leitenden Angestellten in der Firma, in der sie beide arbeiteten. Beim ersten Besuch hatte sie eine Störung am Lebermeridian – sie war unglücklich. Ich fragte sie weswegen und sie antwortete mir: „Ich bin unglücklich, weil mein Geliebter nicht immer bei mir ist. Wenn er nur immer bei mir sein könnte, wäre ich glücklich. Ich weiß, daß ich genau das zum Glücklichsein brauche, aber ich weiß auch, daß ich es kaum bekommen werde, denn er hängt zu sehr an seiner Frau und seiner Familie, um sie meinetwegen aufzugeben." Dann sagte sie die entsprechende Affirmation mit soviel Gefühl, wie ihr möglich war, und anschließend war ihr Lebermeridian stark, die Thymusdrüse aber immer noch schwach. Da war noch mehr zu bearbeiten.

Als nächstes entdeckten wir ein Ungleichgewicht im Nierenmeridian. Ich erklärte ihr, daß das im Grunde genommen sexuelle Unsicherheit verrate, und sie stimmte zu. „Ja, das ist schon so. Ich wurde von sehr religiösen Eltern erzogen und mache mir Gedanken wegen meines Verhältnisses mit diesem Mann. Ich möchte mit ihm schlafen, weiß aber andererseits nicht, ob ich das wirklich tun sollte oder ob es nicht unmoralisch ist. Manchmal denke ich auch, daß er vielleicht eher seine Frau aufgibt und mit mir lebt, wenn ich nicht mit ihm ins Bett gehe und ihn hinhalte. Ja, ich bin ganz sicher gespaltener Meinung, was den Sex angeht." Dann sagte sie die passende Affirmation, und der Nierenmeridian testete stark, die Thymusdrüse dagegen immer noch nicht. Wir fanden, daß nun ihr Herzmeridian unausgewogen war. Ich wies sie darauf hin, daß das Zorn und Ärger bedeute. Sie schlug sich plötzlich mit der Faust auf die flache Hand und rief aus: „Sie haben recht! Ich bin böse auf ihn. Ich bin sauer, weil er mit mir schon seit Jahren herumtändelt. Zuerst sagt er, er wolle seine Frau meinetwegen verlassen, dann kann er es nicht. Und so geht das immer weiter hin und her. Obwohl ich ihn sehr liebe, bin ich wirklich zornig auf ihn." Als sie das sagte, wurde ihr Gesicht rot vor Zorn und ihre Stimme laut. „Sie haben recht – ich bin außerordentlich böse auf ihn!"

Dann fügte sie hinzu: „Ich weiß ja, daß es nicht wirklich seine Schuld ist. Der arme Mann ist selber unentschieden und weiß nicht, was tun." Ich bat sie „Ich liebe ihn. Ich vergebe ihm" zu sagen. Ihr Herzmeridian glich sich dadurch aus, aber ihr Thymus war *immer* noch schwach. Dieses Mal lag es am Magenmeridian. Nachdem wir besprochen hatten, was das bedeutet, räumte sie ein, sehr enttäuscht zu sein. Jedesmal, wenn er sie verließ, hatte sie das Gefühl, als mache er die Tür für sie zu und öffne sie dafür für seine Frau. „Immer wenn er geht, fühle ich mich total enttäuscht. Dann nagen Schmerzen in meinem Magen, und ich fange an, mich mit Essen vollzustopfen. Wenn ich so über mein Leben nachdenke, muß ich sagen, daß Enttäuschung eigentlich schon immer eine große Rolle darin gespielt hat. Ich fühle mich oft im Stich gelassen oder denke, daß jemand anderes mir vorgezogen wird und mir meine Vorzugsstellung bei meinem Geliebten wegnimmt. Dann überesse ich mich jedesmal hoffnungslos." Wir testeten erneut, und diesmal war ihr Thymus stark. Wir waren über den Leber- zum Herz- zum Magenmeridian zu einer starken Thymusdrüsenreaktion gelangt und hatten ihren eigentlichen wunden Punkt in ihrem Magenmeridian entdeckt.

Für diesmal war unsere Arbeit beendet. Jetzt lag es an ihr, mit den entsprechenden Affirmationen weiterzuarbeiten. Ich sah sie einige Wochen später wieder, und sie berichtete, daß sie sich wesentlich besser fühle und beschlossen habe, den Mann nicht wiederzusehen. Das nächste Mal hörte ich ungefähr ein Jahr später von ihr, als sie mir schrieb, sie sei inzwischen glücklich verheiratet und fühle, daß das, was sie in dieser ersten Sitzung über sich gelernt habe, ihr wirklich dabei geholfen habe, ihr Leben zu verändern.

Manchmal ist es gut, bei einem Vorgehen wie oben beschrieben, den Test nach einer Stunde oder am nächsten Tag zu wiederholen. Ich denke dabei an eine Patientin, die durch eine ähnliche „Schichtenarbeit" ging und die ich bat, im Wartesaal eine Weile zu warten. Beim Nachtest, ungefähr eine Stunde später, war ihre Thymusdrüse, die zunächst stark reagiert hatte, schwach, wir mußten also noch weiterarbeiten. Das ist zwar nicht immer der Fall und notwendig, aber so ein „Nachwischen" kann sehr wertvoll sein.

Im Fall dieser letzteren Patientin fanden wir den Dünndarm schwach. Ich fragte: „Diese Geschichte hat Sie sehr traurig gestimmt, nicht wahr?", und sie bestätigte das, wobei sie gleich in Tränen ausbrach und lange Zeit weinte. Als es vorüber war, dankte sie mir und erzählte, daß sie schon jahrelang nicht mehr hatte weinen können und es wirklich loswerden mußte.

Vor nicht allzulanger Zeit rief man mich dringend zu einem jungen Mann, der plötzlich heftige Unterleibsschmerzen hatte. Er wand sich auf dem Boden und hielt sich seine rechte Seite, stöhnte vor Schmerzen und war ganz weiß. Sein Puls raste, und er sah ganz nach einem dringenden Operationsfall aus. Ich war erleichtert, daß ihm sein Blinddarm schon herausgenommen worden war. Das war übrigens seine erste Bemerkung: „Es fühlt sich genau an wie damals vor der Blinddarmoperation", grunzte er mir zwischen den Schmerzanfällen zu. Die Untersuchung verblüffte mich, denn ich konnte die Spannung in seinem Unterleib fühlen und auch die Krämpfe, und trotzdem „roch" es nicht nach einem Fall für den Operationssaal.

Langsam half ich ihm, sich zu beruhigen. Sein Puls verringerte sich auf ungefähr 90, und die Schmerzen ließen etwas nach. Beim Testen stellte sich der Herzmeridian als Anlaß heraus, und ich fragte ihn: „Auf wen sind Sie böse?" Als er antwortete, er sei keinem Menschen böse, ließ ich ihn sagen „Ich vergebe meinem Vater", und als das am Testergebnis nichts änderte „Ich vergebe meinem Stiefvater". Aber erst als er „Ich vergebe meiner Mutter" aussprach, wurde der Herzmeridian stark, und er sah sofort sehr erleichtert aus. Er war in der Lage aufzustehen, sein Gesicht bekam etwas Farbe zurück, und die Schmerzen waren beinahe verflogen.

Ich fragte ihn, weshalb er auf seine Mutter böse sei, und wir entdeckten, daß er am Tag zuvor seine alten, nicht gerade sehr befriedigenden Schulzeugnisse durchgesehen hatte. Er war böse, weil er glaubte, seine Mutter hätte ihm damals nicht genug geholfen. Tatsächlich hielt er seine Mutter für verantwortlich für die psychologischen Probleme, die die schlechten Zeugnisse verursacht hatten, für die zahlreichen Behandlungen bei verschiedenen Psychiatern und die Verweise von mehreren Schulen. Es war dieser aufsteigende Zorn, der den Darmkrampf hervorgerufen hatte. Nachdem er diesen Zorn umgewandelt hatte, fanden wir beim Test ein Problem am Dickdarmmeridian: Das Schuldgefühl seiner Mutter gegenüber, dem der Zorn Platz gemacht hatte, betraf ihn tief.

Ich behaupte nicht, daß nach dem Freilegen und einmaligen Durcharbeiten der Schichten nichts weiter zu tun bleibt. Ich schlage vielmehr vor, daß Sie sich, wenn möglich, jeden Tag testen lassen, um herauszufinden, welches Problem Ihnen jeweils zu schaffen macht, so daß Sie es angehen können, bevor es sich zu sehr auswächst oder zu einem festen Verhaltensmuster erstarrt. Dadurch und durch ein tägliches Programm bleiben Sie stets „oben", sind voller Lebensenergie und werden nicht durch gestörten Energiefluß in den Meridianen erschöpft.

Einer meiner Patienten hatte eine furchtbare Tragödie erlebt. Sein bester Freund war vor wenigen Wochen bei einem Autounfall gestorben, in den auch mein Patient verwickelt war und an dessen Verletzungen und Nachwirkungen er heute noch leidet. Mein Patient hatte das Unfallauto gesteuert, und man könnte vermuten, daß ihm hauptsächlich ein Gefühl der Schuld zu schaffen machte, das Gefühl, daß er den Unfall hätte vermeiden können und sein Freund noch am Leben wäre. Oder vielleicht auch Trauer über den Verlust des Freundes, vielleicht aber auch Sorgen in bezug auf die Zukunft und darüber, was jetzt wohl geschähe, wo er krank und arbeitsunfähig war. Dies waren die Emotionen, die ich aufgrund meiner Erfahrung als Psychiater erwartete. Aber das Testen belehrte mich eines Besseren: Die vorherrschende Gefühlsregung war überraschenderweise Zorn! Als wir darüber sprachen, räumte er es bereitwillig ein und bestätigte: „Ja, ich bin äußerst ungehalten über diesen Unfall und böse auf den Besitzer des Autos, denn er überließ es mir in einem Zustand, der den Unfall geradezu herausforderte."

Erst nachdem der Zorn durch die entsprechende Affirmation gemildert worden war, zeigten sich als weitere Emotionen Depression und Trauer (Schilddrüsenmeridian), und wir konnten uns damit befassen und sie umwandeln. Der Versuch, von vornherein mit diesen (von mir zuerst vermuteten) Gefühlen zu arbeiten, wäre nicht so erfolgreich ausgefallen wie die Arbeit an den Gefühlslagen, die tatsächlich im Bewußtsein bzw. Vorbewußtsein vorhanden waren. Die Trauer war in einer Tiefenschicht verborgen und konnte erst behandelt werden, nachdem sie aufgestiegen und zutage getreten war. Und der Weg dorthin hatte über die Freisetzung des Zorns geführt. Auf diese Weise konnte dem Patienten viel schneller und umfassender geholfen werden.

Unbewußte Faktoren

Die Kunst des Lebens besteht darin, in der Gegenwart zu leben. Wenn mein(e) Partner(in) etwas tut, worüber ich ärgerlich werde, so sollte es wirklich daran liegen, daß ich mit seiner/ihrer Handlungsweise nicht einverstanden bin. Aber wir verschleppen oft bestimmte Verhaltensmuster aus vergangenen Erfahrungen in die Gegenwart und stellen zum Beispiel häufig fest, daß zum zweiten Mal verheiratete Ehemänner und -frauen sich über den zweiten Ehepartner grund- aber dafür maßlos aufregen. Nicht weil er/sie etwas Ärgerliches getan hat, sondern weil sein/ihr Verhalten unbewußte Erinnerungen auslöst. Diese können sich auf die erste Ehe, aber auch auf die unbefriedigenden Verhältnisse zu den Eltern beziehen. Sehr vereinfacht ausgedrückt sind dies die *„unbewußten Faktoren"* in unserem gegenwärtigen Leben. Es ist wichtig, jede Situation in ihrer aktuellen Bedeutung zu sehen, und nicht als Auslöser alter Verhaltensmuster. Wenn wir die Schichten unbewußter Emotionen und Energiestörungen an den Meridianen abtragen und auflösen, bewältigen wir gegenwärtige Probleme viel leichter.

Lassen Sie mich wiederholen: Eine Definition vollkommener seelischer Normalität könnte darin bestehen, daß wir, was auch geschieht, nicht außergewöhnlich stark beeinflußt werden oder uns gestreßt fühlen. Mit anderen Worten: Unsere Lebensenergie wäre so hoch, daß äußere Ereignisse keinen Einfluß auf die Aktivität unserer Thymusdrüse und die Integration der Gehirnhälften hätten. Natürlich umfaßt die „seelische Gesundheit" viel mehr als das, aber für unseren gegenwärtigen Zweck reicht diese Begriffsbestimmung aus. Wenn wir unser tägliches Programm durchführen, sollten wir unsere Energie auf einem so hohen Niveau erhalten können, daß wir kleinere Belastungen abfangen können, unsere Kraftreserven für größere Aktionen zur Verfügung haben und unser Pulver nicht in unbedeutenden Scharmützeln verschießen. Ein aktuelles Problem berührt dann einen Meridian vielleicht an der Oberfläche, d. h. beim ersten Testdurchgang, löst aber keine Kettenreaktion emotionaler Verhaltensweisen aus der Vergangenheit aus. Anders gesagt, wir sind nicht durch alte Sünden verkatert.

Wir testen die verschiedenen Schichten und Ebenen aus, und bringen unbewußt wirkende Störungen wieder ins Gleichgewicht, um in der Gegenwart so harmonisch wie möglich funktionieren zu können. Das zu erreichen, ist der Hauptzweck dieser Testverfahren.

Lassen Sie uns jetzt das Vorgehen für Test und Korrektur der tieferen Schichten zusammenfassen:

1. Testen Sie die Thymusdrüse wie gehabt. Bei Unterfunktion testen Sie die beiden Gehirnhälften. Hat die Versuchsperson eine Dominanz der linken Gehirnhälfte, müssen Sie die Testpunkte auf der Körpermitte prüfen. Handelt es sich dagegen um eine Dominanz der rechten Hemisphäre, gehen Sie zu den beidseitigen Meridiantestpunkten über.

2. Finden Sie den Meridian mit Unterfunktion, und lassen Sie die VP die passende Affirmation sagen. Beim wiederholten Test werden Sie entdecken, daß der Meridian nunmehr stark reagiert.

3. Wiederholen Sie den Thymustest. Falls er stark ausfällt, brauchen Sie nichts weiter zu tun. Sie hatten es dann wahrscheinlich mit einer seelisch relativ gesunden VP zu tun, die in der Gegenwart zu leben und arbeiten imstande ist. Falls der Thymus aber schwach reagiert, wiederholen Sie den Test mit den beiden Gehirnhälften. Suchen Sie den betroffenen Meridian, korrigieren Sie ihn mit Hilfe der Affirmation, und testen Sie die Thymusdrüse erneut. Reagiert sie jetzt stark, so ist alles in Ordnung. Bleibt es indessen bei einer schwachen Reaktion, müssen Sie die Tests der Gehirnhälften und Meridiane wiederholen und die dabei zutage geförderten Störungen beheben. Im allgemeinen brauchen Sie nicht mehr als 2 – 3 Durchläufe, um den wunden Punkt aufzuspüren und in Ordnung zu bringen.

Kürzlich kam ein Mann in meine Praxis, der sehr angespannt wirkte. Seine Stimme war erregt, er verkrampfte die Hände ineinander, und als ich seinen Körper zum Testen berührte, konnte ich seine Verkrampftheit deutlich spüren. Der Patient klagte vor allem über Rückenschmerzen und chronische Verstopfung. Beim Test stellte ich, wie erwartet, eine Unterfunktion seiner Thymusdrüse fest. Ich testete jede Gehirnhälfte und entdeckte hierbei eine spontane Dominanz der linken Gehirnhälfte. Folglich testete ich anschließend die Meridiane der Mittellinie. Sein Kreislauf-Sexusmeridian hatte zuwenig Energie. Ich war nicht überrascht, wußte ich doch, daß dieser Meridian häufig bei solchen Spannungszuständen betroffen ist.

Ich mußte, was diesen Meridian anbetraf, drei wichtige Gefühlsbereiche mit ihm besprechen, von denen ihm, meiner Meinung nach, seine Verkrampftheit am meisten zu schaffen machte. Er stimmte mir zu und sagte: „Ja, ich bin sehr verkrampft. Tief in meinem Innersten fühle ich, daß mein Rückenleiden durch richtige Entspannung kuriert werden könnte." Dann erörterten wir die Möglichkeit, daß seine Verspannungen sexuelle Hintergründe haben könnten. Der Patient war Mitte 50, alleinstehend, nie zuvor verheiratet gewesen und hatte bislang nur wenige sexuelle Erlebnisse und keine engen Freundschaften mit Frauen gehabt. Hartnäckige sexuelle Vorstellungen, die er ständig erfolglos zu verdrängen suchte, machten ihm zu schaffen. Ich riet ihm die Bekräftigungsformel: „Ich bin entspannt" auszusprechen und sich das auch vorzustellen. Beim nächsten Test stellten wir fest, daß sich das Ungleichgewicht am Kreislauf-Sexusmeridian korrigiert hatte, aber sein Thymus immer noch schwach reagierte. Trotzdem äußerte er spontan, daß sich sein Rücken so gut wie schon Jahre nicht mehr anfühlte. Als ich die schmerzempfindlichen Stellen abklopfte, war tatsächlich eine gewisse Lockerung der Muskulatur festzustellen.

Wir testeten dann seine Hemisphären zum zweiten Mal und entdeckten eine Dominanz der rechten Gehirnhälfte. Von den beidseitigen Meridianen war der Dickdarmmeridian (Schuldgefühl) betroffen. Sie werden sich erinnern, daß dieser Meridian beim ersten Testversuch nicht schwach reagiert hatte und sein Ungleichgewicht erst dann zu erkennen gab, als das Problem der sexuellen Spannung erkannt und behoben worden war. Auf die Frage, ob er Schuldgefühle wegen seiner Sexualität im allgemeinen oder wegen eines bestimmten Vorkommnisses habe, erwiderte er: „Eigentlich nicht." Wie wir jedoch wissen, liegen die tieferen Schichten des Ungleichgewichts im allgemeinen im Unterbewußten, also außerhalb der bewußten Kenntnis des Betroffenen. Nachdem mein Patient diese Möglichkeit in Betracht gezogen hatte, sagte er schließlich: „Das ist eine vernünftige Frage. Ich bin streng katholisch und weiß, daß man nicht masturbieren darf und Geschlechtsverkehr vor der Ehe verboten ist. Jedesmal wenn ich an eins von diesen beiden Dingen denke, überwältigen mich Schuldgefühle, und das geht schon jahrelang so."

Danach wiederholte er die Affirmation für den Dickdarmmeridian „Ich bin von Grund auf rein und gut", und „Ich bin es wert, geliebt zu werden", und zu seiner Überraschung testete sein Dickdarmmeridian jetzt stark. Er sagte: „Sie haben mir geholfen, einen

Zug an mir anzuerkennen, den ich jahrelang nicht wahrhaben wollte. Das ist wirklich erstaunlich."

Beim erneuten Testen seiner Thymusdrüse stellten wir fest, daß noch mehr Arbeit zu leisten war und er noch immer eine Dominanz der rechten Gehirnhälfte aufwies. Ergänzende Tests ergaben, daß jetzt der Lungenmeridian betroffen war. Nachdem die Störungen am Dickdarm- und Kreislauf-Sexusmeridian aufgehoben und die Energie dort frei fließen konnte, war sein Körper jetzt in der Lage, seine Probleme mit dem Lungenmeridian sichtbar werden zu lassen. Inzwischen haben Sie vielleicht selber entdeckt, wie schwierig es ist, die Gefühlshaltungen, die mit den Störungen am Lungenmeridian zu tun haben, mit jemandem zu besprechen, ohne daß der Betroffene sich beleidigt fühlt.

Als ich also vorsichtig die emotionalen Begleitumstände des Lungenmeridians zu umreißen begann, war mein Patient sehr überrascht von dem, was da alles enthüllt wurde. In der Psychiatrie reagiert natürlich jeder Mensch anders. Aber nach mehr als 20 Jahren Praxis erfaßt man die jeweilige Situation ziemlich rasch und kennt die Problemgebiete. Also deutete ich ihm an, daß er zwar äußerlich Sanftmut und Bescheidenheit ausstrahle, andererseits aber auch eine gehörige Portion Überlegenheitsgefühle besitzen müsse, und daß diese möglicherweise aufgrund seiner sexuellen Zurückhaltung entstanden waren. Er dachte darüber nach und stimmte mir zu. Als er dann „Ich bin bescheiden" aussprach und sich dabei die wahre Bedeutung dieser Aussage klarmachte, testete er stark. Er sagte, bei näherer Betrachtung fiele es ihm nicht schwer, diese Erkenntnisse anzunehmen, vor allem, da es sein eigener Körper sei, der ihm dies alles aufzeige. Jetzt war auch seine Thymusreaktion stark, und beim Abschied wußte er sehr genau, in welcher Beziehung er weiter an sich arbeiten mußte.

Als ich ihn einige Wochen später wiedertraf, war er wie verwandelt. Er lächelte und schien mit sich selbst und im allgemeinen viel besser zurecht zu kommen. Er war viel lockerer und berichtete, sein Rücken verursache ihm kaum noch Schwierigkeiten. Das Bemerkenswerteste jedoch war für ihn die Veränderung in seinem Verdauungstrakt. Er war jahrelang verstopft gewesen und hatte nur ungefähr alle drei Tage Stuhlgang gehabt. Seit der ersten Sitzung hatte er ohne Abführmittel regelmäßig ein- bis zweimal täglich Stuhlgang. Er war froh über die gewonnene Selbsterkenntnis und sagte, er wisse nun, warum er solche Schwierigkeiten habe, eine Ehepartnerin zu finden. Er sei aber zuversichtlich, daß er, wenn er weiter an sich arbeite, bald eine dauerhafte Beziehung aufbauen könne und betonte noch einmal, wie wichtig die neugewonnene Selbsterkenntnis für ihn sei. Er sah den Zusammenhang zwischen den körperlichen, geistigen und seelischen Funktionen bei sich sehr klar und war imstande, auf die Erreichung seines Ziels und seine Selbstentfaltung hinzuarbeiten.

Nehmen wir ein anderes Beispiel. Ich stand einmal vor der Entscheidung, eine meiner beiden Teilzeitassistentinnen ganztägig einzustellen. Sie waren beide Schülerinnen von mir und gleichermaßen hilfreich. Nachdem ich meine Wahl getroffen und die eine ihre Arbeit ganztägig begonnen hatte, kam die andere und bat mich sie zu testen, weil sie fühlte, daß irgend etwas nicht ganz in Ordnung sei. Sie hatte lange genug bei mir gelernt um zu spüren, wenn etwas aus dem Gleichgewicht geraten war. Ihre Thymusdrüse testete schwach, und wir fanden eine Dominanz der linken Gehirnhälfte. Beim Testen der Meridiane der Mittellinie erwies sich der Magenmeridian als betroffen. Sie war mit der Arbeit schon so vertraut, daß sie ausrief: „Ich bin offensichtlich enttäuscht! Ich bin ungehalten, weil Sie die andere vorgezogen haben. Ich finde, daß *ich* die Stelle verdient habe und bin enttäuscht. Ich habe das Gefühl, daß die Beziehung zu Ihnen angeknackst wurde. Sie haben Ihr Vertrauen einer anderen Person geschenkt." Dann besprachen wir in aller Ausführlichkeit die Gründe für meine Entscheidung, und ich versicherte ihr, daß von meiner Seite aus unser Verhältnis vollkommen unangetastet sei. Danach erwartete ich eigentlich eine starke Thymusreaktion und das Ende der Diskussion, statt dessen erwies sich ihr Thymus als immer noch schwach, ihre linke Hemisphäre als nach wie vor dominant und ihr Kreislauf-Sexusmeridian als gestört. Sie sagte: „Ich weiß warum. Ich bin neidisch. Ich finde, daß die Stelle *mir* zustand, und daß sie mir von der Kollegin weggenommen wurde." Nach einigem Nachdenken fügte sie dann hinzu: „Wissen Sie, das ist genau das, was sich auch bei mir zuhause immer abspielt. Ich bin die jüngere Schwester und habe schon immer das Gefühl, daß meine ältere Schwester mir vorgezogen wird, daß sie Dinge bekommt und ihr Aufmerksamkeit geschenkt wird, die eigentlich mir zustehen." Sie wiederholte nun die entsprechende Affirmation mehrere Male mit Überzeugung, und daraufhin war ihr Thymus stark.

Sie ist immer noch eine Schülerin von mir und auch weiterhin halbtags bei mir beschäftigt. Sie kommt jetzt mit meinen anderen Angestellten, auch mit ihrer „Rivalin", gut zurecht. Sie hat zuerst ihre Enttäuschung und dann ihren Neid erkannt und überwunden. Als erfreuliche Nebenwirkung hat sich ihr Verhältnis zu ihrer

Schwester wesentlich gebessert, und sie fühlt sich in ihrer Familie viel wohler.

In Anbetracht des gerade Besprochenen fragen Sie sich jetzt vielleicht, wie wichtig die Arbeit an den Meridianen auf der ersten Ebene für die Erstellung eines Langzeitprogramms eigentlich ist. Das hängt davon ab, wie oft der jeweilige Meridian außer Gleichgewicht gerät. Wenn das nur einmal oder wenige Male der Fall ist, brauchen Sie sich nicht weiter darum zu kümmern. Wenn jedoch als Begleiterscheinungen körperliche Symptome wie Kopfschmerzen, Magenbeschwerden oder ähnliches damit einhergehen, dann ist es bedeutsam. Das Lösen der emotionalen Komponente wird zur Erleichterung der körperlichen Symptome beitragen (ohne daß ich dabei unterstellen will, daß Sie in jedem Fall dadurch schon geheilt werden). Wenn Sie andererseits feststellen, daß ein Meridian ständig schwach reagiert, sollten Sie diesen Punkt in Angriff nehmen, denn Meridianstörungen werden sich auf die Dauer in den entsprechenden Organen niederschlagen. Wenn Sie die Störungen auf Energieebene und auf emotionaler Ebene beheben, sorgen Sie dem vor. Wir können die Entstehung eines körperlichen Problems so verhindern.

In den meisten Fällen schlagen sich Energieflußstörungen an den Meridianen nicht in Labortests nieder. Dazu ist es meistens zu früh. Durch diesen weiteren wunderbaren Aspekt unserer Forschungen können wir echte Vorbeugung praktizieren.

Die Frage nach dem Wert der Meridianarbeit auf erster Ebene wird auch dadurch bestimmt, daß Sie so den Sie gegenwärtig beeinflussenden emotionalen Zustand herausfinden. Sie erfahren auf diese Weise, was Sie zur Zeit beeinträchtigt und können es anschließend überkommen und die Energie freisetzen, die bislang in diesem Meridian blockiert gewesen war. Ausgeglichen sind Sie wesentlich besser in der Lage, Ihr Potential auszuschöpfen und Ihre größtmögliche Lebensenergie zu entfalten.

Die Doppelbindung

Bald nachdem ich meine Führerscheinprüfung bestanden hatte und eines Tages allein im Auto saß, kam ich an eine Kreuzung, an der der Verkehr von einem Polizisten geregelt wurde. Er schaute mir direkt ins Gesicht, hob den Arm zum üblichen Stoppzeichen und rief mit lauter, gebieterischer Stimme: „Weiterfahren!" Ich geriet in panische Angst, denn ich wußte nicht, sollte ich nun anhalten oder weiterfahren. Was tun? Leistete ich seinem mündlichen Befehl Folge, so wäre das eine Mißachtung seines Handzeichens. Was immer ich auch tat, war verkehrt. Fuhr ich los, war ich im Unrecht, hielt ich an, war ich genauso im Unrecht. Und weil niemand bei mir im Auto saß, der mir hätte raten können, geriet ich in Panik.

Das ist es, was wir unter Doppelbindung verstehen. Der Begriff stammt von Gregory Bateson, der diese Art der Kommunikation als einen wesentlichen Faktor bei der Entstehung von Schizophrenie ansieht.[1]

Eines der Modelle, das die Anhänger dieser Theorie anbieten besteht darin, daß die Mutter ihrem Kind gegenüber gemischte Gefühle hegt. Wenn sie dann zum Beispiel ihr Kind zu sich ruft, weil sie es liebt und bei seinem Näherkommen ihre eigenen gemischten Gefühle so stark werden, daß sie es wieder von sich schiebt, bekommt das Kind eine so zweideutige Botschaft, daß es nicht weiß, was tun. Es fragt sich: „Richte ich mich nach dem, was sie sagt, oder nach dem, was ihre Geste ausdrückt?" Der wichtige Aspekt bei der Doppelbindung besteht darin, daß *eine widersprüchliche Mitteilung gleichzeitig über zwei unterschiedliche Ausdrucksformen vermittelt wird.* Zu jemanden „Ich liebe dich" und gleich anschließend „Ich hasse dich" zu sagen, ist noch keine Doppelbindung, weil das weder gleichzeitig geschieht, noch durch zwei unterschiedliche Ausdrucksformen. Wenn Sie aber mit ärgerlichem Gesichtsausdruck „Ich liebe dich" sagen, dann ist das eine Doppelbindung. D. h., derjenige, der die Botschaft sendet, ist sich nicht einig. Liebt die Mutter ihr Kind oder nicht? Ihre Verwirrung überträgt sich auf das Kind, das jetzt seinerseits äußerst verwirrt ist.

Was bei diesem Modell außerdem noch wichtig ist, ist die Tatsache, daß keine äußere Autorität vorhanden ist, an die man sich wenden könnte und die man zum Beispiel fragen könnte: „Was meint denn die Mama jetzt eigentlich? Meint sie „Ich liebe dich" oder „Ich hasse dich?" Das Modell beinhaltet außerdem, daß neben der starken, dominanten, zwiespältigen Mutter ein schwacher Vater existiert, der im wesentlichen zu verstehen gibt: „Ich habe selber genug Probleme mit deiner Mutter. Ich verstehe sie genausowenig. Komm mit deinen Problemen ja nicht zu mir." Dies ist das grundlegende Konzept der Faktoren, die zu einer Doppelbindung führen.

Ein Psychiater oder jemand, der sich die Probleme anderer Leute anhört, erkennt sehr bald, daß Doppelbindungen nicht nur für

Schizophrene und Psychotiker reserviert sind. Wir alle sind ihnen tagtäglich ausgesetzt. Was ist zum Beispiel mit Regierungen, die behaupten, hundertprozentig für den Frieden einzutreten und dann Zwischenfälle provozieren? Oder was ist mit dem Amt, das nun geschaffen wurde, um energiesparende Maßnahmen auszuarbeiten und einzuführen und das tagtäglich gegen seine eigenen Grundsätze verstößt? Eine Firma mag verlauten lassen, daß sie nur zum Dienst an der Menschheit existiert – und dann von unmäßigen Gewinnen berichten. Und was ist mit den Anzeigen der Zigarettenindustrie, die das Rauchen so verlockend machen und gleichzeitig die Warnung über die gesundheitsschädliche Wirkung von Nikotin drucken? Oder das kokette Mädchen, das den jungen Mann bezirzt und dann sagt: „Wie kommst du nur auf die Idee, daß ich mit dir schlafen will?" Ihr Körper sagt ja, ihre Stimme nein. Was soll er glauben?

Denken Sie an die vielen Doppelbindungen, die Politiker mit Aussagen wie der folgenden machen: „Ich halte das System der freien Marktwirtschaft für viel zu wichtig, um es allein dem freien Wettbewerb auf den Märkten zu überlassen." (*Environmental Action*, Dezember 1979)

Denken Sie auch an folgende Situation: Der Mann kommt von der Arbeit nach Hause und merkt am Verhalten seiner Frau, daß irgend etwas nicht in Ordnung ist. Sie trampelt mit aggressiven Schritten durchs Haus, knallt Töpfe und Pfannen durch die Küche und sieht verstört aus. Er fragt: „Was ist denn los, mein Schatz?", und ihre Antwort lautet: „Nichts." Was soll er jetzt glauben? Er *spürt* doch aus all ihren Gesten und ihrer Ausstrahlung, daß sie außer sich ist, aber sie *behauptet*, es sei alles in Ordnung. Er ist in einer Doppelbindung gefangen.

Und andererseits ist da der Ehemann, der nachts um drei erschöpft nach einer offensichtlich schweren Nacht nach Hause kommt und auf die Frage seiner Frau, was er denn getan habe, mit „nichts" antwortet. Alle diese Doppelbindungssituationen berauben uns unserer Lebensenergie, machen uns verrückt, vielleicht nicht gerade psychotisch, aber ganz bestimmt im leichteren Sinn des Wortes irre.

Um Ihre eigene Reaktion auf eine Doppelbindung zu testen, können Sie eine der beschriebenen Situationen aus dem vorhergegangenen Abschnitt wählen. Lassen Sie sich zuerst von jemandem zur Probe testen, und wenn Sie dabei stark sind, sollte Sie eine andere Person anschauen, dabei „komm her" sagen, und Sie dabei immer weiter stark reagieren. Dann lassen Sie die dritte Person ohne Kommentar die Hand zur Stoppbewegung heben, und auch dabei sollten Sie noch stark reagieren. Schließlich lassen Sie sich testen, während der/die Dritte „komm her" sagt und dabei gleichzeitig das Stoppzeichen gibt. Wenn Sie wie 90 Prozent der Menschen reagieren, werden Sie daraufhin schwach, weil dieser Streß Ihnen Lebensenergie raubt. Die Doppelbindung macht Sie wie viele andere verletzlich. Bei sehr hohem Niveau Ihrer Lebensenergie wären Sie dafür allerdings nicht anfällig, und ich hoffe, daß das in diesem Buch Gelernte dazu beiträgt.

Die nächste Frage lautet, welcher der beiden Botschaften schenken Sie Glauben? Wie reagieren Sie auf diese zweideutige gleichzeitige Liebe-/Haß-Botschaft? Finden Sie zuerst heraus, ob Sie unter dieser Art von Streß Ihre linke oder Ihre rechte Gehirnhälfte „abschalten". Dazu testen Sie einfach die Gehirnhälftendominanz aus, wenn Sie sich in einer Doppelbindungssituation befinden. Wenn Ihre linke Hemisphäre dominiert, bedeutet das, daß Sie im Grunde genommen den „guten" Teil der Botschaft aufnehmen. Sie erkennen, daß es sich um eine zweideutige Aussage handelt, ignorieren das „Halt" und richten sich nach dem „komm her". Wenn andererseits Ihre rechte Gehirnhälfte dominiert, dann reagieren Sie auf den negativen Teil, das Haltsignal, dieser widersprüchlichen Botschaft.

Ich habe viele Patienten und Schüler mit diesem System getestet und dabei herausgefunden, daß Menschen, die unter dem Streß einer Doppelbindungsbotschaft mit einer Dominanz der linken Gehirnhälfte reagieren nicht so leicht aus dem Gleichgewicht geraten, wenn sie auf irgendeine Weise abgewiesen werden. Diese Menschen werden den Versuch wiederholen, weil sie erkennen, daß die Kommunikation nicht eindeutig verläuft, und hoffen, das nächste Mal eine positivere Auskunft zu erhalten. Sie sind im Grunde genommen optimistisch. Wer aber in Doppelbindungssituationen mit einer Dominanz der rechten Gehirnhälfte reagiert, der läßt sich durch eine Abweisung viel eher entmutigen und wird den Versuch kaum wiederholen. Er neigt zu einer pessimistischen Haltung.

Anmerkung: In Doppelbindungssituationen mag sich eine Dominanz der linken oder rechten Hirnhälfte auftun. Wenn es sich aber um eine echte Doppelbindung handelt, muß der grundlegende Meridian jeder Hemisphäre betroffen sein. Für die rechte Gehirnhälfte ist das der Lungenmeridian, und für die linke der Meridian der Schilddrüse. Dies stimmt überein mit Melanie Kleins erstem (paranoid-schizoidem) und zweitem (depressivem) Stadium.

Beachten Sie, was Ihre Freunde, Verwandten, die Werbung und Regierungsberichte Ihnen mitteilen. Dann erkennen Sie vielleicht, wie diese Informationen uns betreffen und wie zweideutige Aussagen unsere Lebensenergie beeinträchtigen. Es bedarf immerhin ziemlich viel Energie, um eine solche Mitteilung zu interpretieren und zu entscheiden, welchen Teil davon Sie annehmen wollen. Aber erkennen Sie auch, daß es Sie nicht zu berühren braucht, wenn Sie Ihre Lebensenergie genügend aktiviert haben. Das ist ein sehr tröstlicher Gedanke in dieser Welt der zunehmenden „Bindungen".

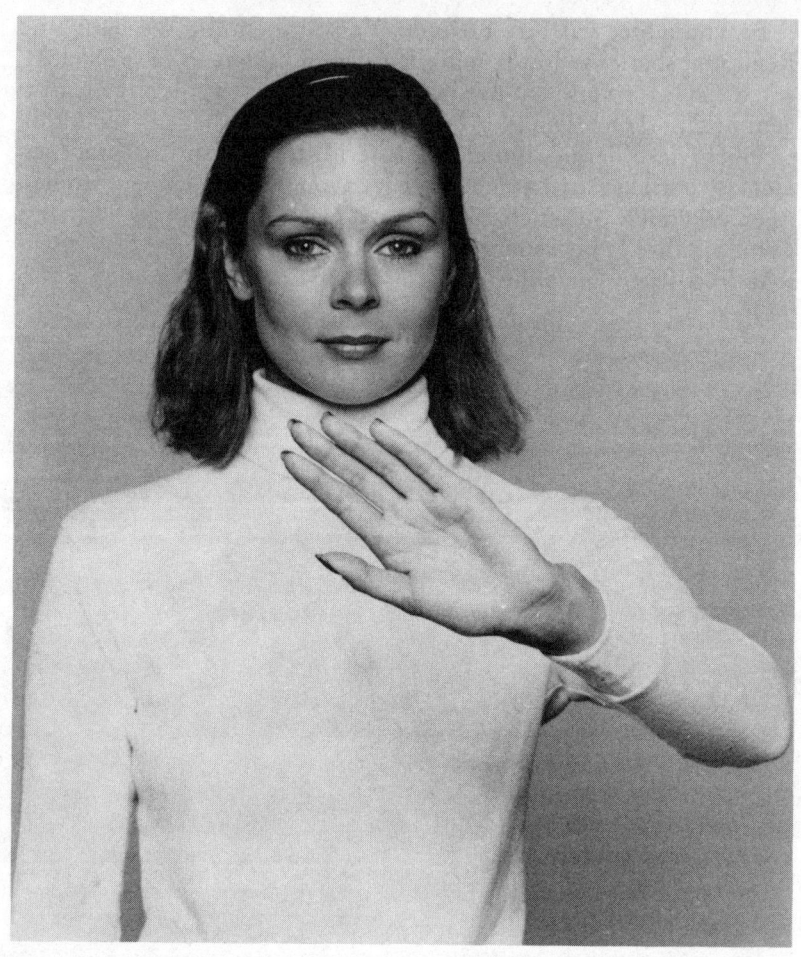

Die Doppelbindung: Die widersprüchlichen Botschaften dieses Fotomodells lassen den Betrachter schwach testen, wenn seine Lebensenergie nicht hoch ist. Werden Sie mit dieser Situation fertig? Wenn nicht – welche Gehirnhälfte dominiert?
Die Augen sagen „ja", und die Hand sagt „nein"!
Die Augen sagen „komm", und die Hand sagt „geh weg"!

Das tägliche Programm zur Erhaltung der Lebensenergie

Sie haben gelernt, wie sich die negativen Gefühlslagen, die aus den Belastungen entstehen, denen wir ausgesetzt sind, überwinden lassen, und daß dies möglich ist, ob es sich um vergangene oder gegenwärtige, bewußte oder unbewußte Erfahrungen handelt.

Damit Sie in den Genuß eines gesünderen und harmonischeren Lebens kommen, schlage ich Ihnen ein einfaches tägliches Meditationsprogramm vor, das Ihre Meridiane aktiviert und energetisiert. Sie brauchen die einzelnen Meridiane dazu nicht durchtesten, so daß Sie dabei nicht einmal auf einen Partner angewiesen sind.

Gehen Sie mehrmals täglich durch dieses Programm, vor allem, wenn Sie besonderen Belastungen ausgesetzt sind. Auf diese Art beugen Sie wirklich vor: Sie gehen die Probleme auf der Ebene der Energie an und schaffen Sie aus der Welt, bevor Sie sich im körperlichen Bereich niederschlagen können.

Dieses Programm läßt sich am besten in der liegenden Alexanderstellung[1] durchführen, einer Stellung für allgemeine Haltungsverbesserung. Sie wird als Teil der Alexander-Technik gelehrt, die von F. Matthias Alexander entwickelt wurde und äußerst wohltuend ist. Hierbei wird die Körperhaltung so korrigiert, daß die Energie frei und unbehindert fließt und die Thymusdrüse den Energiefluß überwachen und, wenn nötig, ausgleichen kann. Die Stellung ist folgende: Legen Sie sich auf den Rücken mit angewinkelten Knien, die Füße flach auf dem Boden, die Schenkel parallel zu den Hüften. Legen Sie ein oder zwei Bücher unter Ihren Kopf, so daß Wirbelsäule und Nacken eine Linie bilden. In dieser Stellung sind Sie entspannt und offen und können sich mit Energie aufladen. Ihr Körper ist ausbalanciert, so daß Sie den größten Gewinn aus dieser Meditationserfahrung ziehen können. Atmen Sie durch die Nase, während Ihre Zungenspitze am Gaumen liegt, bis Sie entspannt sind.[2]

Jetzt sagen Sie mit viel Überzeugung die Affirmationen für jeden Meridian. Dabei ist es hilfreich, aber nicht unbedingt notwendig, den jeweiligen Testpunkt zu berühren, während Sie die Affirmation aussprechen. Die Reihenfolge spielt dabei keine Rolle, aber es ist gut, mit der Affirmation für die Thymusdrüse abzuschließen. Sie können die Affirmation laut oder in Gedanken sagen. Stellen Sie sich dabei die jeweils angesprochenen Gefühle auch vor.[3] Lassen Sie Ihren Atem in seinem eigenen Rhythmus fließen. Sagen Sie jede Affirmation dreimal, atmen Sie jedesmal tief ein, und enden Sie mit der Thymusdrüse. Zur Verstärkung können Sie gegen Ende auch auf Ihre Thymusdrüse klopfen. Stellen Sie sich vor, daß Ihre Energie ausgewogen, ebenmäßig und liebevoll durch alle Ihre Organe fließt, und daß diese ganz harmonisch zu Ihrer Gesundheit und Ihrem Wohlbefinden zusammenwirken. Schließen Sie mit der Affirmation: „Meine Lebensenergie ist hoch. Ich bin voller Liebe."

Dieses Meditationsprogramm ist sehr einfach. Ich habe es im Lauf der Jahre Hunderten von Schülern beigebracht. Manche davon berichteten mir, daß sie als letzte positive Bekräftigung sich gern auf ihren Zielgedanken konzentrieren, bevor sie die Meditation abschließen. Dieses einfache Verfahren kann auf dem Weg zur Erreichung Ihres Lebensziels sehr wertvoll sein.

Das tägliche Affirmationsprogramm

Ich liebe.	Thymusdrüse
Ich glaube.	
Ich vertraue.	
Ich bin dankbar.	
Ich bin mutig.	
Ich bin demütig.	Lunge
Ich bin tolerant.	
Ich bin bescheiden.	

Ich bin glücklich. Ich habe Glück. Ich bin fröhlich.	Leber
Ich wende mich anderen voller Liebe zu.	Gallenblase
Ich glaube und vertraue auf meine Zukunft. Ich bin sicher.	Milz – Pankreas
Meine sexuellen Energien sind ausgewogen.	Niere
Ich bin von Grund auf rein und gut. Ich bin es wert, geliebt zu werden.	Dickdarm
Ich lasse die Vergangenheit los. Ich bin großzügig. Ich bin entspannt.	Kreislauf-Sexus
Mein Herz ist voller Vergebung.	Herz
Ich bin zufrieden. Ich bin ruhig.	Magen
Ich bin hoffnungsfroh. Ich bin leicht und beschwingt.	Schilddrüse
Ich bin voller Freude. Ich hüpfe vor Freude.	Dünndarm
Ich bin ausgeglichen. Ich bin friedlich.	Blase
Ich liebe. Ich glaube. Ich vertraue. Ich bin dankbar. Ich bin mutig.	Thymusdrüse

Schließen Sie ab mit:
Meine Lebensenergie ist hoch. Ich bin voller Liebe.

Wir haben festgestellt, daß die Heilkraft der positiven Affirmationen gesteigert werden kann, wenn man sie in der dritten Person ausspricht. Wenn Bill beispielsweise nicht „Ich bin zufrieden" sagt, sondern „Bill ist zufrieden", zeigt sich in den tieferen Schichten beim Testen ein höheres Energieniveau. Der Grund dafür liegt darin, daß beim Aussprechen der Affirmation in der dritten Person ein Denkprozeß stattfindet, eine Botschaft in die Welt hinausgeschickt wird, die dann zu Ihnen zurückkehrt. Wann immer wir unsere Botschaften der Welt mitteilen, sei es in Form von Sprache, Geschriebenem, Gedichten, Musik oder ähnlichem, steigert sich das Niveau unserer Lebensenergie mehr, als wenn wir alles für uns behalten. Hören Sie intensiv auf die Worte, die zu Ihnen zurückkehren und konzentrieren Sie sich auf sie.

Die Bewältigung von Ängsten und Phobien

Wir alle werden unter bestimmten Umständen von Ängsten vor bevorstehenden Ereignissen geplagt. Das Wissen, das Sie sich inzwischen angeeignet haben, ermöglicht Ihnen nun, diese aufzusperren und mühelos zu überkommen. Dazu folgendes Beispiel: Eine Frau vertraute mir an, daß sie gerne heiraten wolle, aber daß es, wie sie wohl wisse, immer irgendetwas gäbe, das sie davon abhalte und dies verhindere. Es fiel ihr schon schwer, darüber zu reden. Ich bat sie, sich vorzustellen, sie sei verheiratet. Was sie sich dabei im einzelnen dachte, ist mir nicht bekannt, aber wir fanden heraus, was Heirat für sie bedeutete. Als sich beim Testen der Dünndarmmeridian als schwach herausstellte und wir über die dazugehörigen Emotionen sprachen, sagte sie: „Ja, das paßt gut. Ich glaube, ich habe Angst, daß heiraten mich traurig macht und mir viele Tränen beschert. Ich befürchte, daß ich wie meine Mutter während meiner ganzen Ehe weinen werde."

Eine meiner Schülerinnen erzählte mir kürzlich, sie hätte große Angst vor einem Zahnarzttermin am nächsten Tag. Jeder Zahnarztbesuch sei ihr mehr als äußerst unangenehm. Als sie mich um meine Hilfe bat, forderte ich sie auf, sich vorzustellen, sie säße im Zahnarztstuhl und dabei wurde ihr Thymus schwach. Weitere Tests ließen erkennen, daß in diesem Fall ein Zusammenhang mit dem Magenmeridian bestand, obwohl weder sie noch ich einen bewußten Grund für gerade diese Verbindung entdecken konnten. Also schlug ich ihr vor, die Affirmation „Ich bin zufrieden" mehrmals auszusprechen und durch Klopfen auf den Thymustestpunkt zu verstärken. Ich riet ihr, dies vor und während des Zahnarztbesuchs so oft wie möglich zu wiederholen. Später erfuhr ich von beiden Seiten, wie viel besser diese Behandlung im Vergleich zu den früheren abgelaufen wäre. Sie hatte nur noch wenig Angst und war so entspannt, daß der Zahnarzt sie zum ersten Mal richtig behandeln konnte.

Wir konnten Streß und Angst vor bevorstehenden Operationen oder zahnärztlichen Eingriffen mit gutem Erfolg schon bei vielen meiner Schüler mildern.

Wann immer Ihnen eine Situation bevorsteht, die Ihnen Angst macht, sei es nun ein Besuch beim Zahnarzt, eine Flugreise, ein Vorstellungsgespräch, eine Prüfung, eine Vorladung vor Gericht usw., stellen Sie sich diese bildlich so klar wie möglich vor und testen Sie dann aus, welcher Meridian betroffen ist. Aktivieren Sie diesen Meridian vor und während dieser streßvollen Erfahrung so viel wie möglich. Sie werden überrascht sein, wie sehr Ihnen das hilft.

Auf die gleiche Weise können Sie sich zum Beispiel auch das Rauchen abgewöhnen. Wenn Sie ans Rauchen denken, wird Ihre Thymusdrüse und noch ein anderer Meridian – häufig der Lungenmeridian – schwach testen. Wenn Sie sich auf die Affirmation für den Lungenmeridian konzentrieren, hilft das sehr beim Überwinden der Entzugserscheinungen.

Manchmal werden Sie entdecken, daß auch Ihr Indikatormuskel schwach wird, wenn Sie an sehr belastende Situationen denken (und dazu gehört auch das Rauchen!). Allein schon der Gedanke daran ist streßvoll, wir brauchen dabei noch nicht einmal den Thymustestpunkt zu berühren. In solchen Fällen zeigt sich, daß die Berührung eines – wirklich nur eines – Meridiantestpunkts den Muskel wieder erstarken läßt. Wir nennen das „Doppelnegativ beim Testen". Der Meridian, der den Muskel schwächt, wenn er ohne Testpunktberührung getestet wird, ist derjenige, um den es in diesem Fall geht. Dieser Doppeltest wird angewendet, wenn die Belastung so groß ist, daß der Indikatormuskel schon schwach und die Lebensenergie beeinträchtigt ist, bevor wird den Thymuspunkt berühren.

Dieses Vorgehen ist auch bei der Bestimmung von Zielen sehr hilfreich. Einer meiner Freunde erzählte mir, er habe sich schon immer gewünscht, durch Ölbohrungen ans große Geld zu kommen. Als er sich das vorstellte, erwies sich, so seltsam sich das anhören mag, sein Lebermeridian als schwach. Als er sich dann aber vorstellte, daß er nicht nur sehr reich sei, sondern das Geld für wohltätige Zwecke verwenden würde (was für ihn sowieso wichtiger ist als persönlicher Profit) blieb er stark. Er dankte mir und sagte: „Jetzt weiß ich, daß mein eigentliches Ziel nicht darin besteht, viel Geld zu machen, sondern darin, Menschen mit dem

Geld, das mir meine Ölgeschäfte hoffentlich einbringen werden, zu helfen." So fand er den Anfang seines Zielgedankens.

Eine Patientin erzählte mir von ihren Schluckbeschwerden. Sobald sie eine Tablette in den Mund nahm, überkam sie eine große Angst und sie fing an zu würgen. Deshalb konnte sie weder Vitamintabletten noch sonstige Pillen einnehmen, obwohl sie bestimmte Vitamin- und Mineralzusätze dringend gebraucht hätte. Und seit Jahren hatte sie nur weiche Nahrung zu sich nehmen können.

Als ich sie bat, eine Tablette zu schlucken, wurde ihr Kreislauf-Sexusmeridian schwach. Als sie dann die passende Affirmation sagte und sich vorstellte, gelang ihr das Schlucken ohne Mühe. Seither hat sie damit kaum noch Probleme und falls sich doch hin und wieder einmal eine kleine Schwierigkeit einstellt, verstärkt sie die Affirmation durch Klopfen auf den Thymuspunkt und schafft sie damit aus der Welt.

Elena war in Ungarn geboren worden und lebte dort bis zu ihrem 14. Lebensjahr, als sich eine große Tragödie ereignete. Gegen Ende des Zweiten Weltkriegs wurden kurz nacheinander ihr Vater und ihre Mutter (vorübergehend auch sie selbst) verhaftet, gefoltert und geschlagen. Drei Monate nach ihrer Entlassung aus dem Gefängnis suchte Elena angstvoll nach ihrem Vater (er war inzwischen tot) und bemühte sich verzweifelt, die Mutter aus dem Gefängnis zu bekommen. Nachdem diese endlich freigelassen worden war, starben ihre beiden Großeltern innerhalb von zwei Wochen vor ihren Augen.

Seit dieser Zeit leidet sie unter schrecklichen Erinnerungen, Alpträumen und Gedanken an diese entsetzlichen Erfahrungen. Diese Zeit belastet sie so sehr, daß sie in Angstzustände verfällt, wenn sie in ungarischer Sprache denkt, vom Reden ganz zu schweigen.

Wie konnten wir ihr helfen? Zuerst mußten wir herausfinden, welcher Meridian hauptsächlich von den ungarischen Ereignissen betroffen war. Es handelte sich um ihren Gallenblasenmeridian – sie empfand nicht ausgedrückten Zorn. Sie machte es sich zur Gewohnheit, täglich die Affirmation zu sagen und auch zu fühlen, was sie da aussprach. Bald konnte sie viel freier über ihre Erlebnisse sprechen und bewältigte den größten Teil, wenn auch nicht ihre ganze Angst in bezug auf das Hören und Sprechen ihrer Muttersprache.

Einer meiner Schüler berichtete mir von seiner Höhenangst, die ihn sehr stark behinderte, belastete und einschränkte. Er war ein gesunder und logisch denkender Wissenschaftler. Beruhigungsmittel und Psychotherapie hatten seine Angst nicht mildern können. Als er mich um Rat fragte, ließ ich ihn sich vorstellen, er befände sich auf dem Dach eines Wolkenkratzers. Sein Thymus testete daraufhin sofort schwach und ebenso der Kreislauf-Sexusmeridian. (Dieser ist bei den meisten echten Phobien betroffen). Er war sehr überrascht, als ich ihm zeigte, daß, wenn er während seiner Vorstellung der Angstsituation gleichzeitig „Ich bin entspannt" bekräftigte, die schwache Reaktion verschwand. „Ich werde daran denken" sagte er lächelnd, als ich ihn auf die Macht der Gedanken hinwies. Offensichtlich war er nicht sehr überzeugt davon, daß ein so einfaches Vorgehen von Wert sein konnte.

Beim nächsten Besuch betrat er mein Sprechzimmer mit einem breiten Lächeln im Gesicht. Er drückte mir die Hand und sagte: „Sie werden kaum glauben, was passiert ist. Meine Frau hatte Karten für die Oper besorgt. Unsere Sitze waren in einer der letzten Reihen ganz oben auf der Empore. Ich wurde gleich sehr unsicher und ängstlich, als ich das herausfand und dachte, ‚da kann ich unmöglich sitzen. Das bringt mich um‘, entschloß mich dann aber, Ihren Rat zu befolgen und sagte die Affirmation, während wir die Stufen hinaufstiegen. Zu meiner Überraschung stand ich nicht nur die ganze Vorstellung gut durch, sonder konnte sie sogar genießen. Sie haben mich wirklich überzeugt!"

Die meisten von uns erleben irgendwann in ihrem Leben Ängste und Phobien. Viele Menschen haben entsetzliche Angst vor Spritzen oder Blutabnahmen. Andere weigern sich, Aufzüge zu betreten, oder sind nicht imstande, sich in fensterlosen Räumen aufzuhalten. Wieder andere haben Angst vor bestimmten Krankheiten. Was auch immer wir befürchten, raubt uns unsere Lebenskraft. Jetzt wissen wir, wie man mit solchen kraftraubenden Ängsten umgehen kann. Die Energie, die dadurch freigesetzt wird, steht uns zur Erreichung unseres Ziels der vollkommenen Gesundheit zur Verfügung.

Umwandlung

„Erneuert werden, umgewandelt, einem anderen Muster folgen.“

T. S. Elliot

Die moderne Psychiatrie verstärkt oft unser Gefühl der Hilflo-
sigkeit und Abhängigkeit, weil sie den Willen des Patienten außer
acht läßt. Natürlich wissen wir alle, daß es viele Patienten gibt, die
in ihrem negativen Zustand bleiben wollen. Aber das mag davon
herrühren, daß ihnen gar nicht bewußt ist, daß sie sich dort befinden oder daß es etwas anderes – Positives – gibt. Ich glaube, wenn
sie es wüßten, würden sie die Veränderung wollen.

Eines der Probleme bei der Psychiatrie besteht darin, daß wir
uns darauf versteifen, herauszufinden, *warum* es uns schlecht geht.
Was aber wichtig ist, ist nicht, was uns verstört, sondern inwiefern
wir gestört sind und was wir dagegen tun können. Wie wir unsere
Lebenskraft und -energie wieder zurückbekommen können. Das
Warum ist die Frage, die die linke Gehirnhälfte interessiert, echte
Wandlung kann es nur dann geben, wenn beide Gehirnhälften und
der Thymus zusammenwirken. Außerdem müssen wir den genau-
en emotionalen Zustand kennen (die Technik dazu ist in diesem
Buch beschrieben) und dann darauf hinarbeiten, ihn zum Positiven
umzuwandeln. Es ist wirklich nicht die Frage nach dem *Warum*. Es
handelt sich darum, den gegenwärtigen Zustand herauszufinden
und dann die Lebensenergie und den Genesungswillen so zu aktivieren, daß die Veränderung zum Guten möglich wird. Auf diese
Weise gehen wir mit dem Problem um, wenn unsere Gehirnhälften
integriert und wir kreativ sind.

Unter Umwandlung verstehe ich die Fähigkeit, Negatives unmittelbar in Positives umzuwandeln. Als Beispiel lassen Sie uns annehmen, daß Sie beim Testen mit einem Freund gefunden haben,
daß Ihr Lebermeridian schwach ist. Der erste Schritt in Richtung
Umwandlung besteht darin, anzuerkennen, daß Sie unglücklich
sind. Zweitens entschließen Sie sich dann ganz bewußt dafür, das

Unglücklichsein aufzugeben und sich statt dessen glücklich und selig zu fühlen. Sagen Sie zu diesem Zweck nur die entsprechende Affirmation mit Überzeugung, und visualisieren Sie sie klar und deutlich, und das Negative wird positiv. Das nenne ich Umwandlung.

Der Wille zum Gesundsein muß vorhanden sein, um dies zu wollen und dieses Bestreben auch weiterhin aufrecht zu erhalten. Das ist Ihr aktiver Beitrag zu Ihrer Gesundheit, Ihrem Leben, der Erreichung Ihres Ziels. Wenn Sie gesund sein *wollen,* fällt es Ihnen nicht schwer, das zu erreichen.

Ich möchte noch einmal darauf hinweisen, was ich unter Umwandlung verstehe. Wenn Sie zum Beispiel sehr verärgert sind, dann empfehle ich keineswegs, daß Sie diesen Ärger verdrängen. Das würde Ihnen nur auf andere Weise schaden. Ich rate Ihnen aber auch nicht dazu, diesem Ärger Luft zu machen und ihn so richtig herauszulassen, das würde Ihnen und den anderen schaden. Mein Vorschlag ist vielmehr, den Ärger umzuwandeln, d. h. sein Vorhandensein anerkennen und auch merken, daß er Sie und andere verletzt, dann mit viel Überzeugung die entsprechende Affirmation sagen und den Genesungswillen aktivieren. Dadurch wird der Ärger mittels positiver Gefühle überwunden. Es gibt ihn nicht länger. Er hat sich verwandelt, umgeformt in etwas Positives, Produktives, und Ihre Lebensenergie wurde dadurch angeregt.

Für die psychosomatische Medizin sind diese Erkenntnisse sehr wichtig. Einerseits wissen wir, daß negative Gefühlslagen schließlich zu organischen Erkrankungen führen – Herzbeschwerden, Krebs, Zuckerkrankheit, Asthma usw. – andererseits wissen wir jetzt genau, welche Gefühle welche Krankheiten verursachen, weil wir um die Beziehung zwischen Gefühlen, Meridianen, und damit den betroffenen Organen wissen. Der Anfang psychosomatischer Krankheiten ist also bekannt. Geisteshaltung und Gefühlszustand beeinträchtigen den Energiefluß durch den Meridian und zu dem entsprechenden Organ. So beeinflußt der Geist den Körper. In den meisten Fällen psychosomatischer Erkrankungen gibt es „eine Interaktion zwischen psychologischen Faktoren und einer körperlichen Veranlagung für die Krankheit".[1] Wenn wir unsere Gefühlshaltungen jedoch korrigieren und uns durch das Umwandeln von Negativem in Positives ständig Auftrieb verschaffen, können wir unseren Energiehaushalt ausgleichen und Krankheiten vorbeugen.

Was geschieht, wenn jemand schon krank ist? Wir wissen, daß körperliche Erkrankungen auf emotionale Ebene zurückwirken und dort Probleme verursachen können. Diese werden somato-psychische Krankheiten genannt. Wieder sind uns die Zuordnungen der einzelnen Probleme und Krankheiten bekannt.

So können wir auch dann, wenn wir nicht glauben, daß emotionale Zustände Krankheiten verursachen, wenigstens die begleitenden Gefühlslagen von Kranken identifizieren. Und sogar wenn es für den einzelnen zu spät sein sollte, um die emotionale Störung zu beseitigen und die Krankheit zu verhindern, können wir wenigstens dafür sorgen, daß die Emotionen die Krankheit nicht verschlimmern. Unter anderem läßt sich das durch die entsprechenden Affirmationen bewerkstelligen.

In den vorhergegangenen Kapiteln habe ich ein neues Konzept für vorbeugende und psychosomatische Medizin sowie Psychiatrie skizziert. Es kann auch für Sie ein wichtiger Durchbruch sein, und das ist meiner Meinung nach noch bedeutsamer. Als ausgebildeter Laie können Sie jetzt eigene Forschungen auf dem Gebiet der psychosomatischen Medizin ausführen, zu denen Sie weder ein Labor noch Millionen an Forschungsgeldern benötigen. Alles was Sie brauchen sind Leute zum Testen, Wissensdrang und die hier vorgestellten Fakten. Das Testen Ihrer selbst und Ihrer Freunde allein ist schon sehr wichtig, weil Sie dadurch immer wieder auf die Beziehungen zwischen bestimmten Gefühlszuständen und Organen stoßen.

So unglaublich sich das auch anhören mag, haben wir doch herausgefunden, daß jedes Organ mit einem speziellen emotionalen Zustand korrespondiert. Das hilft uns, verschiedene Persönlichkeitstypen zu verstehen, wie z. B. den Asthmatiker und den Lungenmeridian, den Diabetiker und den Milz-Pankreasmeridian und so weiter. Es öffnet ganz neue Perspektiven.

Ich hoffe, daß Sie inzwischen gelernt haben, wie Sie sich gesund erhalten und die jeweiligen Probleme und Haltungen, die dem entgegenstehen, erkennen können. Sie wissen auch, wie Sie diese auf einfache Art vom Negativen zum Positiven – Liebe, Glauben, Dankbarkeit, Vertrauen und Mut – umwandeln können. Das war der Grund dafür, daß ich dieses Buch geschrieben habe.

Unser Ziel ist es, unser Leben so frei wie möglich von vergangenen Problemen und Belastungen zu führen. Wir gelangen dahin, wenn wir eine Schicht nach der anderen ablösen und die uns belastenden Probleme angehen. Wenn diese überwunden sind, können uns die meisten Belastungen nichts mehr anhaben, und unsere Energie steht uns zur Erlangung unseres wahren Lebenszwecks zur Verfügung. Unser Thymus wird aktiv, unsere Energien verpuffen nicht länger in streßvollen Schlachten in Körper und Geist.

Wir entdecken unseren Zielgedanken, unser wahres Selbst, und setzen unsere Kräfte für unsere Ziele ein. Unsere Lebensenergie fließt frei und unbehindert von Negativem. Wir befinden uns auf der Sonnenseite des Lebens und sind ganz gesund. Obwohl ich nicht glaube, daß dieses Buch allein die Erreichung unseres Potentials garantiert (wäre das nicht schön, wenn es so leicht wäre?), hoffe und glaube ich, daß es ein wertvolles Werkzeug zur Entfaltung und Reifung ist.

Wie zu Anfang berichtet, war ich in den Jahren meiner Arbeit als Psychiater und in der Vorsorgemedizin oft sehr enttäuscht, weil meine Kollegen und ich so weit von dem entfernt waren, was wir eigentlich hätten leisten können, was unsere Begabung und Erbe hätte möglich machen können. Jetzt weiß ich, daß wir viel weniger unsere Lebensenergie verschwenden, wenn wir die vorgestellten Verfahren im Umgang mit negativen Haltungen und energieraubenden Belastungen anwenden. Das befreit. Wir werden unser eigener Herr. Wir erkennen unseren Lebenszweck und können uns daran machen, ihn zu erreichen. Ich hoffe und bete, daß auch Sie Ihr Ziel, Ihre Heimat erreichen.

„Liebe ist die Lektion, die Gott uns lehrt."   (Edmund Spenser)

Nachwort

Ich hoffe, daß Sie verstanden haben, wie überaus wichtig Ihre Lebensenergie für Ihre geistige und körperliche Gesundheit ist. Sie kennen inzwischen auch die Wirkungsweise der beiden Gehirnhälften und haben gelernt, daß die Zusammenarbeit beider Hemisphären zur Problemlösung und Kreativität notwendig ist. Sie haben gelernt, wie man Ungleichgewichte ins Lot bringt, so daß Sie nunmehr zu jenen rund fünf Prozent der Menschen gehören, die man als echt kreativ einstuft. Sie können jetzt neue Lösungen finden, die richtigen Lösungen für die Probleme des Lebens. Sie können Ihr ganzes Gehirn einsetzen, um sich selbst und anderen Menschen zu helfen. Sie haben jetzt die Ausrüstung und die Fachkenntnis, um sich selbst so gut wie nie zuvor zu verstehen.

Schließlich haben Sie die unterschiedlichen Gefühlszustände kennengelernt, und erfahren, wie jede davon über einen Akupunkturmeridian mit bestimmten Körperorganen verbunden ist. Das ist die Grundlage der Geist-Seele-Körper-Konstellation und des ganzheitlichen Verständnisses aller unserer körperlichen, geistigen und seelischen Funktionen. Sie haben gelernt, wie Sie Ihre Lebensenergie bei der Bewältigung der organischen Probleme unterstützen können, indem Sie die Kraft Ihrer Gedanken einsetzen, um die negativen Gefühlslagen in der jeweiligen Situation zu korrigieren. Und was noch wichtiger ist, Sie haben gelernt, wie jede körperliche Krankheit ihren Ursprung in einer bestimmten negativen Emotion hat. Wenn wir uns beobachten und alle Anzeichen negativer Gefühle im Ansatz korrigieren, jene Vorläufer organischer Erkrankungen, können wir unsere Gesundheit erhalten und Krankheiten vorbeugen.

Sie haben die einfache Methode der Affirmationen kennengelernt, die man täglich anwenden kann oder immer dann, wenn Sie

257

belastet sind. Dieses einfache Verfahren hilft Ihnen, alle Gefühle positiv auszurichten, so daß Sie emotional ausgeglichen sind. Dadurch steigt das Niveau Ihrer Lebensenergie und Sie werden gesund. Jetzt sind alle Ihre Gefühle positiv, und die durch Ihren Körper und Geist fließende Lebensenergie wird durch Liebe gestärkt. Durch diese einfachen Methoden haben Sie den Zustand psychobiologischer Harmonie erreicht. Ich hoffe außerdem, daß Sie Ihre Sprache lieben gelernt und Achtung vor den unzähligen psychologischen Einblicken, die sie uns gestattet, und der Macht des Wortes bekommen haben. Ich hoffe, daß der unglaubliche Reichtum und die Feinheit unserer geistigen und körperlichen Prozesse Sie mit Demut und Staunen erfüllen.

Sie haben gelernt, herauszufinden, was wirklich in Ihnen vorgeht, was Sie fühlen, glauben, erhoffen. Das einfache Verfahren, der einfache Test, hat Ihnen die wunderbare Welt Ihrer geistigen und körperlichen Prozesse eröffnet. Damit sind Sie im Besitz eines äußerst wirksamen Werkzeugs, mit dessen Hilfe Sie herausfinden können, was für Sie oder Ihre Freunde wirklich richtig und angebracht ist, nicht nur, was Sie für richtig *halten*. Jetzt und erst jetzt können Sie die richtigen Entscheidungen in Ihrem Leben treffen. Sie haben Zugang zu Informationen aus den tiefsten Schichten Ihres Unterbewußtseins und können so bestimmen, was Sie wirklich fühlen, denken und sich vom Leben wünschen. Das ist von unglaublichem Vorteil. Es kann, wenn Sie sorgfältig damit umgehen, Ihr Leben ändern und Ihnen wie nie zuvor dazu verhelfen, sich zu entwickeln, zu entfalten und zu wachsen.

Ich hätte ein Buch nach strengeren wissenschaftlichen Maßstäben schreiben können, eines, das mir vielleicht mehr Anerkennung meiner Berufskollegen eingebracht hätte. Aber das wäre nur eines dieser Bücher geworden, die die linke Gehirnhälfte ansprechen. Da ich aber schreibe, um Ihnen dabei zu helfen, Ihr Leben zu verändern, ist es wichtig, daß ich auch Ihre rechte Hemisphäre anspreche. Ihre linke Hirnhälfte ist vom täglichen Leben schon so überwältigt, daß sie für neue Botschaften nicht mehr aufnahmefähig ist. Sie kann nichts mehr hören und deshalb ist ihr auch nicht mehr zu helfen. Darum habe ich das Buch so angelegt, daß es sowohl zu Ihrer rechten als auch zu Ihrer linken Gehirnhälfte spricht. Daß Sie verstehen, ein„sehen" und so lernen und zu dem Selbst heranwachsen können, zu dem Sie eigentlich geschaffen sind – zu Ihrem wahren Selbst und dabei allzeit Ihren Zielgedanken, Ihren wahren Lebenszweck im Auge behalten.

Sie haben die überlegene Macht der Gedanken kennengelernt.

Philosophen und Psychologen spekulieren schon seit Jahrhunderten darüber. Und jetzt sind wir endlich in der Lage, etwas zu erleben, das sich früher nicht demonstrieren ließ: die unmittelbare Macht der Gedanken und ihren Einfluß auf Ihr körperliches Befinden. Ihre Gedanken sind in der Lage, Ihre Muskelreaktionen direkt zu beeinflussen. Ein Gedanke kann, wie Sie leicht beweisen können, die Energie in Körperorganen verändern. Gedanken können Krankheiten heilen. Benutzen Sie das, um sich gesund zu erhalten.

Was ich am meisten hoffe, ist, daß Sie beim Lesen dieses Buches auf die Macht der Liebe aufmerksam geworden sind und diese jetzt auch anderen vorführen können. Liebe überwindet alle negativen Gefühle. Liebe erweckt den Geist und aktiviert die Lebenskraft. Liebe integriert die Hälften unseres Gehirns und läßt uns kreativ werden. Liebe zu unserem wahren Selbst, dem besten Selbst, das wir sein können, spornt uns dazu an, besser, gesünder, reifer zu werden. Liebe ist Gesundheit, Liebe ist Leben.

Anhang I

Einige dieser Bücher sind seit Jahren meine guten Freunde. Ich habe sie lieben gelernt, sie haben mir viele Stunden stiller Zufriedenheit geschenkt. Ich hoffe, daß diese Werke Sie dazu anregen, diese Denkmäler unserer Gesellschaft zu erforschen, wertzuschätzen und zu achten, so wie sie es verdienen. Unsere Sprache kennen, heißt uns selbst kennen und unsere Sprache lieben, heißt uns selbst lieben.

Am besten für den Anfang ist vielleicht Partridges's *Origins* und das *American Heritage Dictionary*. Lassen Sie sich nur nicht von der Größe des *Oxford English Dictionary* abschrecken. Für mich ist es eine der größten, unerschöpflichsten Schatztruhen.

American Heritage Dictionary of the English Language. New York: American Heritage Publishing Company, 1969.

Benveniste, Emil. *Indo-European Language and Society.* London: Faber and Faber, 1973.

Buck, Carl D. *A Dictionary of Selected Synonyms in the Principal Indo-European Languages.* Chicago: University of Chicago Press, 1949.

Crabbe, George. *English Synonyms.* New York: Harper Brothers, 1980.

Johnson, Samuel. *A Dictionary of the English Language.* New York: AMS Press, 1967 (reprint).

Klein, Ernest. *A Comprehensive Etymological Dictionary of the English Language.* Amsterdam: Elsevier, 1967.

Lewis, Charlton T., and Short, Charles. *A Latin Dictionary.* Oxford: Clarendon Press, 1879, 1969.

MacDonald, A. M. *Etymological English Dictionary.* Paterson, N. J.: Littlefield, Adams, 1964.

McDonell, Arthur A. *A Practical Sanskrit Dictionary.* Oxford: Oxford University Press, 1958.

Morris, William, and Morris, Mary. *Morris Dictionary of Word and Phrase Origins.* New York: Harper and Row, 1977.

Onions, C. T. *The Oxford Dictionary of English Etymology.* Oxford: Clarendon Press, 1966.

Oxford English Dictionary. Oxford: Clarendon Press, 1933, 1961.

Partridge, Eric. *Origins – A Short Etymological Dictionary of Modern English.* 4th ed. London: Routledge and Kegan Paul, 1966.

Pokorny, Julius. *Indogermanisches Etymologisches Wörterbuch.* Bern: Francke, 1959.

Shipley, Joseph T. *Dictionary of Word Origins.* New York: Philosophical Library, 1945.

Skeat, Walter W. *An Etymological Dictionary of the English Language.* 4th ed. Oxford: Clarendon Press, 1910.

—. *Principles of English Etymology.* Oxford, 1887.

Smith, Charles John. *Synonyms Discriminated.* London: George Bell and Sons, 1910.

Webster's New International Dictionary. 2nd ed. Springfield, Mass.: G. & C. Merriam, 1944.

Weekley, Ernest. *An Etymological Dictionary of Modern English.* New York: Dover, 1967.

Wyld, Henry C. *The Universal Dictionary of the English Language.* London: Routledge and Kegan Paul, 1961.

Die Erklärungen für dt. Übersetzungen wurden entnommen aus: *Duden 7, Das Herkunftswörterbuch. Eine Etymologie der deutschen Sprache.* Bibliographisches Institut Mannheim/Wien/Zürich/1963.

Anhang II

Einleitung

1) Plato schrieb in seinem *Symposium* (186D), „(Der Arzt) sollte fähig sein, die entgegengesetzten Elemente im Körper in Liebe zu versöhnen ... Unser Vorfahre Asklepius war dazu in der Lage und er war, wie die Dichter berichten und ich glaube, der Begründer unserer Kunst."

2) *Fragments of Empedokles,* trans. William E. Leonhard, (La Salle, Ill., 1973.

3) Wright, M. R. ed. *Empedokles: The Extant Fragments.* (New Haven: Yale University Press, 1981) pp. 30–34.

4) Natürlich ist die Vorstellung des Zusammenwirkens zwischen Körper und Geist nicht neu. Denken Sie an die Definition von Emotion als „starke Erregung des Gefühls, die sich gewöhnlich auf den Körper auswirkt". Charles John Smith, *Synonyms Discriminated.* (London, 1901), p. 429.

5) Die Chinesen ordneten den Organen und Meridianen bestimm-

te Emotionen zu. Das ist eine verständliche und nachprüfbare Auffassung. Siehe Dr. Felix Mann, *Acupuncture: Cure of Many Diseases.* (London: Heinemann, 1971), p 51.

Das Ziel

1) Es ist bedeutungsvoll, daß die alten Chinesen glaubten, daß Chi durch den Lungenmeridian in den Körper eintritt und von dort aus über die verschiedenen anderen Meridiane und Energiekanäle durch den Körper strömt. (Siehe auch Kapitel 3).
2) Mehr über die Vorstellung von Atem und Geist bei Ron Del Bene, *The Breath of Life: A Simple Way to Pray.* (Minneapolis: Winston Press, 1981).
3) James Hastings, ed. *Encyclopedia of Religion and Ethics.* (New York: Scibners. 1920), Vol. XI, p. 784.
4) John Diamond, *The Collected Papers of John Diamond, M. D.* (Valley Cottage: Archaeus Press, 1977), Vol. I, pp. 34–49.
5) Xanthippe war die Frau von Sokrates, „notorisch bekannt ... wegen ihrer schlechten Launen". Dieser Satz stammt von Franz Josef Haydn, der damit seine Ehefrau beschrieb. Im Gegensatz zu meinem Patienten hatte Haydn glücklicherweise seine Musik.

Die Thymusdrüse

1) Denis and Joyce Lawson-Wood, *The Five Elements of Acupuncture and Chinese Massage.* (Northamptonshire: Health Science Press, 1973), p. 20.
2) Hans Selye, *The Stress of Life.* (New York: McGraw-Hill, 1978).
3) Für mehr Einzelheiten über die Feinheiten des Testens siehe *Behavioral Kinesiology Report, No 10, Dezember 1977.*
4) Friedrich Hoffmann, *Fundamenta Medicinae,* trans. Lester S. King. (New York: Science History Publications, 1971), p. 47.
5) Vergeltung heißt Gleiches mit Gleichem zurückzahlen, Böses mit Bösem vergelten.
6) Siehe zum Beispiel *Beyond the Pleasure Principle,* Vol. XVIII, Standard Edition, 1920.
7) Samuel Schwartz, M. D., *Incidence of Cancer in Patients with*

Thyroid Dysfunction. Vorgetragen auf der Frühjahrskonferenz der Internationalen Akademie für Vorsorgemedizin in Dallas, Texas.

8) Adrian Stokes, *A Game That Must Be Lost.* (Cheshire: Carcanet, 1973), p. 68.

9) ebenda p. 30.

10) Die Bibelzitate in diesem Buch sind der *Authorized King James version* und der *New English Bible* entnommen.

11) Bernard Leach, *The Potter's Challenge.* (New York: Dutton, 1975), p. 35.

12) Octavio Paz, *Newsweek,* November 19, 1979, p. 137.

13) Lukas 17:19 „Und er sprach zu ihm, Steh auf und wandle, denn siehe, dein Glaube hat dich geheilt."

14) John Henry Newmann, *Parochial Sermons* (1837).

15) Jonathan Swift, *Sermons Trinity,* (1744).

16) Die englischen Nachschlagewerke sind im Anhang I aufgeführt. Für die deutsche Fassung wurde hauptsächlich der Duden Band 7, Herkunftswörterbuch verwendet.

17) In seiner 1901 geschriebenen *Etymologica Parerga* schrieb H. Ostoff, daß das deutsche Wort *treu* mit dem indogermanischen Ausdruck für Eiche verwandt ist. Treusein heißt also, so fest stehen wie eine Eiche.

18) Erik H. Erikson, *Childhood and Society.* (New York: W. W. Norton, 1963), second edition, pp. 247–251.

19) Frederick Leboyer, *Birth Without Violence.* (New York: Alfred A. Knopf, 1975).

20) Melanie Klein, *Envy and Gratitude,* (London, 1957), p. 17. Klein sagt: „Dankbarkeit ist eine der Haupteigenschaften, die aus der Liebesfähigkeit entstehen. Dankbarkeit ist die Voraussetzung dafür, daß wir das Gute in anderen und uns selbst zu schätzen wissen."

21) Hanna Segal, *Introduction to the Work of Melanie Klein.* (London: Heinemann, 1964).

22) William G. Sutherland, *The Cranical Bowl.* (Mankato: Free Press, 1939). Also Harold I. Magoun, *Osteopathy in the Cranial Field.* (Kirksville: Journal Printing Co. 1966).

23) *Complete Psychological Works of Sigmund Freud.* (London, 1910), Vol. XI.

24) Siehe auch Richard Whately, *Bacon's Essays: With Annotations.* (London: Longmans, Green, Reader, and Dyer, 1867), pp. 101–110, Essay IX, „Of Envy".

25) Segal. op. cit., p. 27–28.

26) Segal. op. cit., p. 27.
27) Klein. op. cit., pp. 8, 20.
28) Mehr darüber in John Diamond, *Der Körper lügt nicht.*

Wie man seine Probleme löst

1) Sie können den Satz denken, es ist aber besser, ihn laut auszusprechen, denn dadurch erhält er noch mehr Gewicht.
2) In meiner klinischen Praxis habe ich noch viele andere Schichten getestet. Diese erlauben uns ein noch tieferes Verständnis,
das über den Rahmen dieses Buches hinausgeht.
3) John Diamond, M. D., *Some Contributions of Behavioral Kinesiology to Art.* (Valley Cottage: Archaeus Press, 1979).
4) Und genau darauf zielt die meiste Werbung natürlich ab. Sie
richtet sich an unsere unbewußten, nicht an die bewußten Haltungen.
5) John Diamond, M. D., *Speech, Language, and the Power of the
Breath.* (Valley Cottage: Archaeus Press, 1978).
6) John Diamond, M. D., *Lectures on a Spiritual Basis of Holistic
Therapy.* (Valley Cottage: Archaeus Press, 1979).
7) Eine der Brampton Vorlesungen an der Columbia University,
1964 (Ich danke Professor Derek Freeman von der Australian
National University dafür, daß er meine Aufmerksamkeit auf
die Anthropologie lenkte. Der interessierte Leser wende sich an
Professor Freemans Schrift. „A Precursory View of the Anthro-
pology of Choice", Canberra: Australian National University
1978).

Der Zielgedanke

1) John Diamond, M. D., „Lectures on a Spiritual Basis of Holistic Therapy" (Valley Cottage: Archaeus Press, 1979).
2) Herbert Read, *Essays in Literary Criticism: Particular Studies.*
(London: Faber, 1938, 1969), pp. 45–46.
3) Yehudi Menuhin and Curtis W. Davis, *The Music of Man.*
(New York: Methuen, 1979), p. ix.
4) Das Gegenteil des Zielgedankens wird in diesem Zitat von James Beard ausgedrückt: „Ich denke, wir alle haben den Hang,
uns gehen zu lassen . . . der noch süßer wird durch das Gefühl
der Schuld, wenn man sich schlecht benimmt." *Travel and Lei-
sure,* Dezember 1978.

Die Gehirnhälften

1) Das Wort kreativ kommt von lateinisch *creare* = machen, herstellen. Im modernen Sprachgebrauch bedeutet es originell oder schöpferisch sein.
2) John Gardner, *The Poetry of Chaucer* (Carbondale, Ill: Southern Illinois University Press, 1977).
3) John Diamond, M. D., *Speech, Language and the Power of the Breath* (Valley Cottage: Archaeus Press, 1979).
4) Curt Sachs, *The History of Musical Instruments* (New York: Norton, 1940), p. 52.
5) Kermit Shafer, *Blooper Tube* (New York: Crown, 1979).
6) Eine volle Beschreibung davon in Freund's *The Psychopathology of Everyday Life*, Standard Edition, Vol. VI (London: Hogarth Press, 1971).
7) Kermit Shafer, *Blunderful World of Bloopers* (New York: Bounty, 1973).
8) M. M. Mahood, *Shakespeare's Wordplay* (London: Methuen, 1957).
9) Standard Edition, Vol. VIII, 1905.
10) John Diamond, M. D., *Behavioral Kinesiology and the Autonomic Nervous System* (Valley Cottage: Archaeus Press, 1978).
11) Obwohl diese Ergebnisse eng mit den Studien zur Encephalographie übereinstimmen, testen wir nicht die elektrischen Eigenschaften des Gehirns, wie beim EKG, sondern vielmehr seine „magnetischen Eigenarten". Wenn Sie bezweifeln, daß der Körper elektromagnetische Eigenschaften besitzt, benutzen Sie einen Magneten anstelle der Hand. Sie werden schnell merken, wie sehr Magnetismus uns beeinflußt. Dies wird noch wichtiger bei der Diskussion über die Akupunktur.

Einführung in die Akupunktur

1) Siehe zum Beispiel Mary Austin, Acupuncture Therapy, ASI Publishers, New York, 1972, and Felix Mann, The Meridians of Acupuncture, London, Wm. Heinemann Medical Books, 1971.
2) Wenn natürlich die Affirmation für die Thymusdrüse ausgesprochen wird, sind dadurch alle Meridianstörungen automatisch behoben.

3) Was sich dann durch die Cocktailstunde vorübergehend bessert.
4) In den meisten Fällen brauchen Sie nicht beide Seiten der beidseitigen Punkte durchzutesten. Das ist nur nötig, wenn Sie Schwierigkeiten dabei haben, zu einem Ergebnis zu kommen und kommt nicht häufig vor.

Die Meridiane und Ihre Gefühle

1) Vielleicht finden Sie, wenn Sie sich ans Testen machen, daß einige VPs durch andere „unangemessene" Affirmationen gestärkt werden. Vielleicht stärkt zum Beispiel „Ich bin glücklich", wenn die richtige Affirmation „Ich bin voller Freude" heißen müßte. Wenn das vorkommt, was nicht sehr häufig ist, hängt das vom Verständnis und der Auffassung der VP ab. Manchmal ist sie sich über die genaue Bedeutung solcher Ausdrücke nicht klar. Erklären Sie also die Wortbedeutungen und testen Sie erneut. Wenn man in Betracht zieht, wie ungenau unser Sprachgebrauch ist, wundert es einen, daß solche Verwirrungen nicht öfter auftreten.
2) „An Introduction to Psycho-Etymology", *Collected Papers of John Diamond, M. D.,* Volume II, (Valley Cottage: Archaeus Press, 1980), pp. 139–157. For an example of the psychoanalytic approach to etymology, refer to Ernest Jones, *On the Nightmare* (London: Hogarth Press, 1949).
3) Owen Barfield, *Poetic Diction: A Study in Meaning* (New York: McGraw-Hill, 1964), pp. 63–64.
4) Wenn Sie diese Meridiantypen austesten, werden Sie feststellen, daß die meisten Leute beim Probedurchlauf stark testen und erst schwach werden, wenn sie den entsprechenden Testpunkt berühren. Empfindlichere Personen testen schon im Probedurchlauf schwach. In diesem Fall stärkt die Berührung des Testpunkts aus Gründen, die wir noch nicht ganz verstehen. Das bedeutet, daß der zum Testpunkt gehörige Meridian dabei eine Rolle spielt, und daß der Energieverlust größer als gewöhnlich ist.
5) Die ausführliche Liste der Nachschlagewerke, aus denen ich die Definitionen in diesem Buch entnahm, finden sie im Anhang I.
6) Vol. V, 15th, edition, 1978, p. 179.

7) Aeschylus, *The Agamemnon*, tr. Gilbert Murray (London: Allen & Unwin, 1961), p. xiv.

8) in Melanie Klein, *Ency and Gratitude & Other Works 1946–1963* (New York: Delta, 1975), p. 280.

9) E. R. Dodds, *The Greeks and the Irrational* (Berkeley: University of California Press, 1951), p. 31.

10) Adrian Stokes, *Greek Culture and the Ego* (London: Tavistock, 1958), p. 22.

11) William Whateley, *Prototypes or the primarie precedent* (1639).

12) *The Philosophy of Spinoza* (New York: Modern Library, 1927), p. lxviii.

13) Sie erinnern sich in diesem Zusammenhang vielleicht an die Häufigkeit, mit der Lebererkrankungen bei Alkoholikern auftreten. Wir müssen uns außer um ihre Ernährung auch um ihre emotionalen Probleme kümmern.

14) John Diamond, M. D., *The Re-Mothering Experience* (Valley Cottage: Archaeus Press, 1981), pp. 63–68.

15) John Diamond, M. D., *The Life Energy in Music* (Valley Cottage: Archaeus Press, 1981), Vol. I, pp. 124–131.

16) Hanna Segal, *Introduction to the Work of Melanie Klein* (London: Hogarth Press, 1973), p. ix.

17) 18:6 „Ich bin rein." Joshua 2:19 „Wir werden ohne Schuld sein." Lukas 11:41 „Und siehe, alles ist dir rein."

18) Kummer und Enttäuschung gehören gar nicht zum Kreislauf-Sexusmeridian, sondern zum Dünndarm- und Magenmeridian.

19) Robert Burton, *The Anatomy of Melancholy* (1621).

20) Owen Meredith, *Lucile* (1860).

21) Charles Darwin, *Expression of the Emotions in Man and Animals* (New York: Philosophical Library, 1955).

22) Verbitterte Menschen leiden oft unter übersäuertem Magen.

23) Segal, op. cit., p. 40.

24) Theodor Reik, *The Haunting Melody* (New York: Grove Press, 1953).

25) John Bowlby, *Maternal Care and Mental Health,* Monograph Series, no. 2, World Health Organization, Geneva, 1951.

26) Morris B. Parloff, „The Me Degeneration", *Psychology Today* (December 1979), p. 92.

27) Gleichzeitige, widersprüchliche Botschaften. Siehe Seiten 239–243.

28) Im Vorwort des Herausgebers zur Einleitung von Freuds „*Mourning and Melancholia*" (Vol. XIV der Standardausgabe

der Complete Psychological Works) lesen wir, daß Freud unter Melancholie auch Zustände einschloß, „die jetzt gewöhnlich als Depression beschrieben werden".

29) Eric Partridge, *Origins – A Short Etymological Dictionary of Modern English* (London: Routledge and Kegan Paul, 1966).
30) Lady M. W. Montagu, *Letter to Miss A. Wortley* (1709).
31) Natürlich gibt es auch Zornestränen (Herzmeridian).
32) Excerpt from *Diamond Report* No. 66, August 1982.
33) From *Diamond Report*, No. 56, October 1981.
34) H. Bailey and M. Love, *A Short Practice of Surgery* (London: H. K. Lewis & Co. Ltd., 1971, fifteenth edition), p. 848.

Die Doppelbindung

1. Gregory Bateson, et al, „Toward a Theory of Schizophrenia", *Behavioral Science*, 1:251, 1956.

Das tägliche Programm zur Erhaltung der Lebensenergie

1) Siehe Diamond, *Der Körper lügt nicht.*
2) Legen Sie Ihre Zunge gegen den Gaumen, wobei die Zungenspitze etwa 1 Zentimeter hinter den Schneidezähnen liegt. Dies stärkt. (Siehe Diamond, *Der Körper lügt nicht.*)
3) Es ist besser, die Affirmationen laut zu sagen. Ihre Stimme verstärkt und erhöht die Bekräftigung.

Umwandlung

1. The New Columbia Encyclopedia (New York: Columbia University Press, 1975), p. 2236.

Anhang III

Man hat vor allem durch die Arbeiten von Dr. George Goodheart, dem Begründer der Angewandten Kinesiologie (aus der der hier beschriebene Muskeltest stammt) festgestellt, daß bestimmte Aufbaustoffe sich günstig auf bestimmte Meridianstörungen auswirken. Wenn Sie beobachten, daß ein oder mehrere Meridiane über längere Zeit hinweg laufend schwach reagieren, kann es bei entsprechender Ernährungsberatung ratsam sein, diese Meridiane durch Aufbaustoffe zu stärken. Natürlich sollten diese einzeln ausgetestet werden, damit ihre Wirksamkeit in jedem Fall sichergestellt ist.

Eine Reihe amerikanischer Unternehmen bietet neuerdings auch Drüsenextrakte in Tablettenform an. Diese unterscheiden sich deutlich von den Hormonpräparaten, die ebenfalls aus Drüsen gewonnen werden.

Aufbaustoffe können sehr wertvoll sein und die Arbeit an den psychologischen Faktoren, die zur Meridianschwächung führen, unterstützen. Lassen Sie sich in Ernährungsfragen von den entsprechenden Fachleuten beraten.

Meridian	*Einige grundlegende Aufbaustoffe*
Thymus	Thymuskonzentrat
Lunge	Lungenkonzentrat, Vitamin C
Leber	Leberkonzentrat, Vitamine A und „F" (aus ungesättigten Fettsäuren gewonnen).*
Gallenblase	Vitamin A
Milz – Pankreas	Milzkonzentrat, Vitamine C, „F", G oder Pankreaskonzentrat, Betain-Hydrochlorid, Vitamin A und B1
Niere	Nierenkonzentrat, Chlorophyll, Vitamine A und B1, B2, C, E, „F"
Dickdarm	Lactobucillas acidophilus, Chlorophyll, Weizenkeimöl, Vitamine A, B1, C, D, E

* Die ungesättigten Fettsäuren (arachidonic, linoleic und linolenic) heißen inoffiziell auch „Vitamin F"

Kreislauf-Sexus	Nebennierendrüsenkonzentrat, Vitamin C
(betrifft Nebennieren und Geschlechtsdrüsen)	oder (für Männer) Prostata- und Hodenkonzentrat, Vitamin E, bzw. (für Frauen) Eierstock- und Uteruskonzentrate, Vitamin E
Herz	Herzkonzentrat, Vitamine B1 und/oder B2** und E
Magen	Magenkonzentrat, Betain-Hydrochlorid, Vitamine B1, B2, B3 und B6
Schilddrüse	Schilddrüsenkonzentrat, Seetang,
Dreifacher Erwärmer	Jod, Vitamin C
Dünndarm	Konzentrat des Zwölffingerdarms, Vitamine B1, D und E
Blase	Weizenkeimöl, Vitamine A, B1, C und E

Biochemische Zellsalze

Die 12 Zellsalze sind niedrig potenzierte homöopathische Heilmittel. Dr. Schüßler stellte vor mehr als hundert Jahren fest, daß diese 12 Salze zum Leben einer Zelle erforderlich sind.*** Nach seiner Theorie ist ein ausgeglichenes Verhältnis der Salze in den Zellen nötig, um den Menschen gesund zu erhalten. Obwohl die Schulmedizin diese biochemischen Grundsätze nicht schätzt, aktiviert jedes davon einen speziellen Meridian. Die Lebensenergie erhöht sich, wenn das Akupunktursystem durch die Unterstützung aller Zellsalze wieder ins Gleichgewicht kommt. Es ist ratsam, die Salze nicht bei vorübergehenden Störungen, sondern nur bei hartnäckigen Fällen, wie zum Beispiel der ständigen Unterfunktion eines Meridians über längere Zeit hinweg anzuwenden.

Zellsalze sind in Apotheken erhältlich, doch ist die Beratung eines Arztes oder Heilpraktikers ratsam. Ich empfehle im allgemeinen, die Einnahme von Zellsalzen auf wenige Wochen zu beschränken.

** Individuell austesten
*** J. B. Chapmann, *Dr. Schüßler's Biochemistry*
London: New Era, 1961

Meridian	Zellsalze
Lunge	Silica
Leber	Kali. sulf.
Gallenblase	Calc. phos.
Milz-Pankreas	Kali. mur.
Niere	Ferr. phos.
Dickdarm	Nat. mur.
Kreislauf-Sexus	Nat. phos.
Herz	Nat. sulf.
Magen	Calc. sulf.
Schilddrüse (Dreifacher Erwärmer)	Calc. fluor.
Dünndarm	Kali. phos.
Blase	Mag. phos.

Therapeuten

Auf Anfrage nennen wir Ihnen Adressen von Behandlern, die mit den im Buch beschriebenen Methoden arbeiten.

Institut für Angewandte Kinesiologie Freiburg
Zasiusstraße 67
D-7800 Freiburg
Telefon 07 61/7 27 29

Index

Dr. Paul E. Dennison
Befreite Bahnen

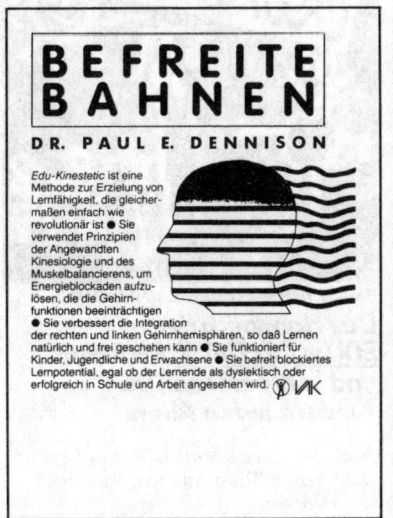

180 Seiten, viele Fotos und Illustrationen,
Paperback, 26,– DM/sFr.
ISBN 3-924077-01-0

BEFREITE BAHNEN ist ein Handbuch
der Hoffnung für die besorgten Eltern und
die frustrierten Lehrer der „unbelehrbaren
Kinder", für jeden, der in irgendeiner
Form von Lernproblemen belastet ist. In
erstaunlich kurzer Zeit sind Fortschritte
zu erzielen, wenn man die einfach anzu-
wendenden Techniken mit Liebe und Zuversicht einsetzt.
Mit den Methoden der *Edu-Kinestetic*
können wir ganz leicht unsere frustrierten
Kinder, und auch uns selbst, für das auf-
regende Abenteuer, das Lernen eigentlich
sein sollte, aktivieren.
Wenn Sie die Wand zu unbegrenzter Ex-
pansion Ihres Potentials durchbrechen
oder für sich selbst und die Menschen, die
Sie mögen, den Weg zu einem besseren
Leben finden möchten, sollten Sie unbedingt dieses Buch lesen.

Dr. Janet Goodrich
Natürlich besser sehen

268 Seiten, viele Illustrationen,
Paperback, 34,80 DM/sFr.
ISBN 3-924077-05-3

Ein Buch einmal für alle, die Schwierigkeiten mit den Augen haben: Alte und Junge,
Brillen- und Kontaktlinsenträger, Weit-
und Kurzsichtige, Schielende und auch
deren Kinder. Zum anderen eigentlich für
jeden, der im weitesten Sinne mehr „sehen"
will vom Leben und von der Welt. Die
amerikanische Augentherapeutin Dr. Janet
Goodrich hat in den letzten zwanzig Jahren
Tausenden von Menschen zu besserer Sicht
und oft zum Abschied von der Brille verholfen.
Erstmals finden wir in „NATÜRLICH
BESSER SEHEN" auch Augenspiele für
Kinder, bisher in deutscher Sprache
schmerzlich vermißt.
Ein ermutigendes Buch, das Selbstverant-
wortung fördert, einem die Freiheit der
Wahl wiedergibt. Für den Kurzsichtigen
könnte es eine „Erleuchtung" bedeuten,
doch auch „Normalsichtige" wird diese
Lektüre bereichern und ihnen die Angst
vor „Altersstarrsicht" und „Altersstarr-
sinn" nehmen.

Dr. John Diamond

Dr. Roger J. Callahan